리더를 위한 **인문 교양 수업**

리더를 위한
인문 교양 수업

나카무라 소이치 지음 · 윤은혜 옮김

**그리스 · 로마 3천 년 지혜를
한 권으로 만난다**

제1장 리버럴 아츠의 모태, 고대 그리스

제2장 헤로도토스의 『역사』로
배우는 유럽의 기원

제5장 아리스토텔레스 『니코마코스 윤리학』이 주장하는 실천주의

제8장 서양 우위의 시대 개막
르네상스에서 근대까지

종장 초강대국 미국에서 성장한 리버럴 아츠

미국 명문대식 리더
교육의 기초 '리버럴 아츠'

단지 눈을 어둠으로부터
밝음을 향해 돌려놓기 위해서는

　　영혼 전체를 생성되고 변이하는
　　세계로부터 전환시켜야 하네.

　　가장 눈부시게 빛나는 것을
　　참고 바라볼 수 있게 되기까지

미국 명문대 신입생의 필수 과정, 리버럴 아츠

하나의 이론을 이론으로써 성립시키기 위해서는 전체적인 형태를 생각한 다음, 그에 맞춰 세부적인 부분까지 밝혀내 '정합성(整合性)'을 획득해야 한다. 내가 미국의 컬럼비아 대학에서 공부하던 무렵 교내에는 이런 사고방식이 매우 자연스럽게 스며들어 있었다. 평소에 대화를 나눌 때도 상대방이 "이치에 맞지 않는다It doesn't make sense!"라고 생각하면 내가 아무리 밀어붙여도 수긍하는 법이 없었다. 반면 일단 납득시키는 데 성공하면 거칠 것 없이 일이 술술 진행됐다. 이런 '합리성'을 미국 대학에서 만난 학생 모두가 갖추고 있었다.

서양 사람들이 이런 합리성을 타고나는지, 아니면 그렇게 교육을 받았기에 합리성을 갖추게 되었는지는 알 수 없다. 이유야 어떻든, 대학의 시스템도 이와 같은 문화적 토양 위에서 형성되고 발전해왔다. 우선 대학 전체의 존재 목적을 명확하게 정의 내린 뒤, 각 단과대학이 독자적인 방침을 천명한다. 그리고 그에 기반하여 세부적인 교육 과정을 설계하고, 각 강의의 내용까지 치밀한 계산 아래 결정한다. 이렇게 절묘한 균형을 유지하며 대학이 운영되고 있다.

특히 일본과 비교하면 교육 과정이 많이 다르다. 미국의 대학은 대다수가 입학할 때부터 학과별로 나뉘어 있지 않다. 3학년으로 진급하는 요건(이수 과목이나 학점)을 갖춰야만 비로소 희망하는 학과를 전공으로 신청할 수 있다. 입학 시의 구분 방식은 대학마다 다르지만, 학과별 운영을 기본으로 하는 일본의 대학보다는 범위가 훨씬 넓다.

단적인 예로, 이과와 문과의 구별조차 뚜렷하지 않다. 물리학을 전공하면서 문학이나 음악 수업을 듣는 경우도 있고, 경제학을 전공하면서 수학을 부전공으로 선택할 수도 있다. 의욕 넘치는 학생이라면 서로 다른 영역의 학문을 동시에 전공하는 것도 가능하다.

다만 대부분의 강의에는 이수 조건이 있다. 강의마다 선이수과목 Pre-requisite이 설정되어 있어서, 그것을 먼저 이수하지 않으면 그 강의를 들을 수 없다.

이 규정은 수업코드만 보아도 한눈에 알 수 있다. 예를 들면 학부 1학년을 위한 강의의 수업코드는 '1XXX', 2학년 강의는 '2XXX'라고 기재되며, 이후 3학년이나 4학년을 위한 전공과목은 '3XXX', '4XXX' 등으로 표기된다. 대학원 수업이 되면 '6XXX'나 '8XXX'로 이어진다. '1XXX' 강의를 듣지 않은 사람은 '2XXX' 강의를 들을 수 없고, '2XXX' 강의를 듣지 않으면 '3XXX' 강의의 수강 자격을 얻을 수 없다. 매우 명확한 피라미드 구조로 교육 과정이 설계되어 있는 것이다.

그 덕분에 수강생은 자신이 습득한 지식의 수준을 알 수 있고, 가르치는 쪽도 학생의 수준을 쉽게 가늠할 수 있다. 물론 각 수업의 강의계획서도 이 제도를 전제로 작성된다. 예비지식이 부족한 학생이 전문적인 강의에 섞여 들어가지 않기 때문에 수업의 질을 일정 수준 이상으로 유지하기가 수월하다.

이 피라미드형 교육 과정의 토대를 형성하는 것이 바로 '리버럴 아츠' 교육이다. 위에서 예로 든 '1XXX'와 '2XXX'의 수업이 여기에 해당한다. 따라서 미국 대학에서는 리버럴 아츠를 충분히 배우고 인문학적 사고 기반을 갖춰야만 전공 과정으로 들어갈 수 있다.

리버럴 아츠, 유럽의 암흑기를 구원하다

최상위 고등교육에 해당하는 대학에서 리버럴 아츠가 이렇게까지 중시되는 이유는 무엇일까?

그 이유 중 하나는 서양 대학의 기원에 있다. 12세기 십자군 원정 시대에, 그 거점이 된 이탈리아로 아라비아 지역으로부터 고대 그리스 문헌이 전리품으로 대량 유입되었다. 그 문헌을 번역하기 위해 만들어졌던 지식인 조합이 오늘날 대학의 전신이다. 이와 같은 조합은 곧 유럽 곳곳에 설립되었다.

고대 그리스의 학문은 자연학, 천문학, 수사학修辭學, rhetoric, 논리학,

수학, 기하학, 철학, 건축학, 조선造船, 예술 분야 등 여러 방면에서 발전했다. '헬레니즘'이라 불리는 이와 같은 학문이 리버럴 아츠의 기원이며, 고전 학문의 재발견을 통해 시작된 거대한 변혁이 바로 '르네상스文藝復興'다.

십자군 원정 시대의 유럽은 암흑기라 불릴 정도로 수 세기에 걸쳐 반복된 파괴와 약탈로 황폐해진 상태였다. 그로부터 '부활'하고자 기독교의 신학철학에 플라톤과 아리스토텔레스를 비롯한 헬레니즘 사상을 도입한 것이 르네상스의 시작이었다.

그 선구자 역할을 한 것이 바로 대학이었다. 결과적으로 유럽은 암흑기를 벗어났으며, 현재의 글로벌 세계에서도 핵심에 위치하는 가치 체계가 탄생했다. 즉 리버럴 아츠야말로 서양 대학의 출발점이자 부활을 가져다 준 구세주였다.

그 후 대항해시대에 접어들어 신대륙이 발견되면서 세계는 지중해 중심에서 벗어나 대서양과 태평양이 중심이 되는 시대로 접어들었고, 오래지 않아 미국이 세계의 리더로 두각을 드러냈다. 이때 미국에서 개발된 교양 프로그램이 바로 리버럴 아츠다. 유럽 사회가 헬레니즘의 재발견으로 암흑기를 극복하고 현재와 같은 번영을 구축했듯이, 모든 학생들에게 무기가 될 수 있는 지식을 습득하도록 하는 것이 리버럴 아츠 교육의 목적이었다.

특히 미국의 명문대학에서 리버럴 아츠는 학부 교육의 근간으로 자리매김했다. 특정 학문 영역을 전공하기 이전에 모든 학부생이 습득해야 하는 '본질Core'로서 인식된 것이다.

아시아권에서는 고전과 역사를 배운다고 하면 지금까지도 암기 과목이라는 인상이 강하다. 그러나 미국의 리버럴 아츠 교육은 그리스어와 라틴어로 쓰여진 고전 문헌을 해독하거나, 한 줄 한 줄 암기하는 것과는 거리가 멀다. 그런 풍조가 강한 시절도 있었지만, 이미 100년 이상 지난 옛날의 일이다.

리버럴 아츠를 공부하는 이유
① 선인의 사고방식을 배운다

그렇다면 현대를 사는 우리가 리버럴 아츠를 배워야 하는 이유는 무엇일까? 아득한 기원전에 쓰여진 고전 문헌을 펼쳐보는 것에 어떤 의미가 있을까? 그 답은 크게 다섯 가지를 배우기 위함이라고 요약할 수 있다.

첫째는 선인先人의 사고방식을 배우고, 거기에 자신의 생각을 겹쳐 보기 위함이다. 문명은 고전 학문에서 출발했다. 역사 속에서 사람들은 그것을 단순히 받아들여 누리기만 한 것이 아니라 막대한 시간을 들여 과학이라는 '체'로 거르고 발전시킴으로써 오늘날의 문명을 구축해왔다.

그 과정을 돌아보는 것은 우리 선조의 사고방식을 간접 체험하는 것이나 다름없다. 각 시대에 살았던 사람들은 어떤 문제의식을 가지고 어떻게 사고했는가? 그것을 배워 축적하는 것은 오늘을 살아가는 우리의 문제의식과 사고방식에도 버팀목이 되어 줄 것이다.

이를테면 아득한 옛날 사람들은 밤하늘을 보며 무엇을 생각했을까? 깜깜한 밤, 어둠 속에서 반짝이는 수많은 '빛의 점'이 그들의 눈에는 어떻게 비쳤을까? '별'이라는 개념은 누가, 언제, 어떻게 생각해 냈을까? 어떻게 해서 밤하늘의 별자리를 이정표 삼아 뱃길을 찾게 되었을까? 그리고 어떤 발상의 비약이 있었기에 지구가 태양의 주위를 도는 행성 중 하나라는 사실을 깨닫게 되었을까? 이 모든 사고를 축적해온 끝에, 오늘날의 우리는 드디어 우주를 향해 날아갈 수 있게 된 것이다.

천문학만의 이야기가 아니다. 우리 주변에는 문명이 가져다준 혜택이 수없이 많다. 의식하지 않으면 모르고 넘어가기 쉽지만, 사실 그모든 것이 오랜 세월 동안 노력을 거듭한 끝에 얻어낸 성과다. 이런 시각으로 주위를 다시 한 번 둘러보면 여러 가지 관심사를 발견할수 있을 것이다. 혹은 지금까지와는 다른 방식으로 접근해 새로운 아이디어를 떠올릴 수도 있다. 리버럴 아츠 교육의 진정한 목적은 이런 지적인 정신 활동의 토대를 구축하는 데 있다.

리버럴 아츠를 공부하는 이유
② 교육의 가치를 배운다

둘째는 '교육'이란 근본적으로 무엇인가를 배우기 위함이다. 철학자 플라톤은 소크라테스의 입을 빌려 다음과 같이 말한 바 있다.

"교육이란, 어떤 사람들이 세상을 향해 당당하게 주장하는 그런 것과는 다르단 말일세. 그들은 영혼 속에 지식이 들어 있지 않으니 자신들이 지식을 주입해 주어야 한다고 말하지 않는가."

"그러나 지금 우리의 논의에서 드러났듯이, (중략) 각 사람이 가지고 있는 진리를 알기 위한 능력과, 각 사람이 그 능력을 활용하여 배우고 아는 데 사용하는 기관器官은 처음부터 영혼 안에 존재하고 있네. 단지 눈을 어둠으로부터 밝음을 향해 돌려놓기 위해서는 몸 전체를 함께 돌려야만 하는 것처럼, 영혼 전체를 생성되고 변이하는 세계로부터 전환시켜야 하네. 실재實在를, 그중에서도 가장 눈부시게 빛나는 것을 참고 바라볼 수 있게 되기까지 이끌어 주어야만 하는 것일세."

"교육이란, 결국 그 기관의 방향 전환을 어떻게 하면 가장 쉽고 효과적으로 달성할 수 있을까를 생각하는, 방향 전환의 기술이나 다름없는 것이야."

– 플라톤의 『국가』

즉 교육이란 시력을 찾아주는 것이 아니라, 시선의 방향을 바꾸게 하는 것이라는 의미다. 그렇다면 가장 효과적인 '방향 전환의 기술'이란 무엇일까? 유럽이나 미국에서는 그 답을 역사에서 찾아왔다. 자신이 가진 지식을 활용해서 국가를 건설하고 수많은 난관을 극복한 끝에 이윽고 고대 문명을 뛰어넘어 세계의 발전을 견인해 왔다는 자부심이 있기 때문이다.

이때 역사에서 답을 찾는다는 것은 단순히 지식으로서 머릿속에 집어넣는다는 의미가 아니다. 거창하게 말하자면 역사를 통해서 세계관을 구축한다는 뜻이다. 특히 젊을 때 그런 시점을 갖출 수 있다면, 나중에 사회를 이끌어가는 역할을 하게 되었을 때 어떤 방향으로 전진해야 할지, 무엇이 옳고 그른지를 판단하는 근본적인 지침이 되어줄 것이다.

이와 같은 교육관이 미국에서 하나의 교육 과정으로 체계를 갖추면서 '리버럴 아츠'라는 결실을 맺었다. 이 책에서 소개할 수 있는 것은 그중에서도 가장 기본적인 부분에 불과하겠지만 유럽의 시작부터 근현대까지의 역사의 흐름이 종축縱軸이 되고, 소크라테스와 플라톤, 아리스토텔레스부터 마르크스와 다윈에 이르는 철학과 사상에 횡축橫軸을 이룬다. 이것으로도 얼마나 장대한 세계관인지를 체험할 수 있을 것이다.

또한 미국 대학에서 리버럴 아츠 교육을 도입한 계기와 체계를 정비해온 과정은 종장終章에서 소개한다.

리버럴 아츠를 공부하는 이유
③ 자유와 자립의 정신을 배운다

셋째는 인간으로서 가장 중요한 자유와 자립의 정신에 대해서 배우기 위함이다. 지금은 유럽 대부분의 국가가 선진국 대열에 올라 있지만, 그 발상지인 에게 문명(크레타 문명, 미케네 문명)이 번성한 시기는 소위 세계 4대 문명보다 훨씬 늦은 기원전 2,000년경이었다. 게다가 그 문명을 일궈낸 것은 크레타 섬의 토착민이 아니라 현재의 레바논과

시리아 일대에서 이주한 해양민족 페니키아인이었다. 그들은 아무것도 없는 상태에서부터 도시를 건설하고 문명을 구축했던 것이다.

물론 그들이 무턱대고 지중해를 건너오지는 않았을 것이다. 신천지를 개척하려면 적절한 형세 판단과 치밀한 계획성이 반드시 필요하다. 건국이념을 수립하고, 전체와 세부의 설계를 몇 번이고 맞춰보며 시행착오를 반복했을 것이다.

그러나 에게 문명 이후 그리스 문명에 이르기까지의 경위는 그리 바람직하지만은 않았다. 오히려 민족 간의 전쟁과 내란이 반복되었다. 제1장에서 자세하게 설명하겠지만, 당시의 음유시인들이 그 과정을 신화적인 이야기로 만들어 구전으로 전승했고, 그 집대성이라 할 만한 작품이 호메로스의 『일리아스』와 『오디세이아』다.

이런 전란의 나날을 끝내고 민족 간 화합을 다지기 위해 고대 올림픽이 개최되었다. 제1회 올림픽은 기원전 776년 시작되어 이후 4년에 한 번씩 로마제국이 동서로 분열되기 직전까지 약 1,200년에 걸쳐 지속되었다. 지금도 올림픽과 패럴림픽에 여전히 '평화의 제전'이라는 수식어가 따라붙는데, 당시부터 그런 성격을 띠고 있었던 것이다.

올림픽 개최를 전후하여 이번에는 그리스인이 지중해 곳곳으로 흩어져 식민도시를 건설한다. 그 왕성한 기세를 두고 후일 플라톤이 '지중해라는 연못에 개구리가 번식하듯이'라고 표현했을 정도다. 이렇게 해서 미개한 땅이었던 지중해 세계가 조금씩 문명을 맞이하게 되었다.

유럽 역사에서 모험의 시대라고 하면 15~17세기경의 대항해시대가 유명하다. 이때를 계기로 세계는 문자 그대로 '글로벌'해졌고, 유럽이 세계에서 절대적인 우위를 점하게 되었다. 그러나 세계로 뻗어나간다는 점에서도 2,000년 이상 이전에, 그들의 선조가 이미 선구자였던 것이다.

우리가 당시의 페니키아인과 그리스인에게서 배울 점은 결코 적지 않다. 우리와는 상관없는 것이라고 생각하기 쉽지만, 스스로의 힘으로 국가와 문명을 건설한 그들의 사고체계나 가치체계는 시대와 환경이 달라졌더라도 유용한 시사점으로 가득하다.

우선 강인한 개척 정신을 꼽을 수 있다. 더 풍요롭고 자유로운 삶을 찾아 미지의 세계에 도전하고, 세계 곳곳에서 새로운 도시를 건설해낸 향상심(向上心)은 특히 젊은이들이 배울 만한 점이다. 물론 그 과정에서 많은 실패와 비극도 있었다. 이는 같은 인간으로서 공감할 수 있는 부분이기도 하고, 교훈으로 삼아 경계해야 할 점이기도 하다.

리버럴 아츠를 공부하는 이유
④ 철학과 윤리학을 배운다

넷째는 철학과 윤리학이 무엇인지를 배우기 위함이다. 두 학문 모두 언뜻 봐서는 의미를 이해하기 어렵지만, 쉽게 말하자면 '더 바람직한 삶을 살려면 어떻게 해야 하는가?', '어떤 사회를 만들면 행복해질 수 있을까?'를 생각하는 학문이라 할 수 있다.

그 시초는 말할 필요도 없이 소크라테스, 플라톤, 아리스토텔레스 세 명이다. 그들의 사상을 접하기 전에, 어째서 그들이 그런 주제에 몰입하게 되었는지를 알아둘 필요가 있다. 단적으로 말하자면 당시의 그리스가 바람직한 삶을 살기 힘든 환경이었고, 행복해질 수 없는 사회였기 때문이다.

고대 그리스는 두 번의 큰 전쟁을 경험했다. 첫 번째는 기원전 5세기에 수십 년에 걸쳐 펼쳐진 페르시아 전쟁이다. 지중해 서쪽에서 하루가 다르게 발전하며 세력을 키워가던 개발도상국 그리스가 아시아의 강대한 선진국 페르시아 제국의 침략에 일치단결하여 저항한 전쟁이다.

결과적으로 그리스 측은 막대한 희생을 치르기는 했으나 페르시아 제국을 격퇴하는 데 성공한다. 그리스의 상승세를 상징하는 사건이라고 할 수 있다. 그 전말을 기록한 역사가 헤로도토스의 저서 『역사』를 제2장에서 상세하게 소개한다.

그런데 그 직후, 그리스의 맹주를 자처하던 두 도시 아테나이와 스파르타가 그리스 전체의 패권을 두고 대립하며 진흙탕 같은 내전이 시작된다. 이것이 두 번째 전쟁, 펠로폰네소스 전쟁이다.

이 전쟁은 가혹한 소모전이어서, 최종적으로는 아테나이가 멸망하고 스파르타가 승리하지만 그 후 그리스는 완전히 피폐해져서 몰락의 길을 걷기 시작한다. 그 전체적인 과정을 써내려간 것이 역사가 투키디데스의 저작 『펠로폰네소스 전쟁사』다. 이 책에 대해서는 제3장에서 소개한다.

이 두 번의 전쟁에는 공통적인 주제가 있다. 바로 '민주정'이라는 정치 형태다. 아테나이는 민주정을 확립한 도시국가였고, 페르시아 전쟁에서는 시민의 자립정신과 공공의식 덕분에 승리를 얻을 수 있었다. 그러나 펠로폰네소스 전쟁이 시작되면서 리더가 수없이 교체되고, 민주정은 중우정치衆愚政治로 빠져든다.

현대에도 마찬가지지만, 민주정이 무조건 뛰어난 제도라고만은 단언할 수 없다. 민주정은 탁월한 리더십이 존재해야만 비로소 가치를 발한다. 2,500년 전에 일어난 비극적인 전쟁은 그 점을 우리에게 깨닫게 해준다.

이 문제의식을 이어받아 사상으로 정립한 것이 소크라테스, 플라톤, 아리스토텔레스다. 소크라테스는 저작을 전혀 남기지 않았지만, 제자인 플라톤이 자신의 저작에서 소크라테스를 주인공으로 등장시켜 그의 사상을 설명한다.

그들의 주장은 서로 정면으로 대립되는 부분도 있다. 그러나 개인과 국가의 관계에 대해서, 그리고 각각의 행복에 대해서 논했다는 점은 동일하다. 몰락해가는 사회 분위기 속에서 개인의 사고방식이나 행동규범, 또는 이상적인 국가체제 등을 통해서 부흥의 길을 모색하고자 했던 것이다. 이들의 사상이 나중에는 철학과 윤리학이라 불리게 되었다.

소크라테스, 플라톤, 아리스토텔레스의 저작에 대해서는 제4장부터 제6장에 걸쳐 자세하게 소개한다. 서양 문명권에서 탄생하고 발전한 근대 정치철학의 시초始初가 그들임을 깨달을 수 있을 것이다. 2,500년이나 앞서, 지극히 현대적인 과제를 두고 깊이 고찰했다는 것이 놀라울 따름이다.

또 한 가지, 그들은 올바른 교육의 중요성에 대해서도 공통적인 주장을 펼쳤다. 소크라테스와 플라톤에 대해서는 앞에서 잠시 언급한 바 있다. 한편 '영혼에 대한 교육'이라고도 할 수 있는 아리스토텔레스의 윤리학은 매일의 '습관 형성'이 중요하다고 설명한다. 이 사상은 후세의 기독교에 도입되어 서양사회의 '체면'과 '존엄'을 구성하는 필수 요소로 계승되었다. 이는 다시 중세 유럽의 기사도와 근대 영국의 신사도로 이어진다.

뛰어난 리더를 키워내는 고등교육에 있어서 그들의 사상이 어떤 경로를 거쳐 현대로 계승되었는가를 배우는 것은 빼놓을 수 없는 과정이다.

리버럴 아츠를 공부하는 이유
⑤ 르네상스의 의미를 배운다

마지막으로 다섯째는 르네상스 이후 지식의 계보를 배우기 위함이다. 리버럴 아츠와 르네상스는 깊은 관계가 있다. '르네상스'란 헬레니즘을 되새겨 연구한다는 의미이고, 현대에 와서 그 이후의 문헌까지 포함해 다시 한 번 배우고자 하는 것이 '리버럴 아츠'이기 때문이다.

헬레니즘은 아리스토텔레스가 가정교사로서 가르친 적이 있는 마케도니아 알렉산드로스 대왕의 동방원정에 의해 시작되었다. 그가 정복한 최대 영역은 그리스를 비롯해 페르시아 제국, 인도와의 국경 지대, 이집트까지 이르렀다. 동방원정을 통해 그리스 문명과 오리엔트 문명이 조우했고, '그리스풍 문화'라는 의미의 '헬레니즘'이 탄생했다. 이는 동시에 지중해 세계 전역에 걸쳐 '글로벌'한 사상체계가 형성되었음을 의미하기도 한다.

헬레니즘은 다시 그리스에 이어 지중해 세계를 제패한 로마제국으로 계승된다. 그런데 기독교가 국교로 인정받으면서 헬레니즘은 상대적으로 소외받았다. 게다가 야만족이라 불리던 게르만족의 침략과 수탈로 인해 로마제국 자체가 약화되면서 서유럽은 파괴와 혼란의 시대를 맞이한다. 그와 함께 문명의 상징이라고도 할 수 있는 헬레니즘 문화도 흐지부지 사라졌다.

다만 지구상에서 완전히 사라진 것은 아니었다. 헬레니즘은 이슬람 문화권에 속해 있던 아시아 땅으로 전해져 그 땅에 번영을 가져다주었다. 그러다가 앞에서 설명했듯이 십자군 원정을 계기로 유럽으로 귀향하여 르네상스의 출발점이 되었던 것이다.

당시 유럽은 거의 동시에 역사적인 대변혁을 잇따라 맞이했다. 르네상스에 이어 대항해시대가 막을 열었다. 아프리카, 아시아, 남북 아메리카 대륙에 도달하면서 전 세계의 부를 수탈하는 시스템이 확립된다.

또 하나는 종교개혁이다. 중세 유럽 사회를 떠받친 것은 가톨릭 교회였다. 교회는 절대적인 권위와 재력을 바탕으로 봉건사회에서 속세의 영주를 능가하는 힘을 가지고 있었다. 르네상스를 주도한 것 역시 교회였다. 그런데 마틴 루터를 시작으로 개신교Protestant 세력이 대두하면서 교회 내부에 분열이 일어나 종교전쟁으로 발전한다. 유럽 각지에서 1세기 이상에 걸쳐 처참한 다툼이 반복되었다.

이 세 가지 대변혁에 의해서 유럽 사회는 중세를 벗어나 근세로 접어들었다. 그와 함께 과학을 비롯한 학문이 싹텄다. 18세기 후반에는 영국에서 산업혁명이 시작되고, 계몽사상이 유행한다. 이는 프랑스 대혁명과 미국 독립선언의 사상적 지주가 되었다.

계몽사상은 인간의 이성과 지성을 중시하는 사고방식으로, 당시로서는 매우 선진적이었지만 알고 보면 그리스 3대 철학자의 가르침을 되살린 것이나 다름없다. 어쩌면 시대가 간신히 그들을 따라잡았다고 해야 할지도 모르겠다.

그 이후로 각 시대를 상징하는 학자와 정치가가 등장했고, 그들은 당시 사회를 분석하고, 다시 사회에 영향을 준 저작물을 다수 남겼다. 각자 자신의 관점에 따라 저술한 작품이지만, 역시 그리스의 세 철학자를 원류(源流)로 하는 지식의 계보를 발견할 수 있다. 이 책에서는 제8장에서 그중에서도 독보적인 대표 저작물을 선정하여 소개하면서, 르네상스 이후 근대에 이르는 역사를 따라가보려 한다.

리버럴 아츠는 바람직한 인간이 되기 위한 훈련

지금까지 설명했듯이, 인류는 오랜 세월에 걸쳐 다양한 지혜와 지식 그리고 기술을 획득해왔다. 리버럴 아츠란 이런 지혜의 결정체를 탐구하여 그 구조를 배우는 것이다.

최근 들어 일본에서도 리버럴 아츠 교육의 필요성이 주목을 모으기 시작했다. 그러나 아직 리버럴 아츠가 무엇을 의미하는지 잘 이해하지 못하는 사람이 많은 듯하다. 사실 리버럴 아츠를 넓은 의미로 보면 다양한 해석이 가능하므로 학문과 사상의 영역에 딱히 제한이 없다. 예를 들어 일반교양으로서 서양의 미술사나 사상사, 음악사 등을 배우는 것도 리버럴 아츠의 일종이라 할 수 있다.

그러나 이 책은 컬럼비아 대학의 핵심 교육과정에 입각하여 리버럴 아츠를 소개하고자 한다. 미국의 리버럴 아츠 교육은 100년 이상 진화를 거듭해왔고, 그 결과 오늘날에는 세계에서도 독보적인 교육과정으로 정착했다. 앞으로도 진화는 계속되겠지만, 현 단계에서는 다른 어떤 나라보다 확연히 높은 수준에 달했다고 평가받고 있다.

리버럴 아츠는 분야별로 철학, 종교, 예술, 과학으로 나눌 수 있다. 하지만 가르치는 내용은 전문적인 지식이 아니라, 역사를 포함한 각 분야의 성립 과정과 사상이다. 이렇게 폭넓은 내용을 가르칠 수 있는 교수진을 질적으로나 양적으로나 충분히 갖춘 대학은 세계적으로도 그리 많지 않은데, 그런 점에서 컬럼비아 대학은 월등하다. 이는 달리 말하면 리버럴 아츠의 진수를 습득한 사람은 세계적으로도 그만큼 소수에 불과하다는 의미다.

리버럴 아츠 수업은 일반교양이라기보다는 바람직한 인간이 되기 위한 훈련과 수양 과정에 가깝다. 운동을 할 때도 취미로 즐기는 정도라면 모를까 뛰어난 선수가 되고자 한다면 혹독한 훈련 과정을 거칠 수밖에 없다. 인간으로서도 마찬가지여서 훈련 없이는 높은 경지에 이를 수 없다.

따라서 리버럴 아츠 수업을 단순히 특정 지식을 얻기 위한 것으로 생각해서는 안 된다. 더욱이 실생활에 도움이 되는 기술을 가르치려는 것도 아니다. 물질적인 교환가치를 얻기 위해서가 아닌 한 단계 더 성숙한 인간이 되기 위한 훈련이자 수행인 것이다.

모든 학생은 전공과 상관없이 첫 2년간 2,000년 이상의 세월과 지혜가 집약된 고전 도서를 막대한 양으로 읽어야 한다. 그것도 주석서가 아니라 영어로 번역된 원서이므로 그야말로 수행에 가까운 고난의 길이다. 컬럼비아 대학의 강의계획서는 그 의미를 다음과 같이 밝히고 있다.

"Although most of our Lit Hum works (and the cultures they represent) are remote from us, we nonetheless learn something about ourselves in struggling to appreciate and understand them."

즉 그 책들은 현대의 우리에게는 아득히 먼 과거의 일임이 분명하지만, 일부러 수고를 들여 읽음으로써 우리의 선조가 어떤 시대에서 어떻게 살아가고, 무엇을 생각하고, 무엇을 혐오하고, 무엇을 숭상했는가를 생각하게 된다. 그 과정이 중요하다는 것을 깨우쳐주고 있다.

리버럴 아츠가 던지는 11가지 핵심 질문

컬럼비아 대학의 수업은 호메로스의 서사시, 헤로도토스의 『역사』, 투키디데스의 『펠로폰네소스 전쟁사』에 서술된 고대 그리스의 역사로부터 시작된다. 그 다음으로 플라톤과 아리스토텔레스의 철학을 비롯해 고대 그리스에서 꽃핀 문명과 문화를 배우고, 그것이 오리엔트 문명과 결합하면서 나타난 헬레니즘에 대해서 탐구한다. 그런 뒤 후세의 로마제국과 유대교(구약성서)에서 태어난 로마 가톨릭(신약성서)의 시대, 아시아에서 탄생한 이슬람교(코란), 중세, 르네상스 시대, 종교개혁의 시대, 과학의 탄생, 근대 정치철학과 혁명사상의 대두…… 이와 같이 시대 순으로 저작을 읽어나간다.

그러나 이 책에서 전체 내용을 다루기는 불가능하다. 그래서 네 분야 중 '철학'에만 집중하기로 한다. 그래도 여전히 범위가 방대하기 때문에 그중에서도 대표적인 저작만을 소개하겠다. 우선 이 책의 전반부에서는 고대 그리스의 여명기로부터 헬레니즘의 탄생까지를 훑어보고, 후반부에서는 헬레니즘이 로마제국 시대부터 19세기까지 인류의 역사에 어떻게 영향을 미쳤는지를 탐구한다. 리버럴 아츠의 극히 일부에 불과하지만 그 핵심 내용은 충분히 배울 수 있을 것이다.

참고로 컬럼비아 대학에서 리버럴 아츠를 가르치는 교수는 학생에게 아래와 같은 11가지 핵심 질문Core Questions을 던지곤 한다.

○ How do the power and agency of human beings differ?

　(계급과 격차란 무엇인가, 어째서 존재하는가?)

○ Why are some people (e.g., women, servants) denied agency?

　(자유민이란 무엇인가, 비자유민이란 무엇인가? [예: 여성, 피고용인, 노예])

○ How do the interests of the individual conflict with those of the family or community?

　(가정에서와 사회에서의 정치란 무엇인가, 공동체의 종류에 따라 특성이 달라지는가?)

○ What role does story-telling and word manipulation play in life?

(일화逸話와 수사修辭가 가진 힘은 무엇인가. 역사에서 어떻게 작용했는가?)

○ Do stories get at the truth?

(진실을 꿰뚫어보는 것은 가능한가, 인식과 고찰이란 무엇인가?)

○ Is there a natural way of being human or is human nature constructed?

(인간다움이란 선천적인가, 아니면 후천적으로 만들어져야 하는 것인가?)

○ How is gender constructed?

(성별에 따른 차이란 무엇인가, 어디까지가 선천적이고 어디서부터 후천적으로 형성된 것인가?)

○ What are righteousness and virtue?

(올바름, 공정, 미덕이란 대체 무엇인가? 필요한 것인가, 방해가 될 뿐인가, 도움이 되는가 혹은 되지 않는가?)

○ Is there any good that comes from suffering in life?

(고생하는 것, 고난에 맞서는 것, 실패에 직면하는 것. 이것들은 인생에 보탬이 될 수 있는가?)

○ Is there a truth and, if so, what is necessary to find it?

(진실이란 무엇인가? 눈에 보이지 않는 불확실한 것을 인성의 힘으로 포착하는 것이 가능한가?)

○ Do we find it through emotions or reason, community or conflict?

(진실이란 느끼는 것인가, 이성을 통해 인식하는 것인가? 그것은 협조와 우애인가, 분쟁과 불화인가?)

독자 여러분도 꼭 자문해 보기 바란다. 현 단계에서는 이 질문의 의미가 무엇인지, 무엇을 묻고자 하는지 이해할 수 없을지도 모른다. 그러나 이 책을 다 읽을 무렵에는 분명 각각의 질문에 무언가 답을 발견했을 것이다. 그것은 인간으로서 한 단계 성장했음을 의미한다.

리버럴 아츠는 인간 보편적 의문을 탐구한다

리버럴 아츠는 동아시아의 역사에서도 큰 전환점으로 작용했다. 16세기 후반 서양 사회는 신대륙 발견과 함께 대항해시대를 맞이하고 있었다. 그중에서도 압도적인 세력을 자랑한 국가가 포르투갈과 스페인이다. 이 두 나라는 신대륙을 경계로 세계를 이등분해서 동쪽 절반은 포르투갈이, 서쪽 절반을 스페인의 영역으로 하자는 조약을 맺기도 했다. 이 조약에 따라서 동아시아에는 포르투갈인 선교사가 찾아오게 되었다.

이 시기에 동아시아에 화승총을 비롯하여 시계와 안경, 오르간과 같은 물품이 유입되었으며, 신학은 물론 철학과 의학, 수학, 천문학, 항해술 등의 학문이 전해졌다. 이 과정은 예수회(가톨릭 계열의 수도사 단체) 선교사들이 주도했다. 그들의 신학 사상의 중심에는 헬레니즘 철학이 있었다. 이때가 16세기였으니, 12세기의 르네상스로부터 이미 수백 년이 경과한 시점이다. 즉 동아시아로 전해진 서양문명은 고도로 진화한 헬레니즘이었던 셈이다.

시대적으로나 지리적으로나 아득한 거리가 있는 헬레니즘이 동아시아에서까지 받아들여질 수 있었던 비결은 무엇일까? 그것은 정의,

미덕, 행복, 사랑과 같은 인간의 보편적인 가치관을 전제로 한 사상이기 때문이다. 소크라테스와 플라톤, 아리스토텔레스가 살았던 시대의 그리스에서는 '정의란 강자의 이익'이라는 풍조가 만연해 있었다. 그러나 이들은 "정의와 미덕은 그 자체로 존중해야 하는 것이며, 이런 인식을 정착시키는 것을 국가 운영의 기본 원리로 삼아야 한다"라고 주장했다.

이는 지금으로부터 2,400년 전의 일이지만, 그들의 사상은 후일 형태를 바꾸어 기독교와 융합하여 신의 말씀이 되었다. 또한 근대 정치철학에 있어서는 '행복 추구권'으로서 선진 자유국가의 헌법이 천명하는 토대가 되기도 했다.

철학을 철학으로서만 보지 않고, 역사를 역사로서만 끝내지 않고, 더욱 유기적으로 조합하여 '인간이란 무엇인가', '어떻게 살아야 하는가'라는 근원적이자 보편적인 의문에 대해서 탐구하게 하는 것이 미국식 리버럴 아츠 교육이다. 그 목표는 전 세계 어디에서든, 또는 정치든 비즈니스든 어떤 분야에서든 사회 곳곳에서 능력을 발휘할 수 있는 인간을 키워내는 것이다. 앞으로 이 책을 통해 그 중심 내용을 전달하고자 한다.

제 1 장

리버럴 아츠의 모태,
고대 그리스

무수한 용사들의 용맹한 혼을
저승의 왕에게 내던졌으며,

　　　　그 시체를 들개 떼와 새들의 먹이로
　　　　던져준 것이나 다름없는

저주스럽기 짝이 없는 분노를.
이리하여 제우스의 뜻대로 이루어졌으니,

음유시인의 노래에 실려 전해진 고대 그리스 역사

서장에서 살펴봤듯이, '르네상스'는 고대 그리스의 헬레니즘을 되살려 배울 점을 얻는다는 의미가 있다. 르네상스가 있었기에 그 토대 위에 로마 가톨릭이 성립했으며, 현대 서유럽의 발전이 가능했다.

특히 서양철학의 시초이자 근간이 되는 존재가 고대 그리스 시대의 인물인 플라톤과 그 제자 아리스토텔레스다. 이 두 사람은 『국가』와 『니코마코스 윤리학』, 『정치학』을 비롯한 다수의 저작을 남겼는데, 여기 담긴 사상이 바로 리버럴 아츠의 원류라 할 수 있다.

그 내용을 살펴보기 전에, 그들이 어떤 생각으로 이와 같은 책을 썼는지 당시의 시대 배경을 살펴볼 필요가 있다. 따라서 이 장에서는 그리스라는 나라의 탄생부터 문명의 발전과 쇠퇴, 그리스인의 기질, 유럽과 아시아가 대립하게 된 원점까지 전체적으로 살펴보려 한다.

지금으로부터 3,000년 이상 거슬러 올라가야 하기 때문에 불명확한 점도 많다. 그러나 당시의 시대상을 어느 정도나마 우리가 알 수 있는 이유는 그 시대를 살아간 수많은 음유시인들이 역사적 사실을 '서사시'라는 형태로 재구성해 구전으로 후세에 전달해왔기 때문이다. 그중에 가장 뛰어났던 사람이 바로 호메로스로, 그는 세계사에서 유럽과 아시아 간 대립의 시초가 된 트로이 전쟁을 『일리아스』와 『오디세이아』라는 장대한 서사시로 엮어냈다.

다시 말하면 원래 그리스에는 자유와 기개를 중시하는 풍조가 있었으며, 시와 이야기를 사랑하는 문화적 기반이 있었다는 뜻이다. 그런 문화 속에서 인류 역사에 길이 남을 뛰어난 작품이 탄생했고, 덕분에 우리는 당시의 역사를 알 수 있다.

풍요로운 토지를 둘러싼 다툼의 나날

세계 4대 문명이 번성하고 있던 기원전 3,000년~기원전 2,000년경, 그리스를 비롯한 유럽은 아직 미개한 땅이었다. 통일 국가는 존재하지 않은 채, 그리스 본토와 주변의 섬들에 다양한 민족이 살고 있었다.

그들은 집단을 이루어 살았지만 정착은 하지 않았다. 그러나 강력한 집단의 압박을 받으면 그때마다 살고 있던 땅을 미련 없이 버리고 다른 곳으로 옮겨갔다. 단지 먹고 사는 데 필요한 땅과 식량을 확보하는 수준이었기 때문에 이동하기도 쉬웠다. 따라서 강력한 도시가 형성되지도 않았고, 교역도 이루어지지 않았다.

특히 오늘날에도 비옥한 곡창지대로 유명한 그리스 중부의 테살리아Thessalia와 남부의 펠로폰네소스 반도에서는 거주민 변동이 잦았다. 이유는 명확하다. 풍요로운 토지에서 잉여 물자가 생산되기 때문이다. 그 부를 둘러싸고 주민 사이에 싸움이 일어나면 지역 전체가 궤멸될 정도의 타격을 입는다. 그 기회를 틈타 다른 지역의 부족이 침공을 시도하고, 원래 살던 주민은 그 땅에서 쫓겨난다. 이런 공방이 수없이 반복되어왔던 것이다.

한편 에게 해 주변에는 작은 섬이 많다. 섬에 사는 주민들은 대부분 해적이었다. 그들은 내륙의 마을을 공격해 약탈하면서 생계를 유지했다. 내륙의 주민은 해적이 두려워 가능한 고지대에 집을 짓고 몸을 지키기 위해 항상 칼을 휴대했다. 그 정도로 해적의 습격이 빈번하고 가혹했음을 의미한다.

그런 해양민족 중에서, 드디어 남쪽의 큰 섬 크레타에 미노스 왕이 등장한다.

유럽의 기원이 된 크레타 섬

그리스가 처음으로 세계사에 모습을 드러낸 것은 기원전 2,000년경이다. 그 발상지는 크레타 섬으로 추정된다.

전설에 따르면 현 레바논의 지중해 연안부에 해당하는 페니키아 지방의 도시 티로스Tyros에는 에우로페Europe라는 공주가 살았다. 어느 날 제우스가 에우로페를 보고 반했고, 수소로 변신해 그녀를 크레타 섬으로 데리고 사라져버렸다. 그래서 페니키아에서 봤을 때 서쪽에 있는 지역을 그녀의 이름을 따서 '유럽Europe'이라고 부르게 되었다. 즉, 그리스의 시작은 유럽의 시작이기도 했던 것이다.

제우스와 에우로페 사이에서 태어난 자식이 미노스 왕이다. 그는 강력한 해군을 조직해서 지중해의 섬들을 차례차례 제압하고 식민지로 삼았다. 이에 따라 해상교통이 번성하고 교역이 활발해져 막대한 부를 축적할 수 있었다. 부유한 자는 더욱 부유해지고, 그렇지 못한 자와의 격차가 벌어지면서 부유한 자가 가난한 자를 지배하는 구도가 탄생했다.

이렇게 축적한 부를 바탕으로 기원전 1,500년경까지 아름다운 문명이 번영했다. 이를 미노스 왕의 이름을 따 '미노스 문명' 또는 '미노아 문명'이라고 부른다. 이 문명을 상징하는 것이 크레타 섬에 세워진 거대한 크노소스 궁전이다. 미노스 문명의 거점인 이 궁전은 내부가 프레스코 벽화로 장식되고 복잡한 형태의 저장고가 있는 등 호화롭기 그지없다. 반면 적의 공격을 방어하는 성벽은 없었다. 당시의 여유롭고 평화로운 생활상을 엿볼 수 있다.

이 문명은 지중해를 둘러싼 각 지역에 영향을 미쳤다. 그리스 본토를 비롯해 그 남동쪽에 위치한 키클라데스Kykladhes 제도, 현대의 터키에 가까운 도데카니사Dodekanisa 제도, 더 나아가 키프로스 섬, 시리아, 팔레스타인, 이집트에까지 흔적이 남아 있다. 이 지역들에는 크노소스 궁전을 모방한 별장까지 세워져 있었다.

[크레타 문명부터 헬레니즘 세계 성립까지의 주요 사건]

연도	그리스	사건
기원전 1600년경	(평화로운 해양문명)	미노스 문명(크레타 문명)이 번영하다.
기원전 1400년경	(전투적 문명)	미케네 문명이 번영하다.
기원전 1250년경	왕정	트로이 전쟁(※시기에 대해서는 이견이 있다)
기원전 750년경	귀족정	도시국가(폴리스)가 형성되기 시작하다. 그리스인의 식민 활동이 활발히 이루어지다.
기원전 620년경		드라콘 성문법 제정
기원전 594년	금권정치	솔론의 개혁(시민을 재산에 따라 4등급으로 구분)
기원전 560년경	참주정	페이시스트라토스의 참주정 시작
기원전 508년	민주정	클레이스테네스의 개혁(도편추방 제도 성립)
기원전 500년		페르시아 전쟁 시작(~기원전 449년까지 세 번에 걸쳐 그리스 원정)
기원전 479년경		델로스 동맹 성립(아테나이가 패권을 잡다)
기원전 443년		페리클레스가 아테나이의 지도자가 되다(페리클레스 시대라 불리는 아테나이의 전성기)
기원전 431년	중우정치	펠로폰네소스 전쟁 시작(~기원전 404년까지, 아테나이가 스파르타에 패배)
기원전 371년		도시국가 테베가 그리스의 패권을 잡다(도시국가 간의 다툼이 반복되는 혼란의 시대 시작)
기원전 338년		카이로네이아 전투(마케도니아가 아테나이·테베 연합군에 승리)
기원전 336년		알렉산드로스 3세가 마케도니아의 왕으로 즉위
기원전 334년		알렉산드로스의 동방원정 시작(페르시아를 꺾고 대제국의 기초를 닦다)
기원전 323년		알렉산드로스 사망(32세)(고대 그리스 문명과 고대 오리엔트 문명이 융합한 헬레니즘 문화 탄생)

그 후 펠로폰네소스 반도 북부 아르골리스Argolis 지방의 미케네에서 새로운 문명이 시작되어 미노스 문명의 패권을 빼앗는다. 이것이 '미케네 문명'이다. 미케네 문명의 주역인 아카이아Achaea인은 그리스 민족 중 하나로, 처음에는 미노스 문명과 마찬가지로 지중해 무역을 통해 부를 축적하고 그리스 본토의 아테나이 부근까지 세력을 확대했다. 또한 크레타 섬과 교류하며 예술을 받아들이기도 했다. 그러던 끝에 결국은 크레타 섬에 침공해 미노스 문명을 멸망시켰다.

미케네 문명을 상징하는 인물이 바로 테세우스 왕이다. 전쟁에서 공헌을 세운 영웅이자 아테나이의 건국자라고도 전해진다. 미노아 문명의 상징이 여왕 에우로페인 것과는 대조적인데, 그 차이는 건축물에서도 나타난다.

미노스 문명이 여성적이고 우아하다면, 미케네 문명은 남성적이고 투박하다. 가장 큰 특징은 건물을 둘러싼 거대한 돌로 쌓은 성벽이다. 미노스 문명과는 달리 항상 외적의 위협에 노출되어 있었던 것으로 보인다.

그렇다면 미노스 문명에서 미케네 문명으로 이행하는 과정에는 어떤 사건이 일어났을까? 구체적인 사실관계까지는 알 수 없다. 그러나 그리스인은 역사적 사실을 바탕으로 흥미로운 시와 이야기를 지어내어 즐기는 성향이 있었다. 그것이 오늘날까지 전해져 내려온 덕택에 우리는 아득한 옛날에 일어난 일을 대략적으로나마 알 수 있다.

이 문명의 이행 과정에 대해 알려주는 것이 바로 괴물 미노타우로스의 이야기다. 그 줄거리를 아래에 소개한다.

괴물 미노타우로스 이야기에 담긴 미노스 문명의 종언

왕위를 계승한 미노스는 그 증거로서 바다의 신인 포세이돈에게 수소를 제물로 받아달라고 요청했다. 포세이돈은 그 수소를 희생물로 바치는 조건을 수락했다.

그러나 제물로 보내기 위해 구해온 수소가 너무나 아름다웠기 때문에 제물로 바치기가 아까워진 미노스 왕은 다른 소를 대신 희생물로 바쳤다. 포세이돈은 분노한 나머지 그 보복으로 미노스의 왕비 파시파에가 수소와 사랑에 빠지도록 저주를 걸었다. 감정을 억제하지 못한 파시파에는 명성 높은 건축가 다이달로스에게 나무로 암소의 탈을 만들어 달라고 부탁한다. 그리고 그 속에 들어가서 수소에게 접근해 관계를 맺었다.

곧 파시파에는 임신해 출산을 하는데, 그 아이는 인간의 몸에 소의 머리를 가진 괴물이었다. 그것이 미노타우로스이다. 성장과 함께 점점 흉폭해지는 미노타우로스를 감당하지 못한 미노스 왕은 다이달로스에게 미궁迷宮 라비린토스Labyrinthos를 짓게 해 거기에 미노타우로스를 가두었다. 그리고 미노타우로스에게 줄 식량으로 9년에 한 번 젊은 남녀 7명씩을 바치게 했다.

그 14명의 제물을 바치도록 강요당한 지역이 당시 미노스 왕의 세력 아래 놓여 있던 아테나이다. 아테나이를 건설한 영웅 테세우스는 여기에 분노해, 아버지 아이게우스의 제지에도 불구하고 스스로 제물 중 한 명으로 끼어들어 크레타 섬에 잠입한다. 물론 희생물로 가장해 미노타우로스를 찾아 퇴치하기 위해서다.

이때 14명의 제물을 실어 나른 배는 아테나이 사람들의 슬픔과 불안을 나타내는 검은 돛을 달고 있었다. 테세우스는 만일 자신이 미노타우로스 퇴치에 성공한다면 검은 돛을 흰색으로 바꿔 달고 돌아오겠다고 약속한다.

미노타우로스가 유폐된 미궁은 다이달로스가 지은 만큼 탈출이 불가능하다고 알려졌다. 그러나 미노스 왕의 딸 아리아드네가 미궁에 들어가는 테세우스의 든든한 조력자가 된다. 그녀는 테세우스와 사랑에 빠져서, 붉은색 실 뭉치와 단검을 몰래 건넨다. 테세우스는 실의 한쪽 끝을 입구의 문에 묶어놓고 자신이 지나간 길을 알 수 있도록 실뭉치를 계속 풀면서 미궁 안으로 걸어 들어갔다. 이윽고 미노타우로스와 맞닥뜨린 테세우스는 단검으로 훌륭하게 임무를 완수해낸다. 테세우스는 아리아드네와 결혼을 약속하고 함께 미노스 왕의 추격을 피해 크레타 섬에서 탈출하는 데 성공한다.

하지만 마지막에 비극이 기다리고 있었다. 흰 돛으로 바꿔 달고 오겠다는 약속을 완전히 잊어버리고 검은 돛을 그대로 단 채 아테나이로 돌아왔던 것이다. 이것을 본 부왕 아이게우스는 테세우스가 미노타우로스에게 살해되었다고 생각하고 절망한 나머지 바다에 몸을 던져 목숨을 끊는다. 그 바다는 이후 아이게우스Aegeus의 이름을 따서 '에게 해Aegean Sea'라고 불리게 되었다.

미노스·미케네 문명의 문자

이와 같은 이야기가 문자로 기록되어 있던 것은 아니다. 미노스 문명과 미케네 문명 시대에 문자는 아직 일반인에게 보급되지 않았으며 사람들은 구전으로 이 이야기를 후세에 전달했다. 그리스인이 이야기를 얼마나 사랑했는지를 알 수 있다.

다만 문자 자체는 존재했다. 기원전 18세기에서 기원전 15세기 무렵의 크레타 문명 시대에 사용되었던 문자를 '선線문자 A', 기원전 16세기부터 기원전 13세기 무렵의 미케네 문명 시대에 사용되었던 문자를 '선문자 B'라고 한다.

둘 다 점토판에 새긴 형태로 발견되었는데, 선문자 A는 사용 범위도 크레타 섬과 주변 섬에 국한되었고, 유물의 수도 적어서 해독까지는 이르지 못했다. 반면 선문자 B는 크레타 섬을 비롯해 그리스 본토 각지에서 대량으로 발견되어서 20세기에 해독이 진행되었다.

선문자 B는 왼쪽에서 오른쪽으로 쓰여진 표의문자로, 주로 회화적인 기호와 숫자, 단위기호로 구성되어 있다. 이것을 '미케네 그리스어'라고 부른다. 당시 그리스 문명의 통치기구는 이집트나 메소포타미아만큼 정비되어 있지는 않았지만, 사람들로부터 농작물이나 가축 등을 공납 받는 시스템은 존재했다. 공납 받은 내역을 문자로 기록했던 것이다. 주요 내용은 인명과 직업이 기재된 장부, 물품 목록 등이다. 당시 경제적으로 중요한 자산을 기록해 둘 필요가 있었던 모양이다.

그러나 이후 수백 년간 문자 문화는 다시 단절되었다.

미케네 문명의 발전에서 트로이 전쟁까지

미노스 문명을 멸망시킨 미케네 문명은 교역을 확대하며 지중해 전역에 강한 영향력을 갖게 되었다. 그 결과 권익이 겹치는 에게 해 동측 소아시아 지역(현재의 터키, 아나톨리아 반도 주변)과 충돌이 발생한다.

이것이 기원전 13세기경 널리 알려진 '트로이 전쟁'으로 발전했다. 무대는 소아시아의 전설의 도시 트로이. 전투는 끝이 보이지 않는 진창으로 빠져들어 10년 동안이나 이어졌다. 이후 세계사에서는 유럽과 아시아 사이의 전쟁이 몇 번이고 반복되는데, 트로이 전쟁이 바로 그 시작점이었다.

그리스인들은 앞서의 미노타우로스 이야기처럼 이 전쟁도 흥미진진한 이야기로 만들어 구전으로 후세에 전달했다. 그것이 수백 년의 세월을 지나서 음유시인 호메로스에 의해 신들과 영웅들이 만들어 내는 장대한 역사 스펙터클 『일리아스』로 완성되었다. '일리아스'는 트로이의 다른 이름이다.

『호메로스의 일리아스 이야기』(바버라 리오니 피카드Barbara Leonie Picard 저, 이와나미 소년문고)의 번역가 다카스기 이치로高杉一郎 씨는 「역자 후기」에서 다음과 같이 이야기한다.

"(로버트 크레이브스의 『그리스 신화』에 의하면) 기원전 1400년 이후 그리스와 트로이 사이에서 제해권을 둘러싼 대립이 점점 격렬해졌다는 점이 트로이 전쟁의 배경이 되었다고 합니다. 그때까지 프리아모스 왕을 위시한 트로이와 그 동맹국은 황금, 은, 철, 진사(辰沙, 수은을 포함한 적색 광물—옮긴이 주), 아마포, 마 등을 중심으로 하는 흑해무역을 독점하여 큰 이익을 얻고 있었습니다. 그런 상황에서 아가멤논 왕을 위시한 그리스가 헬레스폰토스 해협에서 그리스 함선이 항해할 권리를 요구하면서 트로이 전쟁이 시작되었다는 것이 그 진상으로 보입니다. 전쟁 끝에 트로이 성이 몰락하자 그리스는 이 흑해 무역 경로를 따라 차례차례 풍요로운 식민지를 건설해 갔고, 결국 당시 최대의 해군력을 갖고 있던 아테나이가 흑해 지방의 저렴한 곡물을 독점해 막대한 이익을 얻었다고 합니다."

이때의 헬레스폰토스Hellespontos 해협은 현재의 다르다넬스Dardanelles 해협을 가리킨다. 에게 해와 터키 북서부에 있는 마르마라 해를 연결하는 해협으로, 마르마라 해는 북쪽으로 보스포루스Bosphorus 해협이 있어 흑해와 연결된다. 아시아와 유럽의 경계선이 되는 지역이다.

그리스 측으로서는 헬레스폰토스 해협에서 항해가 가능해지면 흑해 무역을 통해 막대한 이익을 얻는 길이 열린다. 거꾸로 트로이 측은 독점하고 있던 흑해 무역의 이익을 빼앗기게 된다. 트로이 전쟁은 결국 항행권航行權과 제해권制海權을 둘러싼 다툼이었던 것이다.

그렇다면 『일리아스』는 어떤 이야기인지, 그 줄거리를 소개하겠다.

오랜 전쟁에 지친 '분노'의 이야기 『일리아스』

수많은 등장인물들이 펼치는 방대한 에피소드로 이루어진 『일리아스』지만, 주인공은 미케네 왕 아가멤논과 그리스 연합국 중 하나인 프티아의 왕자이며 미케네의 영웅인 아킬레우스 두 명이다. 아가멤논은 거칠고 난폭하며 교만한 인물로, 아킬레우스는 이와 대조되는 직설적이기는 하지만 성실하고 정의감 넘치는 청년으로 묘사된다. 양 극단을 상징하는 인물이기 때문에 작품으로서 더 완성도가 생겼다고도 볼 수 있다. 이야기 전체를 관통하는 주제는 아킬레우스의 '분노'다.

아가멤논을 총대장으로 하는 그리스 연합군 10만 명은 트로이 근교에 상륙해서 진을 친다. 이야기는 그대로 9년이 흘러 쌍방 모두 막대한 피해를 입고 이제 전쟁은 지긋지긋하다는 분위기가 감도는 시점에 시작된다.

그 첫머리에 있는 것이 다음과 같은 유명한 시다.

> 여신이여, 분노를 노래하소서.
> 펠레우스의 아들 아킬레우스의 분노를.
> 아카이아인들에게 헤아릴 수 없는 고난을 가져오고,
> 무수한 용사들의 용맹한 혼을 저승의 왕에게 내던졌으며,
> 그 시체를 들개 떼와 새들의 먹이로 던져준 것이나 다름없는
> 저주스럽기 짝이 없는 분노를.

이리하여 제우스의 뜻대로 이루어졌으니,

아트레우스의 아들, 백성을 이끌어야 할 왕, 아가멤논과

용맹한 아킬레우스가 반목하여 갈라선 그때부터,

이야기를 시작해 노래를 불러주소서.

전쟁 중에 포로로 잡혀온 태양신 아폴론의 사제 크리세스의 딸을 아가멤논이 첩으로 삼았다. 크리세스의 호소를 들은 아폴론은 그리스군 진영에 역병을 발생시킨다. 아킬레우스는 이 사태를 수습하기 위해 크리세스의 딸을 풀어주어 아폴론의 분노를 진정시킨다. 그러나 이에 화가 난 아가멤논은 이번에는 아킬레우스의 애첩 브리세이스를 빼앗아 자신의 첩으로 삼는다.

당연히 이번에는 아킬레우스가 분노하여 아가멤논 밑에서는 싸울 수 없다며 전열에서 이탈한다. 영웅을 잃은 그리스군은 트로이군에게 패하고 곤경에 처한다. 그 결과 아킬레우스와 어려서부터 함께 자란 유일한 친구 파트로클로스까지 전사하고 만다.

복수심에 불탄 아킬레우스는 그리스군에 복귀해 무서운 기세로 트로이군을 물리친다. 결국 트로이의 영웅이자 파트로클로스의 원수이기도 한 헥토르를 단둘이 맞붙은 끝에 쓰러뜨린다.

아킬레우스는 승리의 전리품으로 헥토르의 시체를 전시해 놓을 생각이었지만, 이때 트로이의 왕이자 헥토르의 아버지인 프리아모스 왕이 등장한다. 그는 자신이 위험해지는 것에도 개의치 않고 단신으로 그리스군의 진영에 잠입해 아킬레우스의 앞에 나타난다. 아들의 시체를 돌려주기를 간청하기 위해서이다. 이 장면이 『일리아스』의 클

라이맥스다.

프리아모스는 아킬레우스의 발밑에 무릎을 꿇고는 그 손을 잡고 눈물을 흘리며 호소한다.

> "부디 간청하오니 이 노인을 불쌍히 여겨 주십시오. 내 아들들을 몇 명이나 죽인 원수의 앞에서, 이렇게 엎드려 무릎 꿇어야만 하는 이 노인의 신세를 가엾이 여겨 주십시오."

이미 죽음을 각오하고 있던 아킬레우스는 자신의 귀환을 간절히 기다리고 있을 아버지와 세상을 떠난 친구 파트로클로스를 떠올리고는 프리아모스에게 동정심을 느낄 수밖에 없었다. 아킬레우스는 그 간청을 받아들여 헥토르의 시신을 정중히 염하여 프리아모스에게 돌려보낸다.

『일리아스』는 그렇게 돌아온 헥토르의 시신이 트로이 궁정에서 엄숙하게 매장되는 장면에서 끝난다.

그러나 트로이 전쟁 자체는 아직 끝나지 않았다. 트로이 전쟁의 결말과 그 후의 기묘한 모험담을 노래한 것이 호메로스의 또 하나의 대작 『오디세이아』다.

전쟁이 끝난 뒤 시작되는 10년간의 모험담 『오디세이아』

이윽고 아킬레우스도 전사하고 트로이 전쟁은 다시 교착 상태에 빠진다. 그 상황을 타개한 것이 그리스군의 지략가 오디세우스였다. '트로이의 목마'로 알려진 작전을 생각해낸 것이다.

거대한 목마를 만들어 그 안에 본인을 포함한 몇 명의 정예 군사를 숨겨두고 다른 그리스군은 보이지 않는 곳에 숨어 있게 했다. 그리스군이 철수했다고 생각한 트로이군은 승리의 증거로 이 목마를 성 안으로 옮기고 축하연을 연다. 그들이 술에 취했을 무렵을 노려 목마 안에서 오디세우스와 군사들이 빠져나와 성문을 열고, 그 때를 기회로 대기하고 있던 그리스 군대가 순식간에 성 안으로 밀고 들어왔다. 이로써 트로이군과 트로이 시민은 치명적인 타격을 입었다.

『일리아스』의 마지막 부분에 등장했던 노왕 프리아모스도 이때 전사한다. 이로써 10년에 걸친 트로이 전쟁이 종언을 고했다. 또한 그리스군의 총대장인 아가멤논도 아내와 아내의 정부에 의해 암살당한다.

그리스군은 드디어 고국으로 귀환할 수 있게 되었다. 그중에는 오디세우스도 포함되어 있었는데, 여러 가지 사정이 겹치는 바람에 그가 귀국하기까지는 10년이라는 세월이 더 필요했다.

그 귀국 도중의 우여곡절을 그려낸 모험 이야기가 『오디세이아』다. 모두 24편의 노래로 구성된 장대한 서사시이므로 모든 내용을 다룰 수는 없고 큰 줄거리만 짚어 보기로 한다.

오디세우스는 12척의 선단을 이끌고 트로이를 출항해 그리스 본토 서해안에 있는 고향 이타케 섬으로 향한다. 그런데 바람의 방향이 좋지 않아 지중해를 크게 남서쪽으로 가로질러 북아프리카 연안의 섬에 흘러가게 된다. 기구한 운명에 농락이라도 당하듯 여기에서 고향으로 돌아가기까지 지중해 곳곳을 전전하며 10년의 세월을 보내야 했던 것이다.

이야기는 크게 3부로 구성되어 있다. 제1부는 그 10년째를 맞이하는 시점에서 시작한다. 신들이 집회를 열어 오디세우스를 이제 슬슬 돌려보내자고 결정하는 것이 『오디세이아』의 첫 장면이다.

한편 이타케에서는 아내 페넬로페와 20세가 된 아들 텔레마코스가 오디세우스의 귀국을 애태우며 기다리고 있었다. 단순히 가족이라서라는 이유만은 아니었다. 이미 오래전에 트로이를 떠난 오디세우스가 좀처럼 돌아오지 않자 남은 재산을 노리고 많은 남자들이 페넬로페에게 청혼을 했던 것이다. 페넬로페가 아무리 거절해도 그들은 오히려 오디세우스의 집안에까지 쳐들어와 멋대로 연회를 열어대는 지경이었다.

그들을 쫓아내기 위해 아들 텔레마코스는 이타케 섬에서 집회를 소집하고 그들의 악행을 비난하는 연설을 한다. 그런데 구혼자 중에는 섬의 유력한 인물도 포함되어 있었기 때문에 찬동을 얻지 못했다.

결국 텔레마코스는 오디세우스의 소식을 찾아 여행을 떠나기로 결심한다. 트로이 전쟁에서 오디세우스와 함께 싸운 전우들을 찾아가 단서를 잡으려 한 것이다. 그 결과 스파르타 왕으로부터 오디세우스가 살아 있기는 하지만, 오기기아 섬(현재의 몰타 공화국 북서부의 고조

Gozo 섬으로 추정된다)에서 바다의 여신 칼립소의 사랑을 받아 붙잡혀 있다는 것을 알게 된다. 여기까지가 제1부의 내용이다.

오디세우스는 제2부에서부터 등장한다. 그는 칼립소의 협력을 얻어 뗏목을 타고 오기기아 섬을 탈출하지만, 큰 파도에 휩쓸려 바다로 떨어진다. 3일간 표류한 끝에, 파이아케스인이 사는 스케리아 Scheria 섬(현재의 그리스 서해안의 이오니아 제도 북단에 있는 케르키라 섬으로 추정된다)에 도착해, 왕녀 나우시카에게 구조된다.

또한 그 아버지 알키노오스 왕에게 환대를 받으며 파이아케스 사람들과 가까워진다. 그러면서 그들에게 과거 10년에 걸친 파란만장한 모험 이야기를 들려주게 된다.

그리고 제3부에서는 파이아케스인의 도움을 받아 드디어 고향 이타케로 돌아간다. 그리고 스파르타에서 귀국한 텔레마코스와 재회하고, 힘을 합쳐 구혼자들의 무리를 처단한다.

문자가 없는 시대에 이야기가 전해질 수 있었던 이유

한편 트로이 전쟁에 관한 이야기는 『일리아스』와 『오디세이아』만은 아니다. 이 두 편을 포함해 모두 8편의 서사시를 통해 이야기가 이어지는데, 이를 '서사시권Epic Cycle'이라고 부른다.

물론 아리스토텔레스도 지적했듯이, 호메로스의 작품 두 편이 질적으로나 양적으로나 특출나게 뛰어난 작품이라는 점은 말할 필요도 없다. 그 외의 여섯 편은 이 두 편의 전후 공백을 메우기 위해 창작되었다는 설도 있을 정도다.

　이야기의 순서상 처음에 위치하는 것이 『퀴프리아Kypria』로 트로이 전쟁이 발발하기까지의 경위를 이야기한다. 여기에 이어지는 것이 『일리아스』이고, 그다음으로 『아이티오피스Aethiopis』는 영웅 아킬레우스가 다리에 화살을 맞고 사망하는 장면이 그려진다. 네 번째 작품 『소 일리아스Ilias mikra』는 아킬레우스 사후 신이 보내온 아킬레우스의 갑옷과 무기를 둘러싼 에피소드다. 오디세우스와 그리스군의 전사 대☆ 아이아스 중 누가 그것을 물려받을 것인가를 두고 다툰 결과, 오디세우스가 승부에서 이긴다. 분노한 대(大) 아이아스는 오디세우스를 비롯한 동지들에게 칼을 겨누지만, 결국에는 정신을 차리고 자결한다.

　다음 이야기 『일리오스의 함락Ilíou pérsis』에서는 앞서 이야기한 '트로이 목마' 전술을 사용한 트로이의 함락 과정이, 『귀향Nóstoi』에서는 오디세우스 이외의 그리스 장군들의 운명이 그려진다. 아가멤논이 아내와 그 정부에게 암살되는 이야기도 여기에 수록되어 있다.

　그다음이 『오디세이아』로 이어지고, 마지막은 『텔레고니아Tēlegoneia』로 마무리된다. 오디세우스와 키르케 사이에 태어난 아들이 실수로 오디세우스를 살해하는 이야기인데, 내용 면에서 『오디세이아』와 모순되는 점이 많아 상당히 혹평을 받았다.

　이 작품들은 모두 문자가 없는 시대에 탄생했다. 미케네 문명 시대의 선문자 B는 그 문명이 소멸되면서 함께 사라졌다. 그럼에도 시를 지어 읊음으로써, 즉 기억과 구전으로 이야기를 후세에 전달해 뛰어난 문화유산으로 승화시킨 것은 감탄할 만하다. 이와나미 문고판의

『일리아스』와 『오디세이아』를 번역한 마쓰다이라 치아키松平千秋 씨가 『일리아스』의 해설에서 밝힌 바에 따르면 트로이 전쟁에 관한 서사시 외에 여러 편의 작품이 이어져 완성되는 또 다른 서사시권도 존재했다고 한다.

그렇다면 당시의 사람들에게 있어 서사시란 대체 무엇이었을까? 『오디세이아』에서도 음유시인이 등장해 시를 읊는 장면이 여러 번 나온다. 마쓰다이라 씨의 말에 따르면 그런 부분에서도 당시의 음유시인 문화를 엿볼 수 있다고 한다. 서사시를 낭송하는 것은 연회 자리나 커다란 축제 등에서 인기 있는 여흥이었던 모양이다. '포르밍크스Phorminx'라고 하는 원시적인 형태의 수금을 연주하면서 노래하는 연주자를 '아오이도스(aoidos: 가수라는 의미)'라고 부르는데, 그들이 음유시인의 초기 형태였다고 한다.

시간이 흐르자 이번에는 '랍소드Rhapsode'라고 불리는 연기자들이 대두한다. 이들은 수금 대신 '랍도스rhabdos'라고 불리는 지팡이를 사용했는데, 박자나 장단을 맞추기 위한 것이라고 생각하면 될 것이다. 즉 시를 표현하는 수단이 노래에서 이야기로 바뀌어갔던 것이다. 두 가지 다 오락성이 풍부한 예술로서 사람들에게 사랑 받으며 발전해왔다.

서사시의 특징으로는 비유를 사용한 정경 묘사와, 같은 소리로 시작하거나 끝나게 해서 운율을 느끼게 하는 낭송 기법이 있다. 연주자는 그 표현력에 따라서 평가를 받았다. 즉 그리스의 서사시는 오랜 세월에 걸쳐 수많은 음유시인에 의해 연마되어왔다. 그리고 그것을 이어받아 뛰어난 편찬 능력과 표현력을 발휘해 위대한 작품으로 완성한 인물이 바로 호메로스였다.

즉 당시 음유시인들의 능력이 결집된 결정체였기 때문에 지금으로부터 3000년을 거슬러 올라가야 하는 오래된 이야기면서도 시간이 흐른 뒤 문자로 기록되어 문학이 되고, 전 세계에서 오랫동안 읽히는 작품이 될 수 있었던 것이다. 처음부터 문자로 쓰여진 작품이었다면 현재와 같은 위상은 없었을지도 모르는 일이다.

평화와 안정이 지속된 아르카익 시대

앞에서 설명했듯이 트로이 전쟁은 기원전 13세기경의 사건이며, 호메로스가 살았던 것은 기원전 8세기경이었다. 즉 호메로스의 시대에 이미 400~500년이나 세월이 흐른 상태였다.

그런데 그 사이에 그리스에서 어떤 일이 일어났는지는 잘 알려지지 않았다. 각 지역마다 도시국가를 형성하고 전란이 이어져 황폐해졌다고 하는데, 그 때문인지 사료가 거의 발견되지 않았다. 그래서 이 시기를 '암흑시대'라고 부른다.

그러나 그 후에 그리스는 극적인 변화를 이루어낸다. 앞에서 이야기했듯이 그리스에서는 비옥한 지역일수록 전투가 반복되고, 패배한 민족은 새로운 지역으로 떠나야만 했다. 그런 상황이 트로이 전쟁 이후로도 계속되었던 모양이다.

반대로 토양이 척박한 지역은 평화로웠다. 현재 그리스의 수도 아테네가 된 도시국가 아테나이가 그 전형으로, 오랜 옛날부터 내란이 거의 일어나지 않는 지역이었다. 그래서 토지를 빼앗긴 많은 난민들이 그리스 각지뿐 아니라 외국으로부터도 이곳으로 모여들게 되었다. 그중에는 다른 지역에서 왕족이거나 귀족이었던 자들도 적지 않게 포함되어 있었다.

[페니키아인과 그리스인의 식민 활동]

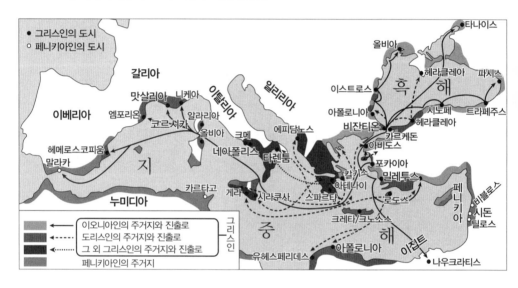

원래 이 지역에 살고 있던 아테나이인은 그들을 보호하고 시민으로 받아들였다. 그 결과 인구가 증가하여 아테나이 안에 모두 수용할 수 없게 되자 지중해 곳곳으로 진출해 식민도시를 건설하기 시작했다. 그 범위는 에게 해를 사이에 두고 마주보는 현 터키 연안, 이오니아 지역까지 확대되었으며, 이와 함께 해양 교역이 발전해 부를 획득하게 되었다.

이러한 이동 경위는 앞서 소개한 『오디세이아』의 10년에 걸친 모험 이야기와 중첩된다. 당시의 그리스인은 새로운 지역으로 나아가 신도시를 건설해야 하는 노고와 불안을 주인공 오디세우스에게 반영하며 이 이야기를 즐겼을지도 모를 일이다.

아테나이와 대조되는 나라가 펠로폰네소스 반도에 있던 스파르타이다. 여기는 토지가 비옥했기 때문에 전쟁이 끊이지 않았다. 그런 상황에 종지부를 찍은 것이 북부에서 내려온 도리스 민족이다. 그들은 철제 무기를 손에 넣고 무력으로 타 민족을 억압하며 반도 전역을 평정했다.

도리스인은 먼저 살고 있던 타 민족을 헤일로타이(heilotai, 국유노예)나 페리오이코이(perioikoi, 반자유민)로 삼았다. 그들에게 농작 등 노동을 부담하게 한 것이다. 당연히 타 민족은 이에 원한을 품고 언제 반란이 일어나도 이상하지 않은 상황이었다.

그런데 도리스인의 정권이 위험해진 적은 한 번도 없었다. 그 이유는 시민으로 하여금 무예를 연마하게 하고, 엄격한 군율에 기초해 통솔했기 때문이다. 부유한 자도 가난한 자도 같은 옷을 착용하고, 기개와 절제를 미덕으로 여기는 풍조를 만들어냈다. 그 결과 스파르타는 그리스 모든 나라 중에서 유일한 군사대국이 되었다.

위와 같은 아테나이의 식민도시 정책과 스파르타의 군사력 강화는 그리스 전역에 평화와 안정의 시대를 가져왔다. 이 시기를 '아르카익 Archaic 시대'라고 부르며, 기원전 8세기부터 기원전 5세기경까지 이어졌다.

제1회 올림픽이 상징하는 변화와 확장의 시대

이 시대의 개막을 상징하는 것이 기원전 776년 펠로폰네소스 반도 서부에 있는 도시 올림피아에서 개최된 제1회 고대 올림픽이다. 그리스 내 도시국가 간의 다툼을 멈추고 운동경기를 최고신 제우스에게 바치는 것이 목적이었다고 한다. 당시부터 4년에 한 번 간격으로 개최되었으며, 올림픽 기간 중에는 전쟁을 중지한다는 규칙이 만들어졌다.

평화가 찾아오면서 그리스의 인구와 부도 증가했다. 30개 이상의 도시국가가 각각 지중해 연안의 항구 곳곳에 복수의 식민도시를 거느리게 되었다. 플라톤의 말을 빌리면, 그 모습은 마치 "지중해라는 연못 안에서 개구리가 번식하는 듯했다"고 한다.

그중에서도 눈에 띄게 큰 세력을 자랑한 국가가 아테나이와 스파르타다. 전자는 에게 해의 대부분의 섬과 그리스 본토를 마주보는 이오니아 지방(현 터키 연안부)에까지, 후자는 시켈리아(현 시칠리아 섬)와 이탈리아 반도에까지 식민도시를 건설했다.

그와 함께 각지에서 '참주僭主'라 불리는 새로운 지배층이 대두했다. 이전에는 각 도시마다 세습 군주가 어느 정도 권한을 쥐고 통치하고 있었다. 그 뒤로는 공화정이라는 이름 아래 귀족계급이 실질적으로 주도권을 잡은 시기도 있었다. 그러나 나중에는 교역 등을 통해 귀족계급에 뒤지지 않는 경제력을 가진 부유한 시민이 늘어났고, 그중에서 지지 세력을 모아 권력을 장악하는 자가 등장하게 되었다. 이와 같은 참주(僭主)는 귀족의 합의제를 억압하고 독재적 권력을 휘두르기 시작했다.

변화를 보인 것은 정치체제만이 아니다. 군사적으로는 중장보병이 군대에서 핵심적인 위치를 차지하게 되었다. 또한 선진문명인 고대 오리엔트 세계(이집트, 메소포타미아)로부터 영향을 받아 리디아Lydia 왕국(현재의 터키 서쪽 끝)에서 주조된 세계 최초의 금속화폐도 유통되었다. 예술 분야에서도 오리엔트 세계로부터 거대 조각상 문화가 유입되었고, 고대 그리스를 상징하는 '적색상Red Figured 도기'가 만들어진 것도 이 무렵이다.

그리스 문자의 발명

또 하나, 아르카익 시대 그리스에서 일어난 큰 변화는 바로 그리스 문자의 발명이다.

그리스 문자는 앞에서 소개한 미노스와 미케네 문명 시대의 선문자 A, 선문자 B와는 근본적으로 다르다. 이전부터 존재했던 오리엔트 세계의 페니키아 문자를 기초로 해서, 그리스어를 표기하기 위해 만들어졌다.

페니키아 문자는 전부 22자로 페니키아인이 자신들의 언어를 표기하기 위해 발명하였다. 페니키아는 예로부터 교역으로 번영을 누렸고, 지중해 곳곳에 식민도시를 만들기도 했다. 특히 기원전 8세기경 에우로페의 전설로 유명한 무역항 틸로스는 지중해 방면으로부터 메소포타미아, 아라비아 반도까지 이르는 교역 네트워크의 허브로서 번성했다. 그들은 무역을 하면서 자신들이 만든 문자도 세계 각지로 전파했다. 참고로 페니키아는 다른 이름으로 '가나안Canaan'이라고도 부른다. 『구약성서』에서 "젖과 꿀이 흐르는 땅", "약속의 땅"으로 등장하는 지역으로 유명하다.

문자에는 한 글자마다 의미가 있는 표의문자와 소리만을 나타는 표음문자가 있다. 전자의 전형이 한자이고, 후자의 전형이 알파벳이나 일본의 히라가나다. 또한 표음문자는 다시 음절문자와 음소문자로 나눌 수 있다. 음절문자는 한 문자가 한 음절의 발음을 표현하는 것으로, 히라가나가 그 전형적인 예이며 앞서 언급했던 선문자 B도 음절문자에 해당한다. 반면 음소문자는 한 문자가 모음 또는 자음을 표현하는 것으로, 그것을 조합해 음절을 표현한다.

페니키아 문자는 음소문자로, 그리스 문자를 비롯해 아라비아 문자, 아람 문자, 헤브라이 문자 등 유럽과 서아시아의 많은 언어에 채용되었다. 현재 사용되고 있는 음소문자의 대부분은 페니키아 문자에서 유래한 것으로 생각되고 있다.

문제는 페니키아 문자에는 자음밖에 없었다. 반면 그리스어에서는 모음을 빼놓을 수 없다. 그래서 그리스어 발음에 필요 없는 페니키아 문자 'A' 'E' 'O' 'Y' 'I'를 모음을 표현하는 음소문자로 바꿔서 사용했다. 모음과 자음이 다 갖추어진 그리스 문자는 유럽 각지를 중심으로 많은 민족에게 모방된다.

나중에는 라틴 문자, 소위 '로마자'도 여기에서 탄생했다. 즉 오늘날의 영어 표기도 원점은 그리스 문자인 셈이다. 참고로 '알파벳'이라는 이름은 그리스 문자의 첫 두 글자 'α(알파)'와 'β(베타)'에서 유래한 것이다.

산문 형식의 저술 활동이 시작되다

그리스 문자의 발명은 음유 문화로부터 문자 문화로의 이행을 촉진했다. 앞에서 서술했듯이, 그리스 사람들에게 있어 시를 읊는 것은 중요한 오락이었다. 그 기대에 부응하기 위해 음유시인들은 다양한 이야기를 시의 형태로 지어냈다. 사실을 기초로 한 것은 '서사시', 연애나 신을 찬미하는 내용은 '서정시'라고 한다.

그중에서도 뛰어났던 작품이 아르카익 시대에 살았던 음유시인 호메로스가 정리한 서사시 『일리아스』와 『오디세이아』다. 작품성이 워낙 뛰어난 만큼, 시로 읊기만 할 것이 아니라 마침 보급되기 시작한 문자로도 기록해 보자고 생각한 것은 당연한 일이었을 것이다.

앞서 등장했던 번역가 마쓰다이라 치아키 씨에 따르면 호메로스의 시는 기원전 6세기 후반의 아테나이에서 교정 또는 편집에 해당하는 작업이 이루어졌다고 한다. 이 작업을 추진한 것은 당시 아테나이의 독재자 페이시스트라토스Peisistratos로, 축제에서 공연할 때 필요한 대본을 작성하기 위해서였다고 한다. 이것을 '페이시스트라토스 판본'이라고 부른다.

이를 계기로 호메로스의 작품이 문자로 기록되어 시중에 나오게 되었다. 이렇게 기록으로 남겨졌기 때문에 나중에는 복수의 언어로 번역되고, 2,500년이 지난 오늘날에도 읽을 수 있게 된 것이다.

물론 기록된 것은 호메로스의 작품만은 아니었다. 시가가 아니라 산문 형식의 저술 활동도 이루어지게 되었다. 즉 운율을 맞추는 등 정해진 형식을 따르지 않고 더욱 자유롭게 표현할 수 있게 된 것이다.

그만큼 이전보다 저술의 내용이 더 중시되기 시작했다. 이성과 사실에 입각한 내용이 아니면 글로 써서 남기는 것은 의미가 없다. 문자의 사용은 정서에 호소하기보다 논리를 따지는 습관을 만들어냈다. 또한 철학과 역사학 같은 학문이 싹트는 계기가 되기도 했다.

이와 같은 큰 변화에 힘입어 후일 아테나이에서는 역사가 헤로도토스와 투키디데스, 철학자 플라톤, 아리스토텔레스 등이 등장하게 되었다. 다만 그것은 문자의 발명 때문만은 아니었다. 그들이 무언가를 써서 남겨야만 한다는 사명감에 불탈 정도로 당시의 그리스가 다시 전란과 비극의 시대를 반복했기 때문이었다.

아르카익 시대는 그리스 발전과 성장의 시대였다. 그러나 성장세가 대단했던 만큼 이전부터 문명이 번성했던 아시아와의 사이에 새로운 마찰이 발생하는 원인이 되었다. 그 결과 기원전 5세기 말 당시 아시아의 대국이었던 아케네메스 조(朝) 페르시아의 침공을 당하게 된다. 이것이 '페르시아 전쟁'으로, 이로써 300년간 이어져온 아르카익 시대는 종언을 맞이한다.

반세기 동안 세 번에 걸쳐 펼쳐진 이 전쟁을 상세하게 서술한 작품이 바로 세계에서 가장 오래된 역사서라 불리는 헤로도토스의 『역사』다. 다음 장에서는 그 개요를 소개하겠다.

제 2 장

헤로도토스의 『역사』로
배우는 유럽의 기원

아테나이의 여행자여, 그대의 명성은
이 나라에도 우레처럼 울려 퍼지고 있소.

지식을 얻고자 널리 세계를 유람하며
방랑한다는 것도 익히 들었다오.

그대는 이 세상에서 가장
행복한 사람을 만난 적이 있소?

그리스 철학을 탄생시킨 번영과 몰락의 역사

고대사를 배울 때 절대 빼놓을 수 없는 그리스인 역사가 두 명이 있다. 한 명은 헤로도토스, 또 한 명은 투키디데스다. 이 두 사람은 그 후의 세계사에 큰 영향을 미친 두 개의 대사건을 각각 상세히 기록함으로써 이름을 남겼다.

첫 번째 대사건은 기원전 5세기에 일어난 페르시아 전쟁이다. 아시아의 거대 제국이었던 페르시아가 그리스 세계를 침공한 것이다. 그 과정을 속속들이 기록한 것이 헤로도토스의 정대한 저서 『역사』다. 완전한 형태로 현존하는 '인류 역사상 가장 오래된 역사서'로 알려졌다.

또 하나는 페르시아 전쟁이 끝나고 20년 뒤에 일어난 펠로폰네소스 전쟁이다. 그리스의 도시국가였던 아테나이(현 아테네)와 스파르타

사이에 일어난 27년에 이르는 전쟁이다. 투키디데스의 저서 『펠로폰네소스 전쟁사』는 그 전말을 기록했다.

『역사』에서는 그리스 세계의 결속과 민주제의 힘이 묘사된다. 앞장에서 살펴봤듯이, 아르카익 시대의 그리스는 도시국가로 분립되어 각각 독재 참주의 지배를 받고 있었다. 그러나 페르시아 제국이라는 압도적으로 앞선 타 문명권의 침략을 계기로 도시국가들이 결속하게 된다.

특히 아테나이는 독재 참주를 추방하고 '민주제'라는 새로운 체제를 확립했다. 스스로의 손으로 자신의 토지를 지키기 위해서 싸운 끝에 결국 페르시아 제국을 패배시키고 그리스 세계의 맹주盟主로서 견고한 지위를 구축했다. 이 승리는 서양 문명에 있어서도 큰 전환점이 되었다. 『역사』는 그 자유와 평등의 이념을 생생하게 그려낸다.

그런데 그 후 번영과 권력을 누리던 아테나이는 지배하에 놓인 국가들에게 오만한 태도를 보이게 된다. 덕과 지성을 겸비한 리더는 더 이상 나타나지 않고, 국가는 중우衆愚의 희생물로 전락한다. 이것이 『펠로폰네소스 전쟁사』의 주제다.

이 두 명의 역사가는 저술을 통해 '정의, 선, 덕이란 무엇인가', '국가란 무엇인가', '정치란 무엇인가'라는 질문을 던진다. 그 질문에 대해 '철학'이라는 분야에서 답을 찾으려 한 사람이 플라톤과 아리스토텔레스다. 그리고 그들이 깊이 생각한 끝에 남긴 다수의 저작이 후세의 서양 문명을 형성해갔다. 이 점을 생각하면 어째서 현대의 우리들이 2,500년이나 지난 과거의 전쟁을 돌아보고, 그에 대한 상세한 기록을 펼쳐볼 필요가 있는지를 이해할 수 있을 것이다.

『역사』와 『펠로폰네소스 전쟁사』는 교양으로서만이 아니라 문학 작품으로서도 충분히 가치가 있다. 질투와 욕망, 원망, 교만 등 수많은 등장인물들의 다양한 감정이 역사를 움직인다. 좋은 의미로든 나쁜 의미로든, 예나 지금이나 인간은 다르지 않음을 실감할 수 있다.

가장 오래된 역사서, 『역사』

그럼 헤로도토스의 『역사』를 펼쳐보기로 하자. 앞 장에서 소개한 호메로스의 서사시 『일리아스』와 『오디세이』는 아시아 세계와 유럽 세계 사이의 최초의 격렬한 충돌이었던 트로이 전쟁을 그린 작품이다. 헤로도토스의 『역사』가 기록한 페르시아 전쟁 역시 아시아 세계와 유럽 세계의 대립이라는 점에서 같은 구도라고 할 수 있다.

헤로도토스는 페르시아 전쟁이 시작된 바로 그 즈음인 기원전 5세기 초반에 태어난 것으로 추측된다. 출생지는 그리스인이 이주하여 건설한 식민도시 중 하나인 카리아 지방(현재의 아나톨리아 반도 연안)의 할리카르나소스Halikarnassos라는 도시다. 식민도시의 주민은 과감하게 새로운 것에 도전하는 기질이 있다고 하는데, 헤로도토스도 그 기질을 강하게 이어받은 모양이다. 『역사』는 2차 자료를 정리하는 데만 그치지 않고, 헤로도토스가 직접 그 지역을 찾아가 알아낸 정보와 일화를 풍부하게 수록하였다. 아마도 오디세우스에 버금가는 광범위한 지역을 방문했을 것이다.

덕분에 『역사』는 그리스뿐만이 아니라 페르시아와 이집트, 리비아 등 아시아와 아프리카 각지의 고대사를 아는 데도 귀중한 사료史料가 되고 있다. 또한 일화 하나하나를 흥미로운 이야기처럼 읽을 수 있는 것도 큰 특징으로, 가장 오래된 역사서라는 수식어에서 연상되는 것처럼 어렵고 딱딱한 문헌은 아니다. 다만 양이 매우 방대해서, 후세의 학자들에 의해 전 9권으로 편찬되었다.

여기에서 그 내용을 전부 소개할 수는 없지만, 아시아와 유럽의 대립을 축으로 주요 에피소드를 통해 전체적인 내용을 파악해보고자 한다.

아시아와 유럽 대립의 발단은 여자

전반부에서는 나중에 그리스 세계와 대립하게 되는 아케메네스 조 페르시아라는 국가의 탄생 과정을 주로 서술한다.

그 첫머리에서는 아시아와 유럽이 대립하게 된 발단에 대해서 에우로페의 전설과 트로이 전쟁까지 언급하며 설명하고 있다. 에우로페의 전설은 전능의 신 제우스가 페니키아(현 레바논)의 공주 에우로페를 크레타 섬으로 납치해갔다는 이야기였다. 그 이름에서 유래하여 아시아로부터 서쪽에 있는 그리스 쪽 지역이 유럽이라 불리게 되었던 것이다.

그런데 『역사』에 의하면 이 이야기에는 숨은 사연이 있다고 한다. 에우로페가 납치되기 이전에, 페니키아인이 펠로폰네소스 반도 동부에 있는 도시국가 아르고스Argos에서 그리스인 여자들을 약탈하는 사건이 있었다. 원래 페니키아인은 해양교역이 발달해서, 이집트와 아시리아(Assyria, 현 이라크 북부)에서 상품을 들여와 각 지역으로 운반해 판매하는 일을 했다. 그 무리가 아르고스에도 찾아와 각각 마음에 드는 여자는 물색해서 억지로 배에 태워 갔던 것이다. 그 여자 중에는 아르고스 왕의 딸 이오도 있었다. 물론 그리스 측은 여자들의 반환을 요구했지만 페니키아 측은 응하지 않았다.

여기에 격노한 크레타 섬에 사는 그리스 남자들이 복수하기 위해 페니키아의 수도 티로스에 침입해 왕의 딸을 납치했다. 이런 과정을 거쳐 에우로페의 전설이 탄생했다고 한다.

여기서 그치지 않고, 그리스 측은 콜키스Kolkhis 왕국(현 조지아 서측)을 향해 군선을 출항시키고 공주 메데이아를 납치한다. 물론 콜키스의 왕도 공주의 반환을 요구했지만 그리스 측은 이오의 사례를 이유로 들어 거부했다.

이 다툼은 다음 세대까지 이어진다. 트로이 프리아모스 왕의 아들 파리스는 이와 같은 일련의 사건을 지켜보고 스파르타의 왕비였던 헬레네를 유혹해 데려가서 아내로 삼았다. 이번에는 그리스 측이 반환을 요청하지만 파리스는 "잘못은 그리스 측에 있다"라며 거부한다. 그리스 측은 이에 대항해 군사를 모아 트로이에 침공한다. 이렇게 해서 트로이 전쟁이 시작된 것이었고, 최종적으로 트로이 성(일리아스 성)은 불타며 함락 당한다.

그리스와 유럽 측에서 보면 아시아는 고도의 문명을 이용해 착취와 수탈을 자행하는 원수로 보였을 것이다. 그러나 아시아 측에서 보면 그리스 쪽에서 먼저 공격을 시작했으니 적의를 품는 것도 당연해 보인다. 발단은 여자를 둘러싼 다툼이었으니, 사실 국가가 움직일 정도의 일은 아니다. 다만 아시아 측이 유럽에 대해 혐오감을 품게 되었다는 것은 분명해 보인다.

부유함의 대명사 크로이소스가 끼친 악영향

이렇듯 예로부터 그리스와 아시아 세계 사이에는 다툼이 끊이지 않았다. 그런데 『역사』에 의하면 그리스에 가장 큰 악영향을 가져온 것은 리디아 왕국(아나톨리아 반도 서측, 현 터키)의 크로이소스Kroisos 왕이었다.

크로이소스 왕은 본래 부정적인 숙명을 짊어지고 태어났다. 그로부터 5세대 이전으로 거슬러 올라간 칸다울레스Kandaules 왕의 시대, 그는 자신의 왕비가 가장 아름답다고 믿고 그것을 자랑하고 싶었던 나머지 측근 기게스Gyges에게 "침실에 숨어들어가 내 아내가 옷을 갈아입는 모습을 봐라"라고 명령한다. 기게스는 그 말을 따르지만, 기척을 느낀 왕비에게 들킨다. 수치심을 느낀 왕비는 격노했고, 그 분노는 기게스가 아닌 칸다울레스 왕에게 향한다. 왕비는 기게스에게 함께 모의하여 왕을 살해하든가, 아니면 자살하라고 선택을 강요한다.

그 결과 기게스는 왕비와 함께 왕을 살해하는 길을 선택해 왕위를 찬탈한다. 그러나 민중이 이에 반대하여 봉기했기 때문에, 왕위에 오르는 것이 옳은지를 델포이의 신탁에 따라 결정하기로 했다. 델포이는 그리스 중부의 지명으로, 아폴론의 신전이 있는 성지다. 특히 그리스인들에게는 정치적으로 중대한 결정을 할 때 이 신전에서 무녀의 입을 통해 신탁을 듣는 것이 관례였다. 기게스는 리디아 사람이었지만 국경을 넘어 그리스로 가서 그 관례를 따랐던 것이다.

많은 사람들의 예상과는 달리, 무녀는 기게스의 즉위를 인정한다. 다만 5세대 후의 왕에게 보복이 기다리고 있다고 전했다. 그 5대째의 왕이 크로이소스 왕이었다. 그가 즉위한 것은 기원전 560년이라고 한다.

크로이소스는 우선 그럴 듯한 구실을 붙여 아나톨리아 반도 남서부의 이오니아 지방에 있던 여러 그리스 식민도시들을 공격하고 모두 리디아령으로 편입시킨다. 이로써 아나톨리아 반도 서측의 전 영역을 손에 넣었고, 수도 사르디스Sardis에는 당시 알려진 전 세계로부터 부가 집중되었다. 세계 최초의 금속화폐로 알려진 '리디아 금화'도 이 시기에 만들어졌다.

오늘날에도 그리스어와 페르시아어로 '크로이소스'는 '부유한 자'를 의미한다. 심지어 영어에도 큰 부자를 표현할 때 '크로이소스만큼이나 부유한rich as Croesus', '크로이소스보다 더 부자인richer than Croesus'이라는 관용어구가 있을 정도다. 그러나 이 부가 이후 페르시아 전쟁의 원인이 되었다.

그리고 크로이소스가 그리스에 미친 악영향이 또 한 가지 있다. 그가 펼친 그리스 식민도시 편입 정책이 결과적으로 페르시아 제국의 아나톨리아 반도 서부 진출을 허용하게 되었다는 것이다. 그 영향력을 생각하면 이쪽이 더 중대할 수도 있다.

크로이소스 왕과 현인 솔론의 대화

한편 『역사』 중에는 크로이소스에 관한 흥미로운 에피소드가 있다. 그리스의 현인賢人 중 한 명인 솔론이 리디아 왕국을 방문했을 때 두 사람이 나눈 대화다.

솔론은 아테나이의 민주제를 주도한 인물로, 그 후 10년에 걸쳐 방랑의 길을 떠난다. 아시아 각지의 정세를 분석하는 것이 목적이었는데, 그 일환으로서 리디아에도 방문했던 것이다.

크로이소스는 현인의 방문을 환영하면서 그를 보물창고로 안내하여 자신이 얼마나 부유한가를 자랑한다.

> "아테나이의 여행자여, 그대의 명성은 이 나라에도 우레처럼 울려 퍼지고 있소. 그대는 원래 현자로 이름이 높으며, 지식을 얻고자 널리 세계를 유람하며 방랑한다는 것도 익히 들었다오. 그래서 꼭 그대에게 묻고 싶은 것이 있는데, 그대는 이 세상에서 가장 행복한 사람을 만난 적이 있소?"

자신이야말로 세계에서 가장 행복한 인간이라고 인정해 주기를 원했던 것이다. 그런데 솔론은 전혀 아첨하지 않고 이렇게 대답한다.

> "왕이시여, 아테나이의 텔로스Tellos가 바로 그런 인물입니다."

텔로스는 원래 유복한 집안에 태어나 자식 복도 있었지만, 이웃나라와의 전쟁에 참가해 아군의 위험을 구하려다 전사한 인물이다. 아테나이는 국비로 그의 장례를 지내고 그 명예를 찬양했다고 한다.

이 이야기를 듣고 화가 난 크로이소스는 "그럼 두 번째로 행복한 자는 누군인가?"라고 묻는다. 그러자 솔론은 다음으로 '아르고스인 클레오비스Cleobis와 비톤Biton 형제'를 들었다. 아르고스는 펠로폰네소스반도 북동부의 도시다. 이 형제는 최고 여신인 헤라의 제례祭禮에 어머니가 늦지 않도록 소 대신 스스로 수레를 끌어 시간에 맞췄다고 한다. 그날 밤 형제는 사망했지만, 그 효심에 제례에 모인 군중은 큰 갈채를 보냈다. 또한 아르고스 사람들은 그 둘을 세상에서 가장 훌륭한 인물로 여겨 동상을 만들고 델포이에 봉헌했다고 한다.

서민과 비교당했을 뿐 아니라, 그보다 못하다고 평가받은 크로이소스는 더욱 화가 났다. 솔론은 이렇게 말을 잇는다.

"(전략) 저는 신이라 부르는 존재가 시기심이 많아 인간을 곤란하게 만들기를 좋아한다는 것을 잘 알고 있습니다. 인간은 오랜 세월 동안 여러 가지로 보고 싶지 않은 것도 봐야 하고, 마주치고 싶지 않은 것과도 만나지 않으면 안 됩니다. (중략) 아무리 부유한 자라도, 만사형통하게 일생을 끝내는 행운을 얻지 못한 이상, 하루 벌어 하루 사는 인생보다 행복하다고는 절대 말할 수 없습니다. 돈이 썩어나도록 많아도 불행한 자가 있는가 하면, 부유하지 않더라도 행운을 누리는 자 역시 많이 있습니다. (중략) 인간이 죽기 전에는 운이 좋은 사람이라고는 불러도 행복한 사람이라고 말하는 것은 삼가해야 할 일입니다. (중략) 신에게 행복을 엿보도록 허락받았다가도, 완전히 뒤집혀 나락으로 떨어진 인간이 얼마든지 있으니 말입니다."

결국 크로이소스는 화를 내며 돌아보지도 않고 솔론을 자국으로부터 추방했다. 이 에피소드에는 헤로도토스의 인생관이 투영되어 있다고 여겨진다.

그 후 크로이소스의 운명은 솔론의 말대로 어둠에 물들었다. 우선 혼례를 앞두고 있던 아들을 뜻밖의 사고로 잃고 2년 동안 슬픔에 잠긴다. 그 후에는 다시 거침없이 몰아닥친 페르시아 제국과의 전쟁이 기다리고 있었다.

아시아 4왕국 분립시대

이제 크로이소스의 시대를 전후하여 페르시아 제국이 대두하기 시작해 아시아의 제패하기까지의 경위를 따라가 보자.

기원전 8세기 이후, 아시아 지역은 오랫동안 아시리아의 지배 아래 있었다. 아시리아는 한때 이집트까지 정복하여 소위 오리엔트 세계 전역을 통치했다. 그런데 그 후 각지에서 반란과 이탈이 이어진 끝에 기원전 612년 수도 니네베Nineveh가 함락되면서 멸망한다. 그때 중심적인 역할을 한 것이 메디아Media 왕국이었다.

그 과정은 조금 복잡하다. 메디아 왕국은 이란 고원 동부로부터 북서부로 세력을 확대한 메디아인이 세운 나라로, 마찬가지로 이란 고원에 위치한 페르시아를 지배하고 있었다. 메디아는 아시리아가 약화된 것을 기회 삼아 리디아 왕국과의 경계 근처까지 서쪽으로 나아가 영역을 아시아 전역으로 확대한 뒤, 니네베를 포위했다. 그런데 그때 북쪽의 흑해 근처에서 유목민족 스키타이인이 대군을 이끌고 공격해와 메디아군을 무찌른다. 이로써 스키타이인이 아시아 전역을 통치하게 된다.

다만 그들은 군사력에서는 뛰어났지만 거칠고 난폭했기 때문에 통치자로서는 걸맞지 않았다. 당연히 각지에서 반감이 점점 심해졌고, 그에 힘입어 메디아군이 반격에 나섰다. 그 결과 스키타이인을 물리치고 28년에 달하는 그들의 지배를 끝낼 수 있었다. 나아가 메소포타미아 강 유역을 세력권으로 삼았던 신바빌로니아 왕국과 연합하여 니네베를 함락시키고, 아시리아를 멸망시켰다.

이후로 아시아는 4개의 왕국이 분립하는 시대로 돌입한다. 원래부터 있던 이집트, 신바빌로니아 왕국, 리디아 왕국, 거기에 메디아 왕국이 가세했다.

이 4개 왕국의 성격은 상당히 다르다. 이집트는 말할 것도 없이 수천 년의 문화 기반을 가진 문명대국이며, 신바빌로니아 왕국도 오래전부터 번영했던 국가였다. 또한 리디아 왕국은 앞에서 설명했듯이 교역으로 번성한 비교적 신흥국이지만, 그래도 약 500년간 이어진 역사 깊은 왕조였다.

그에 비해 메디아 왕국은 완전히 신흥세력이었다. 원래 아시아에도 포함되지 않았던 동부의 고원지대에서 시작된 유목 민족이므로 지

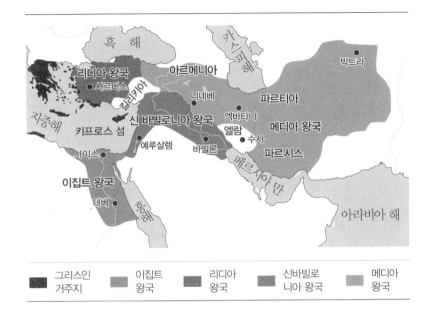

배 영역은 광대하지만 축적할 수 있는 부는 없었다. 그러나 그 때문에 타국으로부터 공격당할 일 없이 조금씩 세력을 쌓을 수 있었을 것이다. 나중에는 페르시아인을 지배하에 두고, 강대해졌다. 동시에 의도치 않게 에리카 왕국은 역사의 주역으로 떠오르게 되었다.

아케메네스 조 페르시아 제국의 탄생

융성기를 맞이했던 메디아 왕국은 2대째의 왕 아스티아게스 Astyages의 시대에 무너졌다. 그의 손자이자 나중에 페르시아 제국을 건국해 왕위에 오르는 키루스Cyrus에 의해 멸망한 것이다.

아스티아게스에게는 만다네Mandane라는 이름의 딸이 있었다. 어느 날 그는 만다네가 소변을 보자 아시아 전역이 범람하는 꿈을 꾼다. 이에 대해 마고스magos라 불리는 페르시아의 종교 신관과 상의하고는 만다네를 페르시아인에게 시집보내기로 한다. 유서 있는 메디아인과 결혼시켰을 경우 장래에 자신의 존재를 위협하는 존재가 될 거라고 생각한 듯하다.

만다네의 결혼 상대는 캄비세스Cambises라는 페르시아인이었다. 이 두 사람 사이에서 태어난 아이가 키루스다. 그런데 손자가 태어나기 전, 아스티아게스는 다시 꿈을 꾼다. 이번에는 만다네의 음부에서 한 그루의 포도나무가 자라 그것이 전 아시아를 뒤덮는 내용이었다. 다시 한 번 마고스에게 상의했더니, 태어난 아이가 아스티아게스를 물리치고 왕이 될 것이라고 했다.

그래서 아스티아게스는 그 아이를 즉시 죽이기로 결단한다. 임신한 만다네를 페르시아에서 불러들여 엄중한 관리 아래 두고, 출산하자마자 아이를 측근 하르파고스Harpagus에게 맡기며 다음과 같이 명령했다.

"네 집으로 데려가 죽여라. 시체는 마음대로 묻어버려도 좋다."

하르파고스는 지시에 따라 아이를 집으로 데려가지만, 살해하기를 망설였다. 아이를 죽였다가는 만다네의 원한을 살 것이 분명하고, 그렇다고 죽이지 않으면 아스티아게스 왕으로부터 책망을 당할 것이기 때문이다. 그래서 스스로 손을 대지 않고 미트라다테스라는 소치기에게 부탁한다.

> "아스티아게스 왕께서 이 아이가 가능한 한 빨리 죽도록 가장
> 인기척 없는 산속에 버리고 오라고 명하셨다."

미트라다테스는 그 아이가 고운 옷을 입은 것을 보고 고귀한 출신
임을 눈치챈다. 마침 같은 시기에 아내 스파코가 사산을 해서 아이
를 잃은 슬픔에 젖어 있기도 했고, 건네받은 아이가 불쌍하기도 했
던 두 사람은 그 아이를 버리지 않고 키우기로 결심한다. 대신 죽어
서 태어난 자신의 아이를 숲에 버리기로 했다. 참고로 메디아 말로
개를 '스파카'라고 한다. 그 때문에 키로스가 목양견으로 키워졌다는
전설이 만들어졌다고 한다.

그런데 그 아이가 10세가 되었을 때 이 사실이 발각된다. 아이들끼
리 놀던 중에 다툼이 생겨 귀족 집안의 아이가 두들겨 맞는 사건이
있었다. 그것을 안 아스티아게스 왕은 귀족의 체면을 세워주기 위해
때린 아이를 불러오게 한다. 가난한 소치기의 아이라고 들었지만, 사
실은 10년 전에 자신이 하르파고스에게 살해하라고 명했던 만다네
의 아이였던 것이다.

놀라고 또 격노한 아스티아게스 왕은 하르파고스에게 잔혹한 벌을
내린다. 연회를 열고는 몰래 하르파고스의 자식을 죽여 그 아이의 고
기를 하르파고스에게 대접한 것이다.

한편 만다네와 캄비세스 부부는 아이의 생존을 알고 매우 기뻐하
며 즉시 데려와서 직접 키우기로 한다. 이후 아이는 페르시아에서 홀

륭하게 성장한다.

그리고 그때를 기다린 사람이 있었으니, 바로 하르파고스다. 그는 위의 사건으로 아스티아게스 왕에게 원한을 품고 보복할 계획을 세우고 있었다. 국내에서 자신처럼 왕에게 반감을 품은 자들을 모은 뒤, 페르시아의 키로스에게 다음과 같이 편지를 보내 군사를 일으키라고 재촉했던 것이다.

"너를 죽이려고 한 아스티아게스 왕에게 보복할 때가 왔다. 지금이야말로 페르시아인을 결집시킬 때다."

이에 응한 키로스는 메디아를 향해 진군을 개시한다. 그에 반해 메디아 군의 부대는 하르파고스의 계획대로 배반이 줄을 이었다. 국내에 적을 둔 아스티아게스 왕은 당연히 완패한다. 이로써 메디아 왕국은 멸망하고 대신 페르시아가 아시아 전역을 장악하게 되었다. 키로스가 페르시아의 부족 중 하나인 아케메네스 일족의 일원이었으므로 이 나라는 아케메네스 조朝 페르시아라고 불리게 된다. 기원전 549년의 일이다.

리디아 왕국의 멸망

눈부신 융성기를 맞이한 아케메네스 조 페르시아의 존재는 이웃 리디아 왕국의 크로이소스 왕에게는 큰 위협이었다. 그래서 크로이소스 왕은 5대 전의 기게스와 마찬가지로 다수의 봉납품을 보내며 델포이에 신탁을 구한다. 델포이로부터 받은 신탁의 내용은 "크로이소스가 페르시아에 출병하면 대제국이 멸망할 것이다"였으며, 그리스 중에서 가장 강한 나라와 동맹을 맺으려고 했다.

나중에서야 알게 되지만 신탁에서 말하는 '대제국'은 리디아 왕국을 가리키는 것이었다. 그러나 크로이소스 왕은 이 제국이 페르시아라고 해석하고, 페르시아와 전쟁을 벌이기를 선택한다.

그 결과 오히려 수세에 몰려 수도 사르디스까지 공격당했고, 결국 14일 후에 함락되고 만다. 기원전 546년, 이렇게 리디아 왕국은 멸망한다. 기게스 시대에 "5세대 후에 보복이 기다리고 있다"라던 신탁은 그대로 실현된 것이다.

크로이소스 왕은 본보기 삼아 화형 당할 예정이었지만, 기적적으로 큰 비가 내려 불이 꺼지는 바람에 목숨을 구한다. 결국 키로스에게 용서를 받고 심복으로 기용된다.

리디아 왕국이 소멸함으로써 그 지역에 점점이 존재하던 그리스 식민도시도 대부분 페르시아에 병합되었다. 시민들이 다함께 토지를 포기하고 이주하는 도시도 있었지만, 과감하게 저항하다 짓밟혀 시민이 모두 노예로 팔려간 도시도 있었다. 덧붙이자면 이때 구 리디아 왕국 땅에서 페르시아 측의 총사령관으로서 군대를 지휘한 사람이 하르파고스였다.

이집트도 페르시아 제국 아래로

키로스는 리디아 왕국에 승리함으로써 그리스 식민도시까지 포함하는 아나톨리아 반도 전역을 지배하게 되었다. 또한 그 기세를 몰아 신바빌로니아 왕국의 거대한 수도 바빌론까지 함락시킨다. 즉 분립해 있던 네 왕국 중에서 이집트를 제외한 세 왕국을 통일한 것이다.

그러나 그 후 키로스는 스키타이인과 같은 계통의 용맹한 민족 마사게타이Massagetai인과 싸우던 중에 목숨을 잃는다. 마사게타이인의 왕녀 토미리스Tomyris에게는 페르시아 측의 계략으로 인해 아들을 잃은 원한이 있었다. 토미리스는 키로스의 시체를 찾아내 목을 베고, 그것을 사람의 피로 채운 가죽부대에 담가 "네놈을 피로 우려 주마"라고 말했다고 한다.

하지만 키로스는 통치권의 일부를 이미 아들인 캄비세스에게 이양해 두었기 때문에 페르시아 제국을 통치하는 데는 지장이 없었다. 오히려 캄비세스는 페르시아의 세력권을 이집트에 이르기까지 더욱 확대하려는 계획을 세운다.

참고로 『역사』에서는 이집트의 역사와 지리, 정치, 풍습 등에 대해서 매우 방대한 내용을 상세하게 기술하고 있다. 이는 헤로도토스가 직접 현지를 찾아 보고 들은 내용임을 증명한다. 이 책에서 더 자세히 다루지는 않겠지만, 『역사』는 페르시아 전쟁뿐 아니라 고대 세계의 실정을 오늘날에 전달해주는 귀중한 문헌임을 기억해 두는 것이 좋을 것이다.

그건 그렇고, 캄비세스 왕이 이집트 원정에 착수한 것은 자신의 정략결혼을 둘러싼 오해 때문이었다. 당시 이집트 왕 아마시스Amasis는 하극상으로 선왕 아프리에스Apries로부터 왕위를 찬탈했다. 캄비세스는 그 아마시스에게 딸을 아내로 맞고 싶다고 사자를 보낸다. 아마시스는 이 말을 듣고 왕비가 아니라 첩으로 들이려 한다고 생각해서, 자신의 딸이 아닌 선왕 아프리에스의 딸 니테티스를 자신의 딸로 위장해 페르시아로 보냈다.

그러나 니테티스에게 아마시스는 친아버지의 적이었으므로 캄비세스에게 바로 진실을 밝혀버린다. 캄비세스는 이를 듣고 자신이 우롱당한 것에 격노해 이집트 원정을 결정한 것이다.

이에 대해 이집트 측은 동맹 관계에 있던 그리스의 도움을 받으면 페르시아를 격퇴할 수 있다고 생각한 모양이다. 그런데 서둘러 달려온 그리스군의 용병대장이 아마시스를 좋게 생각하지 않아서, 캄비세스 측으로 돌아선다. 오히려 그가 앞장서는 형태로 이집트 공격을 시작한 페르시아군은 마침내 수도 멤피스를 함락시키고 만다.

이로써 페르시아 제국은 전 아시아에 더해 이집트까지 지배 아래 두고 이른바 고대 오리엔트 세계의 통일을 완수하였다.

광기의 캄비세스 왕

이로써 자신감이 충만해진 캄비세스는 다시 세 번의 원정 계획을 세운다. 페니키아인의 식민지 카르타고(현 튀니지), 에티오피아, 그리고 사막의 도시 암만이 그 목표였다. 그런데 이 원정들은 모두 크게 실패하고 만다.

이즈음부터 캄비세스에게 정신이상 증세가 뚜렷이 나타나기 시작했다. 이를테면 페르시아 국민이 왕에 대해서 어떻게 생각하고 있는지를 점쳐보겠다고 하며 측근 프렉사스페스Prexaspes의 자식을 활로 쏴서 죽여버린다. 죄도 없는 페르시아인 12명을 거꾸로 땅에 파묻어 살해한다. 친동생 스메르디스Smerdis에게 왕위를 찬탈당하는 꿈을 꾸었다면서 프렉사스페스에게 명해 암살한다. 이를 책망하는 친 여동생도 살해한다. 이뿐 아니라 재미 삼아 타국인의 무덤을 파헤치고, 신전을 우롱하며 파괴하는 일도 예사로 저질렀다.

이런 이상한 행실이 널리 알려지자 당연히 역모를 꾀하는 움직임이 생겨났다. 여기에 편승한 것이 신관 마고스 형제였다.

이중에 형은 원래 캄비세스 왕의 측근으로, 왕이 이집트로 원정을 떠나 있는 동안 본국을 통치하는 역할을 맡았다. 또한 동생은 먼저 살해당한 왕의 남동생 스메르디스와 쏙 빼닮았고, 심지어 이름까지 스메르디스였다.

그래서 형은 동생을 왕위에 앉히고 이렇게 선언했다.

"앞으로는 캄비세스 님이 아니라 스메르디스 님의 명령에 따르라."

말도 안 되는 방식의 모반이지만, 이것은 뜻밖에 성공했다. 이집트에서 이 사태를 전해 들은 캄비세스 왕은 동생을 죽인 데 대한 벌이 내렸다고 여겨 매우 상심하였고, 곧 상처가 괴사하여 죽음을 맞는다. 재위 기간은 7년 5개월이었다.

물론 마고스 형제의 음모는 얼마 지나지 않아 드러났다. 이때 앞장선 인물이 페르시아 태생의 귀족 오타네스였다. 그는 여섯 명의 신뢰할 수 있는 동료를 모았고 총 일곱 명의 무리가 왕궁에 침입해 마고스 형제를 암살한다. 그중에는 다음 페르시아 왕위를 이을 다레이오스Dareios가 포함되어 있었다.

그들의 행동을 알게 된 페르시아 국민들은 이에 동조하여 전혀 관계없는 일반 마고스 사제들까지 잇달아 학살했다. 뿐만 아니라 그 날을 '마고포니아(마고스 학살)의 날'로 정해 매년 성대한 축제를 열었다고 한다.

민주정인가 과두정인가 독재정인가

그렇다면 페르시아의 앞날은 과연 어떻게 될 것인가. 캄비세스 왕에게는 자녀가 없었기 때문에 누군가를 리더로 세워서 새로운 정치체제를 확립할 필요가 있었다.

오타네스를 중심으로 한 일곱 명은 이에 대해 다 같이 의논한다. 정치체제로서 후보에 오른 것은 민주정, 과두정, 독재정 세 가지였다. 각자 자신이 지지하는 체제에 대해 의견을 이야기한다. 완전한 민주제를 주장하는 오타네스가 선두를 끊었다. 그는 "독재자를 만들어서는 안 된다"며 마음과 같이 지론을 전개한다.

"여러분은 캄비세스 왕이 얼마나 포학하기 짝이 없었는지를 잘 알고 있습니다. 게다가 마고스의 흉폭함도 몸소 겪어보지 않았습니까. 아무것도 책임지지 않는 자가 자기 마음대로 행동할 수 있는 독재제가 어떻게 질서 있는 국가 체제가 될 수 있겠습니까? 이런 정치체제 아래서는 세상에서 가장 뛰어난 인물이라 해도 군주의 지위에 앉으면 전에 갖고 있던 심정을 잊어버리고 말 것입니다. 현재 누리는 부귀영화가 교만한 마음을 만들어 낼 테니까요. 뿐만 아니라 인간에게는 타고난 질투심이라는 감정이 있습니다. 이 두 가지 약점이 있기 때문에 독재자는 모든 악덕을 갖추게 될 것입니다. (중략) 사실 독재자는 세상 모든 행복을 다 누리고 있으니 남을 질투하는 마음을 가질 리 없어야 하지만, 현실적으로 국민을 대하는 독재자의 태도는 정반대가 됩니다. (중략) 독재자란 적당히 찬양하면 자신을 섬기는 마음이 부족하다며 언짢아하고, 너무 벌벌 떨면 아첨꾼이라며 역시 눈 밖에 납니다.

(중략) 독재자는 조상 대대로 전해온 풍습을 파괴하고, 여자들을 범하며, 재판을 거치지도 않고 사람의 목숨을 빼앗아버립니다. 그에 비해 대중에 의한 통치는 무엇보다 만민에게 동일한 권력이 있다는 세상에서 가장 훌륭한 명목을 갖추고 있으며, 둘째로 독재자가 할 법한 행동을 전혀 하지 않을 수 있습니다. 관직은 추첨으로 뽑고, 뽑힌 관료는 책임을 갖고 자신의 직무에 임하며 모든 국정은 공론에 의해 결정됩니다.

그러므로 나는 독재정을 단념하고 대중의 주권을 확립해야 한다는 의견을 제안합니다. 모든 일은 다수에게 달려 있기 때문입니다."

다음으로 동료 중 한 명인 메가비조스Megabyzos는 과두제를 주장한다.

"독재정을 폐지해야 한다는 오타네스의 의견에는 완전히 동의하지만, 주권을 민중에게 맡기는 것은 최선의 견해라고는 할 수 없습니다. 대중만큼 어리석고 태만한 것도 없으니까요. 따라서 독재자의 악행을 막아야 한다는 이유로 흉폭한 민중의 포악한 손에 빠져드는 것은 절대 참아넘길 수 없는 일이오. (중략) 무엇이 정당한가를 배우지 못하고 스스로 깨달을 능력도 없는 자가, 그것을 자각할 수 있을 리가 없지 않습니까? 마치 거칠게 흐르는 강처럼 나랏일도 깊은 생각 없이 막무가내로 밀어붙이기만 할 것입니다. (중략) 그러니 우리는 가장 뛰어난 인재의 무리를 선출하여, 여기에 주권을 부여합시다. 당연히 우리들 자신도 그 무리에 포함되어야 할 것입니다. 가장 뛰어난 정책은 가장 뛰어난 사람들에게 맡길 때 나온다는 것은 당연한 이치입니다."

그리고 마지막으로 다레이오스가 독재제의 이점을 설명한다.

"나는 메가비조스가 대중에 대해서 한 말은 타당하다고 생각하지만, 과두정치에 대한 발언은 옳지 않다고 생각합니다. 적어도 여기서 의논하는 세 가지 정치체제가 모두 최선이라고 가정한다면, 나는 독재제가 민주제나 과두제보다 월등히 뛰어나다고 단언할 수 있습니다. 가장 뛰어난 한 사람에 의한 통치보다 뛰어난 체제가 출현하리라고는 생각할 수 없기 때문입니다. 그런 인물이라면 그 탁월할 식견을 발휘하여 민중을 훌륭하게 통치할 것이고, 또한 적에 대한 모략을 세울 때도 이와 같은 체제 아래에서 그 비밀이 가장 수월하게 유지될 것입니다. 그러나 만약 과두제를 실시한다면 (중략) 모두가 자신이 중심인물이라고 생각하고 자기 의견을 밀어붙이려 하므로 그 결과 서로 극심한 반목이 발생하고, 거기에서 내분이 생기며, 내분은 유혈사태를 부르고, 결국 독재제로 결말지어질 것입니다.

(중략) 반면 민주제의 경우에는 악이 횡행하는 것을 피하기 어렵습니다. (중략) 국가에 해로운 일을 벌이는 자들은 함께 결탁해서 행하기 때문입니다. 민중을 선동해서 국가에 해를 끼치고, 스스로 참주의 자리에 오르려 하는 민중의 지도자가 등장할 것입니다. 이 자가 민중의 추대를 받아 결국 독재자가 될 것이니, 차라리 처음부터 뛰어난 지도자를 선출하는 것이 최선의 길임이 분명하지 않습니까?"

이런 의견이 오간 끝에, 7명 중 4명이 다레이오스가 미는 독재제를 선택했다. 오타네스는 "나는 지배하는 것도, 지배당하는 것도 바라지 않는다"며 왕의 후보에서 사퇴하고, "그 대신 나는 물론 나의 자손도 여기 있는 그 누구의 지배도 받지 않을 것을 약속해 달라"는 말을 남기고 그 자리를 뜬다.

이 의논 과정을 통해 헤로도토스가 묘사하고 싶었던 것은 독재제에 대한 혐오감이라고 생각된다. 당시 아테나이는 오랫동안 참주로 군림한 페이시스트라토스 일족을 추방하고 새로운 민주제 국가를 막 건설한 시기였다. 동서 대결이라는 『역사』의 주제를 명확하게 드러내기 위해서 양측을 대비시키는 한편, 결국은 민주제가 더 뛰어난 제도라고 강조하고 싶었던 것이 아닐까.

다레이오스 왕의 탄생

다음 과제는 누구를 왕으로 삼을 것인가였다. 오타네스를 제외한 6명 중에서 왕을 뽑기로 합의하고, 선출 방법으로는 일종의 내기를 걸었다. 6명 전원이 말을 타고 멀리 나가서, 해가 떴을 때 가장 먼저 크게 우는 말의 주인이 왕위에 오르기로 한 것이다.

이때 다레이오스는 몰래 한 가지 계책을 꾸민다. 기지가 있는 마부를 불러서 자신의 말이 가장 먼저 울게 할 방법을 생각하라고 명령한 것이다. 마부는 다레이오스의 말이 가장 좋아하는 암말을 함께 데리고 나와, 밖으로 나가는 길 도중에 마주치게 했다.

생각대로 다레이오스의 말은 암말을 보고 높이 울었고, 그 순간 번개가 치고 천둥이 울렸다고 한다. 키로스와 캄비세스에 이은 페르시아 제국의 새로운 왕은 이렇게 다레이오스로 결정되었다.

그는 취임하자마자 가장 먼저 자신의 부조를 만들도록 지시했다.

거기에는 말을 탄 인물상과 함께 다음과 같은 비문이 새겨졌다.

"히스타스페스Hystaspes의 아들 다레이오스, 말과 마부의 공적
에 의해 페르시아의 왕위를 얻다."

또한 선대 왕인 키로스의 딸 두 명을 비롯해, 캄비세스의 동생이자
암살당한 스메르디스의 딸, 동지였던 오타네스의 딸까지 아내로 삼
았다. 혼인관계를 맺음으로써 다레이오스의 위세는 페르시아 전역에
널리 퍼져나갔다.

『역사』에서는 이후 강한 권력을 손에 넣은 다레이오스가 광대한
페르시아 제국을 국가로서 정비해가는 과정을 상세하게 설명한다.
이는 당시의 행정 방식을 아는 데 귀중한 자료가 되었다. 여기까지가
전 9권 중 1~3권까지의 내용이다.

그리스 식민도시 밀레투스의 반란

4권 이후로는 페르시아 제국 내에서 권력 기반을 확립한 다레이오
스가 미정복의 땅인 유럽과 리비아(북아프리카)로 세력을 확장해가는
과정이 그려진다. 그리고 5권부터는 페르시아 전쟁에 직접적으로 관
련된 사건과 에피소드로, 페르시아와 그리스 사이의 전쟁이 어떻게
시작되었는지 그 경위를 상세하게 서술하고 있다.

앞에서도 설명했지만, 원래 아나톨리아 반도의 해안선을 따라서

그리스계 민족의 식민도시가 점점이 자리 잡고 있었다. 그들은 '이오니아인'이라 불렸다. 그 지역도 지배하게 된 다레이오스는 그들에게 교역을 제한하는 등 지나친 요구를 강제한다. 처음에는 페르시아에 복종했던 식민도시들에서도 점차 반감이 높아지기 시작했다.

그런 분위기가 팽배한 가운데, 다시 전쟁으로까지 이어지는 데는 여러 정치가들의 의도와 술책이 얽혀 있었다.

그리스 식민도시 중에 밀레투스Miletus라는 도시가 있었다. 그 도시는 히스티아이오스라는 이오니아인 독재자가 다스리고 있었는데, 다레이오스 왕의 마음에 들어 그가 거하는 성이 있는 수도 수사(Susa, 현 이란 남서부)에 소환되어 측근으로서 모시게 된다. 히스티아이오스는 수사로 떠나며 자신의 사촌동생이자 사위이기도 한 아리스타고라스에게 밀레투스를 다스리도록 부탁했다.

마침 비슷한 시기에 역시 그리스 식민도시인 에게 해의 낙소스 섬에서 내분이 발생해, 자산계급의 사람들이 추방당해 밀레투스로 망명하는 사건이 있었다. 아리스타고라스는 그들의 지원에 힘입어 낙소스의 지배권까지 손에 넣으려는 계획을 세운다. 그러기 위해서 페르시아제국의 아나톨리아 반도 지역의 장관이었던 아르타프레네스(다레이오스 왕의 이복동생)의 협력도 확보했다.

그런데 그의 교만함이 화를 불러, 아리스타고라스는 낙소스 침공에 실패한다. 이대로는 페르시아 제국으로부터 책임을 추궁당하게 될 것이 분명해 난처한 처지가 되었다. 그때 그에게 수사에 있는 히스티아이오스가 보낸 밀사가 나타난다. 그가 보낸 메시지는 "다레이오스 왕에게 반기를 들라"는 것이었다.

[페르시아 전쟁 관련 연표]

연도	사건	움직임
기원전 499	이오니아 반란	아테나이, 이오니아 도시국가 대 페르시아
기원전 492	마르도니오스 침공	다레이오스 1세가 마르도니오스가 이끄는 부대를 그리스에 파견
기원전 490	마라톤 전투	다레이오스 1세에 의한 제2차 그리스 원정
	아테나이·플라타이아 연합 대 페르시아	
기원전 480	테르모필라이 전투	크세르크세스(다레이오스 1세의 아들)의 그리스 원정
	스파르타 왕 레오니다스 1세와 '스파르타 300인 부대'의 저항	
	아테나이 함락	
	아르테미온 해전	스파르타의 에우리비아데스가 이끄는 그리스군과 페르시아군의 해전
	올림픽 개최	
	살라미스 해전	그리스군 승리
기원전 479	플라타이아 전투	아테나이와 스파르타 연합에 의한 페르시아 전쟁 최후의 전투
	그리스군 승리	
기원전 478	델로스 동맹	아테나이가 주도한 국가 간 동맹

히스티아이오스로서는 궁지에 몰린 사촌동생을 구하기 위해서라 기보다는 자신이 밀레투스에 귀환할 기회를 잡으려 했던 것 같다. 밀레투스에서 반란이 일어나면 진압부대의 수장으로서 자신이 파견되어, 그대로 독재자의 지위에 복귀할 수 있을 것이라고 생각했던 것이다.

한편 아리스타고라스도 이대로 처분을 기다리느니, 페르시아로부터 독립을 꾀하는 것이 유일한 안전책이라는 생각이 들었다. 그래서 유럽 측의 지원을 구하고자 스파르타로 향하지만, 단칼에 추방당한다. 그다음으로 향한 곳이 아테나이다. 이것이 페르시아 전쟁의 단초가 되었다.

민주제로 이행한 아테나이

그즈음 그리스의 아테나이에서는 전혀 다른 이야기가 진행되고 있었다. 오랫동안 독재적인 참주로 군림해온 페이시스트라토스 일족을 추방하고 민주제로의 이행이 이루어진 것이다.

추방된 페이시스트라토스 일족의 당주 히피아스Hippias는 스파르타에 도움을 청했다. 당시의 스파르타는 그리스 세계의 맹주를 자임하고 있었다. 민주제로 이행한 뒤 나날이 국력을 키워가는 아테나이의 존재는 그들에게도 그리 달갑지 않았다. 그래서 히피아스와 손을 잡고, 주변 동맹국에게 함께 아테나이를 압박해서 히피아스가 원래의 독재자 지위로 돌아가게 해야 한다고 주장했다.

주변 동맹국은 속으로는 반대하면서도 강국 스파르타에게 맞서지 못하고 침묵을 지켰다. 이것이 당시 그리스 사회의 분위기였을 것이다. 그러나 동맹국 중 하나로 펠로폰네소스 반도의 북동단에 위치하는 코린토스만은 침묵을 깨고 반대 의사를 표명한다. 한때 자국에서 군림했던 독재자가 다수의 시민을 박해하거나 생명을 빼앗았던 경험을 이야기한 뒤, 다음과 같이 말을 이었다.

"스파르타 여러분, 귀국은 자기 나라에서는 독재자가 나오지 않도록 세심한 주의를 기울이고 있습니다. 그런데 타국에는 독재자를 세우라고 한단 말이오? 독재자의 정치란 이런 것이오. 그리스 나라들에 독재정을 끌어들이려는 생각은 하지도 마시오. 그럼에도 굳이 히피아스를 복귀시키려고 한다면, 코린토스는 귀국의 행동을 인정할 수 없음을 알아두시오."

이를 계기로 침묵하고 있던 다른 동맹국들도 반대로 돌아선다. 스파르타와 히피아스의 책략은 좌절되었다.

그러나 히피아스는 포기하지 않았다. 다음으로 도움을 청하러 간 곳이 페르시아 제국이었다. 앞에서 밀레투스의 독재자 아리스타고라스가 낙소스 침공 때 함께 싸우기를 제안했던 아나톨리아 반도 지역 장관 아르타페르네스를 찾아간 히피아스는 아테나이를 비방하면서 페르시아가 아테나이를 굴복시키고 다레이오스와 자신의 지배 아래 두어야 한다고 진언했다.

히피아스의 책략을 눈치챈 아테나이는 아르타페르네스에게 사자를 보낸다. 그런데 아르타페르네스는 "아테나이가 안전하기를 바란다면 히피아스를 복귀시켜라"라고 요구한다. 아테나이가 그것을 거절하자 양측의 대립은 더 이상 되돌릴 수 없게 되었다.

페르시아 전쟁의 시작, 마라톤 전투

스파르타를 떠난 밀레투스의 아리스타고라스가 마침 그때 아테나이에 도착했다. 아테나이는 아리스타고라스에게 설득당해 군선 20척을 이오니아인에 대한 원군으로 파견하기를 결의한다. 이로써 아테나이·이오니아 동맹 측과 페르시아 제국 사이에 군사 충돌이 발생하게 되었다.

전황은 처음에는 기습을 가한 아테나이·이오니아 측이 우세했다. 페르시아 측 아나톨리아 반도의 거점 사르디스(구 리디아 왕국의 수도)를 점거해 모두 불태워버렸을 정도다. 다레이오스 왕은 분한 나머지 가까운 신하 한 명에게 식사를 할 때마다 "전하, 아테나이인을 잊지 마십시오"라고 세 번씩 말하라고 명했다고 한다.

그러나 국력에서 압도적으로 우위인 페르시아는 판세를 뒤집는다. 결국 침공해온 아테나이·이오니아군은 진압되고, 아리스타고라스도 철수하던 중 전사한다. 사촌동생인 히스티아이오스도 도주 중 붙잡혀, 신체는 책형礫刑에 처하고, 목은 소금에 절여 다레이오스 왕에게 보냈다고 한다. 일의 발단이 된 밀레투스는 완전히 페르시아군에 제압되어 전 시민이 노예로 팔려갔다.

페르시아군은 완전히 태도를 바꾸어 공격 태세로 전환했다. 그리스 계열 식민도시가 있는 아나톨리아 반도 앞바다의 섬들을 차례차례 공략해서 불태우고, 미모의 소년을 선택해 거세하고, 용모가 빼어난 소녀는 다레이오스 왕의 궁전으로 보냈다. 또한 아시아와 유럽의 경계선에 있는 헬레스폰토스 일대(다르다넬스 해협 부근)도 제압했다. 그런 뒤 그리스 계열 도시들에 사절을 보내 다레이오스 왕에게 복종하라고 명하자 모두가 빠짐없이 그 말을 따랐다.

다레이오스 왕의 목적은 아테나이 침공이었다. 아나톨리아 반도 지역의 장관 아르타페르네스가 페르시아군의 총대장을 맡고, 아테나이 부근의 지형에 밝은 히피아스가 그 앞을 선도했다. 히피아스가 진을 칠 장소로 선택한 곳이 아테나이 북서부에 위치한 마라톤이다.

한편 아테나이에서는 닥쳐오는 페르시아군과 전투를 벌일 것인지에 대해 의견이 둘로 나뉘었다. 그러나 아테나이의 장군 중 한 명인 밀티아데스가 다음과 같이 주전론을 전개해 국론을 하나로 모았다.

"지금 아테나이는 건국 이래 최대의 위기에 처했습니다. 우리가 굴복한다면 히피아스의 손에 넘어갈 것이 뻔하고, 그러면 어떤 일을 당하게 될지 명백합니다. 한편 우리가 이겨 평화를 얻는다면 그리스 모든 나라 중 첫째가는 나라가 될 수 있을 것입니다. (중략) 만약 우리가 싸우지 않는다면, 이 나라에는 극심한 내부 분열이 일어나 아테나이 국민의 사기를 동요하게 만들고, 그 결과 페르시아에 굴복하게 될 것이 틀림없습니다. 그러나 우리가 몇몇 아테나이인의 분별없는 생각을 버리고 전투를 시작한다면 신들이 공평한 한, 우리는 싸워서 승리를 거둘 수 있을 것입니다. (중략)"

이렇게 해서 아테나이군은 그리스 모든 도시 중에서 유일하게 원군으로 달려온 플라타이아Plataia군과 함께 마라톤으로 진군한다. 여기에서 페르시아 전쟁의 첫 대규모 전투인 '마라톤 전투'가 시작된다. 기원전 490년의 일이다.

[페르시아 전쟁 관련 지도]

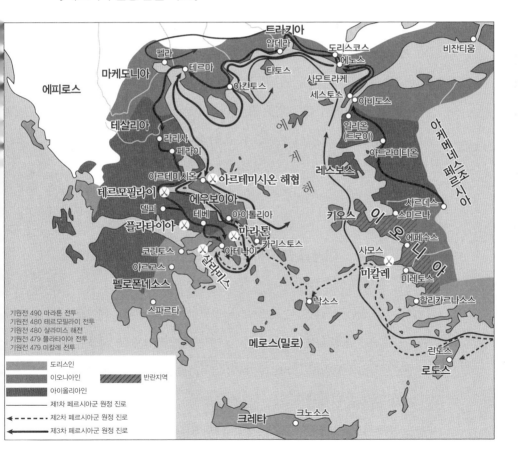

병력도 무기도 뒤떨어지는 아테나이·플라타이아 연합군은 전선의 폭을 페르시아군과 맞추면서 중앙 부분이 얇고 좌우 양 날개가 두꺼운 형태로 진을 친다. 페르시아군이 중앙 돌파를 시도할 때 좌우에서 둘러싸는 형세로 대항하겠다는 작전이다. 이것이 주효해서, 페르시아군은 후퇴한다.

이때 가장 위력적인 '무기'가 된 것은 말도 활도 아닌, 보병이 달려서 돌파하는 전법이었다. 이것은 이제까지의 전쟁에서는 없었던 공격 방식으로, 전력에서 우위를 자랑하던 페르시아군의 의표를 찔렀다.

바다로 도망친 페르시아군은 작전을 변경해 병사가 부재중인 아테나이 본국을 공격하기 위해 해로를 통해 아테나이로 향한다. 그러나 그것을 알아챈 아테나이군은 육로를 통해 전속력으로 복귀하여 페르시아군이 공격하기 전에 먼저 귀환하는 데 성공한다. 페르시아군은 그 모습을 보고 포기해 본국으로 돌아간다. '마라톤 전투'는 이렇게 끝난다. 『역사』 제6권의 기록이다.

대군을 조직해 다시 그리스로

『역사』 제7권은 마라톤 패전 소식을 듣고 몹시 분노한 다레이오스 왕이 아테나이 침공을 다시 준비하기 시작하는 장면으로 시작된다. 그러나 그로부터 4년 뒤, 지배 아래 있던 이집트가 페르시아 제국으로부터 이탈한다. 다레이오스는 이집트·그리스 양쪽을 토벌하겠다는 의욕을 보이지만, 그다음 해에 급사했다. 재위 36년이었다.

뒤를 이은 아들 크세르크세스는 이집트 탈환에 의욕을 불태우느라 당시 변방에 불과했던 그리스에는 그다지 관심을 보이지 않았다. 그러나 그 마음을 바꾼 것이 장군 마르도니오스Mardonios였다. 다레이오스의 여동생의 아들, 즉 크세르크세스에게 있어서는 사촌형제인 인물로, 이후의 페르시아 전쟁에서 중요한 역할을 수행하게 된다.

마르도니오스가 아테나이 원정을 고집하는 이유가 있었다. 마라톤 전투에 앞서 대함대를 이끌고 아테나이로 원정을 떠났을 때, 갑작스러운 북풍에 휩쓸려 300척의 함선과 2만 명의 병사를 잃는 참사를 경험했던 것이다. 그 장본인으로서 그때의 실패를 이번에야말로 만회하겠다는 바람이 강했다.

그 뜻을 받아들여, 크세르크세스는 그리스 원정을 결의한다. 준비를 위해 그로부터 다시 4년의 시간을 들여 전례 없는 규모의 함선과 병력을 갖추었다. 함선은 4,000척 이상, 해병은 50만 명 이상, 그뿐 아니라 육상부대에는 보병이 170만 명, 기병이 8만 명, 거기에 아라비아의 낙타부대, 리비아의 전차부대가 합계 2만 명, 유럽에서 징용해온 병력 10만 명까지 가세했다고 한다. 이 정도의 대부대인 만큼 가는 곳마다 병사들이 마셔서 강물이 다 말라버렸다는 전설이 남아 있을 정도다.

한편 그리스 측에는 다시 전율이 흘렀다. 아테나이는 델포이 신탁을 구해, 무녀로부터 아래와 같은 말을 전달 받는다.

"모든 토지가 적의 손에 떨어지겠으나, 나무의 성채만이 유일하게 함락되지 않고 그대와 그대의 자손을 구하리라. 육지에서 공격해오는 대군을 안이하게 앉아서 기다려서는 아니되니, 등을 돌려 피하라. 이윽고 반격에 나설 때가 오리니. 성스러운 살라미스, 거두어들일 때가 되면 그대는 그 적을 파멸시키리라."

이 무렵 아테나이에는 테미스토클레스Themistocles라는 정치가이자 군인이 있었다. 이전부터 해군력 강화를 주장해온 인물이었는데, 그는 이 신탁의 "나무의 성채만이 유일하게 함락되지 않고"라는 부분을 '해전을 준비해야 한다'고 해석해서 지지를 받았다. 닥쳐오는 페르시아 제국의 대군에 대비하여 시민에게 집을 버리게 하고, 모든 재산과 함께 배로 옮겨 실어 해상으로 피난시킨 것이다.

또한 이때 주변 모든 도시들의 대표가 아테나이에 모여 그리스의 이름으로 일치단결해 싸울 것을 서약한다. 그중에는 아테나이와 쌍벽을 이루는 유력도시 스파르타도 포함되어 있었다.

테르모필라이 전투

이윽고 페르시아군은 그리스 중앙부, 마리아코스 만灣 인근의 트라키스에 도착한다. 이에 맞서 그리스군은 그 서측에 위치한 테르모필라이Thermopylae에 진을 친다. 그곳은 그리스 남북을 연결하는 간선도로가 지나가는 장소였는데, 가파른 산과 마리아코스 만 사이에 낀 험한 길이기도 했다. 즉 방위상의 요충지였던 것이다.

이때 그리스군의 지휘를 맡은 사람이 스파르타의 왕 레오니다스다.

마침 스파르타 본국은 축제가 한창이었다. 축제 기간에는 군대의 활동을 쉬는 것이 관습이었지만, 그런 이유로 참전을 회피하면 다른 도시들이 스파르타가 페르시아군에게 겁을 먹었다고 생각할 수도 있었다. 그것은 명예의 문제일 뿐 아니라, 다른 도시들의 사기 저하와 페르시아로의 배신으로까지 이어질 수 있다.

그래서 레오니다스는 후사를 둔 스파르타의 남자들 중에서 자신을 포함해 엄격하게 선발한 300명의 정예 부대를 편성하고, 전장의 최전선에 임한다. 그들이 나중에 '스파르타 300인 부대'로서 후세에 길이 전해지게 된다.

한편 질과 양에서 모두 압도적인 우위를 자랑하는 페르시아군의 크세르크세스는 진을 친 뒤 전투를 개시하기까지 시간을 두었다. 군대의 위용을 보기만 해도 그리스군이 겁에 질려 싸우지 않고 도주하리라고 생각했기 때문이다.

그러나 그리스군은 움직이지 않았고, 5일이 지나 기다리다 못한 페르시아군이 공격을 개시한다. 이렇게 마라톤 전투로부터 10년이 지난 기원전 480년 '테르모필라이 전투'가 시작되었다.

압도적인 인해전술로 밀어닥치는 페르시아군에 대항해, 그리스군의 레오니다스는 테르모필라이의 지형을 활용하여 좁고 험한 길로 유인해 물리친다는 작전으로 선전한다. 그 결과 전투는 교착 상태에 빠졌다.

이 상황을 바꾼 것이 현지 주민의 배신이었다. 보상금에 눈이 먼 주민이 페르시아군에게 테르모필라이의 샛길을 가르쳐줘서 대치하는 그리스군의 배후로 돌아갈 수 있게 된 것이다.

그리스군도 이 움직임을 눈치챘지만 원체 많은 숫자에 당해낼 재간이 없는 데다, 험한 길에서 앞뒤로부터 공격을 받게 되어 죽음을 기다릴 수밖에 없었다. 병사들의 사기는 땅에 떨어졌다.

이때, 레오니다스는 중대한 결단을 내린다. 모든 도시의 부대를 해산하고 돌아가게 한 것이다. 남은 것은 스파르타의 300명과 일부 뜻을 같이한 부대 등 1,000~2,000명에 불과했다. 그들도 임무를 포기하고 퇴각이나 항복을 선택할 수 있었지만, 그것을 떳떳하지 않다고 생각했던 것이다.

물론 그들에게 승기는 없었다. 그럼에도 철저하게 저항한 끝에 창과 검이 부러진 뒤에도 맨손과 이로 싸움을 계속했다고 전해진다. 오히려 페르시아군이 이 백병전에 두려움을 느끼고 후퇴해, 마지막에는 멀리서 화살을 쏘는 것으로 공격 방식을 바꾸었을 정도였다. 그때 날아오는 화살은 하늘을 온통 뒤덮을 정도로 많았다고 한다.

결국 레오니다스를 비롯한 그리스군은 거의 전원이 전사한다. 그러나 페르시아군의 피해도 상당해서, 그리스군의 10배에 가까운 2만 명이 전사했다고 전해진다.

전사자는 페르모필라이에 매장되었다. 그리스군 모두를 위한 묘비 외에 스파르타 병사를 위한 묘비가 따로 세워졌는데, 거기에는 다음과 같은 비문이 새겨졌다.

"여행자여, 가서 스파르타인에게 전해주오.
우리가 받은 명령을 수행하고 여기 잠들었다고."

아르테미시온 해전

테르모필라이 전투가 진행되는 동안 그리스군과 페르시아군은 해상에서도 대치하고 있었다. 그 장소가 그리스 본토의 동측, 에우리포스 해협을 사이에 둔 에우보이아 섬의 북쪽에 있는 아르테미시온 Artemisium 해협이었던 데서, '아르테미시온 해전'이라 불린다.

그리스군 측의 규모는 아테나이의 127척을 필두로 도합 300척 정도. 그러나 전 군의 지휘를 맡은 것은 아테나이가 아니라 스파르타의 에우리비아데스 Eurybiades였다. 당시 그리스 세계의 맹주가 스파르타였으며, 아테나이인이 지휘권을 잡으면 다른 도시들이 반감을 품고 이탈할 가능성이 높았기 때문이다.

그러나 이 전투를 연출한 것은 아테나이였다. 전쟁이 시작되기 전, 1,000척이 넘는 대함대를 이끈 페르시아군을 직면한 그리스군은 이길 승산이 없다고 보고 퇴각을 검토한다. 에우보이아 섬을 포기하고 본토에서의 결전에 대비하고자 했던 것이다.

그러자 에우보이아 섬의 주민들은 난처한 상황에 빠졌다. 그래서 그들은 이전에 아테나이 시민을 해상으로 피난시키자고 주장한 아테나이의 군인 테미스토클레스에게 한 가지 제안을 한다. 퇴각하지 않고 싸운다면 30탈란톤(talanton, 당시의 통화단위)를 지불하겠다는 것이었다.

테미스토클레스는 이 제안을 받아들이고 그중에 5탈란톤을 어디까지나 자신의 사재인 척하며 에우리비아데스에게 제공한다. 또한 도시국가 중 하나인 코린토스의 원군으로 와서 철수론을 주장하던 장군에게도 3탈란톤을 보내서 뜻을 바꾸게 했다. 이렇게 해서 그리스군은 아르테미시온에 머무르게 되었다고 한다.

한편 페르시아군은 한 가지 계책을 짜낸다. 함대의 일부를 에우보이아 섬의 동측으로부터 남하시켜, 섬의 남단에서 에우리포스 해협을 북상하게 하고, 아르테미시온 해협에서 그리스군을 둘러싸 공격하려고 한 것이다.

그런데 이 작전은 뜻밖의 결과를 가져온다. 마침 그날 밤에 바람이 거칠게 불어, 좁은 에우리포스 해협을 항해하던 함선이 모두 좌초한 것이다. 이 보고를 듣고 침체되어 있던 그리스군의 사기는 단숨에 올라갔다. 이 사건은 대기 중이던 페르시아군 본부를 다급하게 만들었다. 크세르크세스 왕의 심기를 거스를까 우려한 나머지 과감한 공격으로 전술을 바꾸었던 것이다.

양군이 격돌한 것은 마침 육상에서 테르모필라이 전투가 벌어지던 날이기도 했다. 숫자상으로는 페르시아군이 압도적으로 유리했지만, 너무 많은 탓에 전열이 흐트러지고 아군끼리 충돌하는 일도 있었다고 한다. 물론 그리스군 측의 피해도 커서, 주력 부대였던 아테나이의 함대는 절반이 손상되었다. 그럼에도 선전했음은 틀림없는 사실이다.

결착은 육상에서 지어졌다. 그리스군은 사전에 육상부대와 해상부대가 연대하여 열세에 몰리면 서로 돕기로 약속했다. 그러나 테르모필라이에서 레오니다스가 전사하고 스파르타 부대가 전멸한 것을 알자, 해상부대도 아르테미시온으로부터 철수하기로 결정한 것이다.

아테나이 함락과 살라미스 해전

이렇게 육지와 바다에서 큰 전투가 끝났을 때, 크세르크세스 왕은 테르모필라이에 있었다.

마침 그 무렵 그리스의 도시국가 중 하나인 올림피아에서는 올림픽 제전이 열리고 있었다. 사람들이 체육과 승마 실력을 겨루고, 승자에게는 올리브 가지로 만든 관이 주어진다. 그것을 들은 크세르크세스는 이렇게 말하며 놀랐다고 한다.

"대체 그들은 어떤 사람들인가. 돈이 아니라 영예를 위해 싸우는 것이 그리스인이란 말인가!"

그렇다고 크세르크세스가 침공의 기세를 멈추지는 않았다. 큰 관문을 돌파했으니 대군을 그대로 남하시켜 아테나이로 향했다. 도중에 있는 도시들은 차례차례 불태우고 약탈하기를 반복했다. 저항하는 도시와 사람은 아무도 없었다.

한편 아르테미시온에서 철수한 그리스군은 아테나이의 서쪽에 있는 살라미스 섬으로 향했다. 아테나이 시민을 이 섬으로 피난시키고, 굳게 방어하기 위해서였다. 다른 도시로부터도 원군이 달려왔기 때문에, 살라미스에는 아르테미시온보다 많은 약 380척의 함선이 집결했다.

그 결과 페르시아군이 아테나이에 도달했을 때는 이미 대부분의 시민이 피난한 뒤였다. 크세르크세스는 이전에 이오니아 지역에서 반란이 일어났을 때 아나톨리아 반도의 거점 사르디스가 불탄 것을 보복이라도 하듯이, 아테나이를 상징하는 아크로폴리스를 불태워버린다. 당시 건설 중이었다는 파르테논 신전도 이때 한 번 소실되었다. 아테나이는 이렇게 쉽게 함락되어버렸다.

이 사실이 살라미스 섬에 전달되자 그리스 연합군 사이에서는 단번에 긴장감이 흘렀다. 어떻게 잃어버린 땅을 만회할 것인가, 각 도시의 군대 사령관 사이에 논쟁이 벌어졌다.

스파르타를 포함한 펠로폰네소스 반도의 도시들은 다음 침공 목표가 펠로폰네소스 반도가 될 것이라고 상정하고, 그 앞에 있는 코린토스 지협에 육군과 해군 부대를 모두 결집해야 한다고 주장했다. 그러나 이는 살라미스 섬을 포기하는 것을 의미한다. 피난해 있는 아테나이인들의 막대한 희생을 피할 수 없었다.

거기서 아테나이의 군인 테미스토클레스는 살라미스 섬에서 싸워야 한다며 다음과 같이 반론한다.

"지협 부근에서 교전을 벌이면, 해전은 큰 바다에서 이루어지게 될 것입니다. 배의 수가 열세인 우리에게는 크게 불리합니다. 하지만 만일 좁은 해역에서 싸운다면 전황은 우리에게 유리해질 것이 틀림없습니다. 적들은 서로 혼란에 빠져 자멸하게 될 테니까요. 펠로폰네소스 측 여러분의 주장은 그대들에게도 이익이 되지 못합니다. 왜냐하면 선단을 지협에 집결하면 적의 육군 병사들도 필히 그곳으로 향할 텐데, 굳이 펠로폰네소스로 적을 불러들이는 것이나 다름없는 어리석은 짓을 할 필요가 없지 않습니까? 살라미스에 머무르며 이 좁은 해협에 적을 끌어들여 지형의 이점을 살려 싸운다고 생각해 봅시다. 만일 우리가 승리한다면 적은 해군력을 잃게 되고, 설마 육군만으로 펠로폰네소스로 진군하지는 않을 것입니다. 아티카로부터 자국으로 철수할 것이 틀림없습니다. 그러니 살라미스에 머무는 것이 합당합니다."

그 자리에서 결론이 나지는 않았지만, 테미스토클레스는 다시 다음과 같은 한 수를 둔다. 페르시아군의 크세르크세스에게 밀사를 보내 그리스 함대가 혼란에 빠져 코린토스 지협까지 철수하려 한다고 알린 것이다. 허술해질 살라미스 섬을 공격하도록 유도하는 동시에, 혹시 패전했을 경우에 대비해 페르시아 측에 잘 보이려는 심산이었다고 한다.

이 정보에 호응하여 페르시아군은 살라미스 섬 주변의 해역에 결집한다. 그것을 안 그리스군도 살라미스 섬에 머물 수밖에 없게 되었다. 이렇게 '살라미스 해전'이 시작되었다.

함선의 수는 페르시아군 측이 두 배 가까이 많았지만, 결과적으로는 그리스군이 압승을 거두었다. 페르시아군의 함선이 200척 이상 손상된 데 반해 그리스군 측의 손해는 40척 정도였다고 한다. 그리스 본토와의 사이에 있는 좁은 살라미스 수로가 결전의 무대가 되었는데, 페르시아군은 다민족으로 이루어진 대함대였기 때문에 움직임도 통솔도 뜻대로 잘 이루어지지 않은 것이 주요 원인이었다. 그리스 측의 작전이 주효했다고 할 수 있다.

이 해전을 처음부터 끝까지 지켜보던 크세르크세스는 패배했음을 깨닫고는 페르시아 제국의 수도 수사로 귀환한다. 그리스에는 주전론자인 장군 마르도니오스가 30만 명의 병력과 함께 남겨졌다.

플라타이아 전투

그리스에 남아 군대를 이끌게 된 마르도니오스는 일단 그리스 본토 중부의 테살리아까지 퇴각한다. 그런 뒤에 다시금 아테나이로 사자를 보냈다. 살라미스 해전에서 대패를 맛보기는 했지만, 군사력에서 페르시아 측의 압도적인 우위는 변하지 않았다. 그런 의미에서 제국 앞에 항복하면 이제까지의 일은 불문에 붙이겠다고 제안한 것이다. 게다가 군대를 다시 남하시키려는 기미까지 보이고 있었다.

이에 대해 아테나이는 단호하게 거부하는 자세를 보인다. 시민은 다시 집을 버리고, 피난하기 위해 살라미스 섬으로 이동하기 시작했다. 그런 한편 스파르타를 비롯한 타 도시에 지원을 요청하면서는 시민을 지키기 위해 어쩔 수 없이 페르시아 측에 붙을 가능성도 암시했다. 그렇게 될 경우 페르시아·아테나이 연합군이 펠로폰네소스 반도를 공격하는 사태가 일어날 수도 있다고 일종의 협박을 가했던 것이다.

그 무렵 스파르타는 아테나이로부터의 지원 요청에 애매하게 반응하면서, 코린토스 지협에 방어벽을 건설하는 중이었다. 그러나 해상에서 아테나이의 함대가 공격해 오면 방어벽은 의미를 잃는다. 결국 스파르타는 다시 아테나이와 협력해서 페르시아와 대적하기로 결정했다. 페르시아 측에 복종하지 않은 다른 도시들도 스파르타의 뒤를 이었다.

이렇게 해서 그리스군은 아테나이의 북서부에 있는 플라타이아 Plataea에 재결집한다. 병사의 수는 총 11만 명에 달했다. 한편 마르도니오스가 이끄는 페르시아군은 앞서의 30만 명에 그리스에서 추가된 5만 명을 합쳐 약 35만 명. 양군은 플라타이아에 흐르는 아소포스Asopos 강을 사이에 두고 대치한다. 이것이 살라미스 해전 다음 해인 기원전 479년에 벌어진 페르시아 전쟁 최후의 일전, 플라타이아 전투다.

숫자상으로는 페르시아군이 압도적으로 우세했지만, 사기 면에서는 그리스군이 유리했다. 그것을 상징하는 에피소드가 있다. 열흘간 교착 상태가 이어지던 중 마르도니오스는 사태 타개를 위해 작전회의를 연다. 시간이 흐름에 따라 그리스의 미래를 우려한 군대가 잇따라 그리스 측으로 모여들었기 때문이다.

그 회의 석상에서 유력 장교인 아르타바조스Artabazos가 뇌물로 사태를 해결할 것을 제안한다. 군이 가지고 있던 금은재화를 그리스군의 주요 인물에게 보내 내부부터 붕괴시키자고 한 것이다. 거꾸로 말하면 그만큼 그리스군의 결속이 견고했으며, 그것이 페르시아군에게 위협이었던 셈이다.

그러나 그 안은 마르도니오스에 의해 각하된다. 그러자 아르타바조스는 자신의 지휘 아래 있던 4만 명의 병사와 함께 재빨리 전열에서 이탈해 그대로 페르시아로 돌아갔다.

본격적인 전투는 사소한 착각으로부터 시작되었다. 11일째 되던 날

페르시아군이 공격을 개시해 그리스군이 음용수로 사용하던 샘을 파괴했다. 아무리 그리스군이라도 물 없이 싸울 수는 없으니, 밤 사이에 페르시아군이 눈치채지 않도록 살짝 후방으로 물러섰다. 다만 스파르타군만은 어둠을 틈탄 행동을 떳떳하지 않게 여겨 새벽까지 전선에 머물렀다.

다음날 마르도니오스는 눈앞에 있던 그리스군이 사라진 것을 보고 철수했다고 착각해 전군에게 도하와 총공격을 지시한다. 그때 마지막까지 남아 있던 5만 명의 스파르타군이 앞을 가로막으면서 장절한 전투가 시작된다.

현격히 소수인 스파르타군이었지만 중무장을 갖춘 데다 실력과 사기도 높아, 페르시아군과 호각을 이루는 싸움을 전개한다. 한편 페르시아군에서는 마르도니오스 본인이 최정예 병사 1,000명을 이끌고 진두에서 싸우며 군 내에서 최대의 전과를 올렸다.

그런데 마르도니오스가 스파르타 병사의 투석 공격으로 전사한다. 지휘관을 잃은 페르시아군은 혼란에 빠져 차차 뒤로 밀리기 시작했다. 특히 본토 페르시아인 부대가 패주하자 이민족 부대는 단숨에 전의를 상실해 싸우지도 못하고 무너져버렸다. 페르시아군은 총 35만 명의 대군이었지만, 온전한 전력은 결국 페르시아인 부대뿐이었던 것이다.

이로써 영웅은 확실히 결정되었다. 페르시아군 측에서 제국까지 귀환할 수 있었던 병사는 아르타바조스가 이끈 4만 명을 제외하면 불과 3,000명에 불과했던 반면, 그리스군 측의 전사자는 200명도 채 되지 않았다.

부유한 자가 가난한 자로부터 빼앗는 어리석음

플라타이아 전투에서 스파르타군이 온 힘을 다해 싸운 것은 앞서 테르모필라이 전투에서 선왕 레오니다스를 잃은 것에 대한 복수의 의미도 있었을 것이다. 그리스군의 총지휘관 파우사니아스Pausanias 는 레오니다스의 조카였으며, 레오니다스의 아들이자 현 스파르타 왕인 플레이타르코스Pleistarchos의 후견인이기도 했다.

『역사』에서는 이 전투의 결말로서 파우사니아스에 관한 얄궂은 에 피소드 한 편을 소개한다.

기적적인 압승 이후, 파우사니아스는 적장 마르도니오스가 머물던 건물을 시찰하러 방문한다. 거기에는 금과 은으로 만든 화려한 집기 가 다수 놓여 있었다. 제국의 왕 크세르크세스가 살라미스 해전에서 패배하고 귀환할 때 가지고 있던 것을 모두 마르도니오스에게 맡겼 기 때문이다.

그것을 본 파우사니아스는 남아 있던 제빵 장인과 요리사에게 그 들이 항상 마르도니오스를 위해 만들던 식사를 준비하게 했다. 금과 은의 테이블에 호화로운 식기에 담겨 나온 식사는 산해진미로 넘쳤 다고 한다.

장난삼아 이번에는 자신의 시종에게 고향 스파르타의 식사를 준비 하게 했다. 초라한 스파르타식 식사와 마르도니오스의 식사 사이의 차이는 일목요연했다. 파우사니아스는 다른 장교들을 불러모아 웃으 며 이렇게 말했다.

"그리스인 여러분, 그대들에게 모이라고 한 것은 다름이 아니라 이런 호사스러운 생활을 하면서도 이렇게 보잘것없는 우리 것을 빼앗겠다고 쳐들어온 페르시아 지휘관의 어리석음을 그대들의 눈앞에 보여주고 싶었기 때문이오."

제 3 장

투키디데스의 『펠로폰네소스 전쟁사』가 그려내는 그리스 중우정치

이리하여 아테나이는 더욱 강대해졌다.
자유와 평등이 한 가지 면에서만이 아니라

모든 면에서 얼마나 중요한 것인지를
실제로 증명한 것이다.

독재자로부터 해방되자 단연 다른 국가들을 제압하고
가장 강한 나라가 되었기 때문이다.

그리스 몰락의 기록 『펠로폰네소스 전쟁사』

앞 장에서 살펴봤듯이, 헤로도토스의 『역사』는 당시 세계 최대의 제국이자 최고의 선진국이었던 페르시아를 아테나이와 스파르타를 중심으로 한 그리스 도시국가들이 대동단결하여 물리치는 장대한 이야기였다. 『역사』는 아테나이에서 갓 태어난 민주주의의 강한 생명력을 눈부시게 그려냈다.

이를테면 다음과 같은 구절을 살펴보자.

"이리하여 아테나이는 더욱 강대해졌다. 자유와 평등이 한 가지 면에서만이 아니라 모든 면에서 얼마나 중요한 것인지를 실제로 증명한 것이다. 아테나이가 독재하에 있었을 때는 이웃 어느 국가도 전력에서 앞선 적이 없었으나, 독재자로부터 해방되자 단연 다른 국가들을 제압하고 가장 강한 나라가 되었기 때문이다. 이를 통해 보건대, 독재자의 압정壓政 아래 있을 때는 그를 위해 일하는 셈이므로 일부러 비열한 행동을 했지만, 자유로워지고부터는 각 사람이 자기 자신을 위해 일할 의욕을 불태웠음이 명백하다."

이 구절이야말로 헤로도토스가 『역사』를 통해 가장 전달하고 싶은 내용이었을 것이다.

그런데 그 후, 그리스 세계는 일변하여 혼란과 몰락의 시대를 맞이한다. 맹주의 자리를 둘러싸고 아테나이와 스파르타의 싸움이 격화된 끝에 '펠로폰네소스 전쟁'이라는 진흙탕 전쟁으로 발전한다. 특히 아테나이는 페르시아 전쟁에서 승리하면서 전성기를 맞이했지만, 불과 수십 년 만에 막대한 희생과 함께 존망의 위기에 직면하게 된다.

그 자초지종을 세밀하게 기록한 작품이 헤로도토스와 쌍벽을 이루는 역사가 투키디데스가 쓴 『펠로폰네소스 전쟁사』다. 여기에서 그려낸 것은 주로 아테나이와 스파르타 사이의 전쟁이지만, 사실 민주제와 과두제의 다툼을 말하고 싶었던 것이기도 했다.

그러나 민주제를 관철한 아테나이의 내부에서도 리더의 사상과 언동에 따라 상황이 크게 변했다. 사리사욕을 앞세운 리더가 시민을 선동하여 냉정함을 잃게 하고, 국가가 명백하게 잘못된 길을 선택하게 만든다. 이 점이 민주제의 무서운 점이며, 투키디데스가 가장 전달하고 싶어 한 점이기도 하다. 이 주장을 뒷받침하기 위해 수많은 사건과 전쟁에 대해서 기술한 것이 『펠로폰네소스 전쟁사』라 할 수 있다.

투키디데스는 아테나이 사람으로, 펠로폰네소스 전쟁에서 병사들을 통솔한 장군이기도 했다. 『펠로폰네소스 전쟁사』 첫머리의 기술에 의하면 전쟁이 시작될 무렵부터 큰 사건으로 발전할 것을 예상하고 기록을 시작했다고 한다. 그러나 전투 중 패배의 책임을 물어 국외로 추방당한 뒤, 그 후 20년간 아테나이가 패전국이 되기까지 귀국을 허락받지 못했다. 그것이 오히려 잘된 일인지도 모른다. 외부에서 펠로폰네소스 전쟁을 관찰했기 때문에 더욱 냉정하게 자초지종을 기록할 수 있었을 것이다.

『펠로폰네소스 전쟁사』에는 헤로도토스의 『역사』처럼 밝고 쾌활한 분위기는 찾아볼 수 없는, 대조적일 정도로 음습한 내전에 관한 이야기가 이어진다. 하지만 가능한 한 정확하게 기록해서 후세에 도움이 되고자 했던 자세를 엿볼 수 있다.

두 강국에 지배당한 그리스 세계

『펠로폰네소스 전쟁사』는 『역사』에 버금가는 장대한 작품으로 후세의 학자들에 의해 전 8권으로 분류되었다. 대작이므로 모두 소개할 수는 없지만, 일부를 발췌해 살펴봄으로써 당시 그리스 세계의 변화를 따라가 보고자 한다.

제1권은 기원전 479년 페르시아 전쟁에서의 승리로부터 기원전 431년 펠로폰네소스 전쟁 개시에 이르기까지 약 50년 동안의 경위를 기록하고 있다.

그리스의 성장부터 페르시아 전쟁의 전말까지를 서술한 뒤, 『역사』의 종반에도 등장했던 파우사니아스에 대해서 묘사한다. 그는 페르시아 전쟁 당시 그리스 연합군의 총사령관이었던 스파르타의 장군이다. 『역사』에서는 승전의 주역으로 그려졌지만, 『펠로폰네소스 전쟁사』에 의하면 난폭한 인물이었던 것 같다. 플라타이아 전투 이후 발칸 반도 동단의 비잔티온(현 이스탄불)까지 정복해서 지배하에 두고, 전쟁 지휘관이라기보다는 참주에 가까운 행동을 하기 시작했다. 그 때문에 스파르타를 중심으로 하는 펠로폰네소스 반도 출신의 장교들 이외의 집단에서는 기피 대상이었다고 한다.

그 비판의 선두에 나선 것이 아나톨리아 반도 남서부에 있는 이오니아 지방의 국가들이다. 그들은 페르시아의 지배로부터 막 해방된 참이어서, 스파르타의 속국이 될까 경계하고 있었다. 그 때문에 대항 세력으로서 아테나이를 맹주로 추대하려 했다.

그래서 스파르타는 파우사니아스를 본국으로 소환해 해임하고, 총사령관의 지위를 아테나이가 선발하도록 위임했다. 이로써 그리스에서 아테나이의 권력이 대폭 커지게 되었다.

그것을 상징하는 것이 '델로스 동맹 재무관'이라는 관직이다. 페르시아 전쟁 최후의 대규모 충돌이었던 플라타이아 전투에서 승리한 직후인 기원전 478년경, 그리스 국가들은 페르시아 제국에서 다시 침공해올 것에 대비하여 아테나이의 주도로 국가 간 동맹을 체결한다. 에게 해의 남부에 있는 델로스 섬에 그 본부인 재무국이 설치되었기 때문에 이 동맹을 '델로스 동맹'이라고 부른다. 델로스 동맹의 동맹국들은 군사력 강화를 위해 매년 연부금을 나누어 내기로 했다.

그것을 징수, 관리하는 것이 재무국의 역할인데, 그 모든 자리를 아테나이인이 독점한 것이다.

한편 스파르타에서는 전혀 다른 문제가 일어나고 있었다. 국유노예와 반자유민(펠리오이코이, 노예보다는 자유롭지만 시민권을 갖지 못하는 선주민 등)이 반란을 일으켜 산으로 들어가 농성하기 시작한 것이다.

스파르타는 반란을 진압하기 위해 아테나이를 포함한 동맹국들에게 도움을 요청한다. 그런데 정작 원군이 달려가자 아테나이군에게만 해임을 권고하며 돌려보내버린다. 이에 분노한 아테나이 측은 스파르타와의 동맹 조약을 파기한다. 이때부터 스파르타를 맹주로 하는 펠로폰네소스 동맹 국가들과 아테나이에 연부금을 납부하는 델로스 동맹 국가들 사이에 대립 구도가 형성되었다.

민주제와 과두제의 대립

아테나이는 동맹의 연부금을 써서 자국군을 강화하는 데 전념한다. 동맹국에게는 철저하게 연부금을 징수하고, 이탈하는 국가에는 군대를 파견해 지배하에 두는 가혹한 태도를 보였다. 특히 해군력 증강에 주력해, 지중해의 제해권을 확고하게 손에 넣었다.

또한 헤로도토스가 『역사』에서 칭송했듯이 아테나이의 정치체제는 민주제다. 아테나이는 동맹국가들에도 민주제를 전파해 나갔다. 다만 그것은 오늘날과 같은 의미에서의 '민주주의'를 추구했기 때문은 아니었다.

'국민의 해방자'라는 미명 아래 종래의 과두제 체제를 전복시키는 것은 큰 재정적 이득으로 돌아왔다. 아테나이에 지불해야 하는 거액의 연부금을 국고에서 충당하려면 세금을 많이 거둬들일 수밖에 없다. 그 세금을 내는 것이 누구인가 하면, 그 나라의 특권계급인 부유층이다. 과두제 정치체제에서는 그들이 정치권력을 쥐고 있기 때문에 지불을 거부할 수도 있다. 그러나 민주제 아래에서는 민중이 압력을 가하기 때문에 부유층일수록 더 많은 세금을 납부할 수밖에 없다.

즉 아테나이로서는 민주제가 확산될수록 동맹국의 부를 수탈할 수 있었던 셈이다. 이에 따라 동맹국들과는 비교가 되지 않을 정도로 국력을 높일 수 있었다.

그러나 부유층으로서는 탐탁지 않을 수밖에 없었다. 그들은 아테나이에 맞설 수 있는 스파르타에 도움을 구한다. 스파르타는 동맹국에 연부금을 요구하지 않기 때문에, 스파르타의 방침에 따르는 괴뢰 정권의 수립을 바랐던 것이다.

이에 따라 그리스 민족은 아테나이를 중심으로 하는 민주제 국가들과 스파르타를 맹주로 하는 과두제 국가로 양극화되어간다. 그러나 실상은 양쪽 다 아테나이 또는 스파르타에 의해 좌지우지되는 괴뢰 정권에 가까웠다.

이 상황은 그리스 전체에 먹구름을 드리운다. 두 강대국의 격렬한 패권 다툼은 과두제와 민주제의 격돌이자 동시에 부유층과 빈곤층의 반목 구도이기도 했다. 또한 동맹국 간에도 내분이 발생했다. 결국엔 서로 뺏고 뺏기는 소모전밖에 남지 않았다.

페리클레스 시대의 도래

『펠로폰네소스 전쟁사』의 제2권에는 아테나이의 정치가이자 장군 페리클레스가 등장한다. 그는 민주제 아테나이의 전성기를 구축했다고 할 수 있는 인물이다.

페리클레스가 공식 활동에 나서기 이전의 아테나이는 민주제를 추구하고 있기는 했지만, 예전부터 존재했던 귀족세력도 아직 강한 정치권력을 갖고 있었다. 그중에 장군직에 올라 있던 키몬Kimon이라는 인물이 있다. 델로스 동맹의 총지휘관으로서 페르시아 제국과의 전쟁에서 공헌한 영웅이기도 하다.

그리고 앞서 설명한 스파르타 국내에서 일어난 반란에서, 아테나이군을 이끌고 원군으로 달려갔던 사람도 바로 키몬이다. 스파르타는 아테나이군의 도움만을 뿌리치고 돌려보냈는데, 원래 주위의 반대를 물리치고 떠난 행군이었던 만큼 이 사건 때문에 그는 실각한다. 기원전 461년에는 도편추방제도(참주의 출현을 막기 위해 그럴 가능성이 있는 인물을 투표로 결정해 추방하는 제도. 도자기 조각에 그 이름을 새긴 데서 이렇게 불린다)에 의해 국외로 추방된다.

그런 혼란 속에서 귀족파와 대립하는 민주파가 세력을 얻고, 귀족파의 권한을 빼앗는 데 성공한다. 그 민주파의 주요 멤버 중 한 명이 페리클레스였다. 페리클레스는 기원전 443년 장군으로 선출된 이후 429년까지 15년에 걸쳐 장군직을 수행한다. 그동안 귀족파의 권한을 시민 측에 이관하고 민주화를 추진하면서 아테나이의 전성기를 구축한 데서, '페리클레스의 시대'라고도 불린다.

　이즈음에는 페르시아 제국의 위세도 상당히 희미해져 있었다. 그래서 페리클레스는 델로스 동맹의 본거지를 델로스 섬에서 아테나이로 이전하고, 끌어모은 막대한 연부금을 아테나이 국내의 발전을 위해 이용하기 시작한다. 그 전형적인 사례 하나가 오늘날도 존재하는 파르테논 신전을 건설한 것이다. 아테나이의 권위를 드높일 뿐 아니라 소위 '공공사업'으로서 아테나이 시민을 풍요롭게 한 것은 틀림없다. 또한 연극과 조각 등 문화·예술 분야에 대한 지원에도 적극적이었다.

[펠로폰네소스 전쟁 관련 연표]

연도	사건	움직임
기원전 431년	아티카 침공	스파르타(펠로폰네소스 동맹)가 아티카(델로스 동맹)를 침공
기원전 429년	페리클레스 사망	아테나이에 전염병이 유행해 성내 시민 6분의 1을 잃고 페리클레스도 사망
기원전 428년	레스보스 섬 사건	섬 내의 도시들이 아테나이를 배반하고 스파르타에 지원 요청. 클레온 대두
기원전 427년	케르키라 섬 내전	섬 내의 친 아테나이파(민주파)와 친 스파르타파(과두파)가 대립
기원전 425년	필로스 스팍테리아 전투	아테나이의 승리로 클레온에게 권력 집중
기원전 423년	투키디데스가 국외로 도편추방	트라키아 지방을 빼앗긴 데 대한 책임
기원전 422년	암피폴리스 전투	클레온이 암피폴리스 탈환을 위해 원정을 떠나지만 사로잡혀 처형당함

기원전 421년	니키아스 화약	평화론자 니키아스(아테나이)와 스파르타와 플레이스토아낙스가 체결
기원전 415년	아테나이의 시켈리아 원정	스파르타 측의 도시 시라쿠사의 세력 확대를 막기 위해 원정. 그러나 사령관 중 한 명인 알키비아데스가 배반하여 스파르타로 망명
기원전 404년	아테나이 항복	펠로폰네소스 전쟁 종결

당연히 델로스 동맹 국가들은 아테나이에 대해 불만을 품게 된다. 그중에는 동맹에서 이탈하는 국가도 나타났다. 그것을 뒤에서 지원한 것이 또 하나의 영웅 스파르타다. 이로써 아테나이를 중심으로 하는 델로스 동맹과 스파르타를 중심으로 하는 펠로폰네소스 국가 간 대립의 골은 깊어졌고, 기원전 431년부터 고대 그리스 세계 전역을 휩쓴 펠로폰네소스 전쟁으로 발전하게 된다.

페리클레스의 전략과 죽음

아테나이의 세력 확대를 경계한 스파르타는 자국의 장기를 살려 육상에서 전쟁을 걸어왔다. 아테나이가 있는 아티카 지방에 침공하여 영토를 짓밟고 농업생산력을 저하시키겠다는 작전이었다. 다만 스파르타도 농업국가이므로 가을에는 병사를 철수시켜 수확에 종사시킬 필요가 있다. 그래서 매년 같은 식으로 침공을 반복해 장기전으로 아테나이의 국력을 빼앗고자 한 것이다.

이에 맞서서 아테나이를 이끄는 페리클레스는 시민을 성벽 내로 피난시키고 농성전으로 대항한다. 이것은 여러 가지 요소를 장기적으로 고려한 끝에 내린 결정이었다. 우선 스파르타의 장기인 육상전은 피하는 것이 좋다는 점, 반면 해군력은 압도적으로 강하므로 해상으로부터 펠로폰네소스 곳곳에 침입하여 연안지역을 황폐화시키면 유리한 입장에서 보복할 수 있다는 점, 그리고 스파르타는 국내에 국유노예와 주변 주민 문제를 끌어안고 있기 때문에 장기전에 맞지 않는다는 점 등이 그것이다.

이뿐 아니라 델로스 동맹에서 들어온 연부금이 있어 풍요로운 아테나이에 비해, 스파르타를 포함한 펠로폰네소스 동맹은 자주독립이 기본이었다. 즉 경제력에서도 압도적인 격차가 있기 때문에 장기전이 되면 아테나이가 유리한 것은 확실하다. 게다가 스파르타 때문에 농지를 잃어 국내 생산력이 떨어졌다고 해도 지중해 국가들과의 교역으로 충분히 보충할 수 있으며, 오히려 무역 활성화는 재정 면에서 더 도움이 될 것이라는 계산까지 마쳤던 모양이다.

그러나 성벽 내에 갇혀 지내며 농지가 짓밟히는 것을 보기만 해야 하는 시민들에게는 차차 페리클레스에 대한 불만이 쌓여갔다. 게다가 성 내에 전염병까지 발생해 쓰러지는 시민이 속출했다. 그때 페리클레스는 시민들에게 다음과 같이 호소했다.

"(중략) 여러분은 우리가 겨우 동맹국들만을 다스린다고 생각하는 모양입니다. 그러나 나는 부디 더 넓은 시야에서 바라보기를 권하고 싶습니다. 인류에게 크게 도움이 되는 것에 바다와 육지가 있다면, 그중 하나인 전 해양에 여러분은 무적의 왕으로서 군림하고 있습니다. (중략) 여러분이 지금 갖춘 해군의 모든 장비를 가지고 바다로 떠나면 페르시아 왕은 물론이고 현재 세계의 그 어떤 민족도 여러분의 앞을 가로막을 수 없습니다. (중략) 여러분의 진정한 부에 비하면 육상의 부는 작은 과수원 하나, 돈으로 얼마든지 살 수 있는 사소한 것에 불과합니다. 이런 보잘것없는 소유를 잃은 것 정도는 그렇게 괴로워 할 일이 아닙니다. 여기서 여러분은 생각을 달리해야 합니다. 즉 만일 여러분이 이 진정한 힘을 확보하고 최후의 권리까지 우리의 자유를 끝까지 지켜낸다면, 잃어버린 물질은 저절로 되찾을 수 있을 것입니다. 그러나 일단 타국에 굴복한다면, 우리가 이미 쟁취한 소유마저도 잃어버릴 수밖에 없습니다. (이하 생략)"

페리클레스는 사욕私慾을 챙기지 않는 청렴한 정치가였으며 뛰어난 식견을 가진 실력자로서 시민으로부터 두터운 신뢰를 받고 있었다. 그 신뢰를 배경으로 시민의 뜻에 영합하는 일 없이, 항상 자신의 사상 신조와 방침에 따라 시민을 이끌었다. 또한 위에 인용한 구절에서도 알 수 있듯이 연설이 주특기였다. 그 내용은 격조 높으면서도 설득력이 있어, 오늘날에도 서양의 정치가들에게 본보기가 되고 있다.

바꿔 말하자면 당시의 아테나이는 민주제를 표방하고 있었지만, 실질적으로는 덕과 식견을 갖춘 한 사람의 뛰어난 리더에 의해 지배받고 있었다고 할 수 있다.

하지만 그 후 전염병은 더욱 창궐했고, 밀폐된 공간에서 생활할 수밖에 없었던 아테나이 시민들은 거의 6분의 1이 희생되었다. 페리클레스에 대한 비난은 점점 강해져, 결국에는 장군직에서 해임된다.

그러나 후임자가 일하는 것을 본 시민들은 페리클레스가 얼마나 뛰어난 리더였는지를 재인식하고 장군직에 복직하기를 요청한다. 페리클레스는 그것을 수락하지만, 결국 본인도 전염병에 걸려 펠로폰네소스 전쟁의 종결을 보지 못한 채 세상을 떠난다. 전쟁이 시작된 지 2년 6개월이 지난 기원전 439년의 일이다.

그 후 등장한 리더들은 모두 그리 뛰어나지 못한 자들뿐이었다. 그렇기 때문에 오히려 인기를 끌기 위해 시민의 비위를 맞추고, 정책을 결정할 때도 민중의 두서없는 생각에 좌우되고 말았다.

그 결과 당초 페리클레스가 고안한 전략은 모조리 휴지조각이 되어버렸다. 뒤를 이은 리더들은 자신의 명예욕과 이기심만을 따르느라 국력을 저하시키고 파멸로 향하는 정책을 잇달아 추진했다.

선동가 클레온의 대두

제3권 이후로는 페리클레스 사망 이후 아테나이가 얼마나 중우화되어 가는지가 그려진다. 펠로폰네소스 전쟁이 진행되어가면서, 말재주는 좋아도 큰 틀에서 볼 줄 모르고 이념과 전력도 없는 리더들이 민주제라는 이름 아래 국가를 쇠퇴시킨다.

상징적인 것이 페리클레스가 사망한 다음 해인 기원전 428년 아나톨리아 반도의 서쪽 바다에 있는 레스보스Lesbos 섬에서 일어난 사건이다. 이 섬은 델로스 동맹의 일원이면서 아테나이에 예속되지 않고 자치권을 인정받은 최후의 지역이었다.

그런데 이 섬의 도시들이 아테나이를 배반하고 전쟁 중이던 스파르타에 지원을 요청한다. 당시 아테나이는 전염병으로 큰 피해를 입은 데다 전쟁 때문에 국력 소모가 컸던 터라, 처음에는 외교적 교섭으로 해결할 방법을 모색했다. 그러나 외교적 교섭이 결렬되자 공격 태세로 전환해 함대를 파견하고, 다음 해인 기원전 427년에는 진압에 성공한다.

압도적인 해군력으로 제해권을 확보하고 있었던 에게 해의 동단까지 스파르타 함대의 침입을 허용하고 말았다는 데 아테나이 시민들은 큰 충격을 받았다. 그 충격은 반란을 주도한 레스보스 섬의 중심 도시 미틸레네Mytilene의 시민에 대한 분노로 변해, 아테나이 시민총회(민회)는 성인 남성은 전원 사형시키고, 여성과 아이들은 모두 노예로 삼는 엄벌에 처해야 한다는 결론을 내렸다.

그러나 다음날이 되자 아무리 그래도 너무 가혹한 처사라는 의견이 부상했다. 그래서 다시 의논을 시작했는데, 그때 등장한 정치가가 클레온Kleon이다. 페리클레스 사후에 대두한 인물로, 허세 기미가 있지만 자신감 넘치는 연설이 특기였다. 그러나 페리클레스와 같은 청렴함이나 식견을 갖추지는 못했다. 전날 엄벌을 내려야 한다는 방침을 내세운 인물이기도 했다.

클레온은 다음과 같이 말했다.

"이미 몇 번이나 일이 터질 때마다 나는 민주주의는 남을 지배

할 수 없다고 단언했던 바 있습니다. 이번에 미틸레네인 처분을 두고 여러분이 몇 번씩 생각을 바꾸는 것에서 민주주의가 얼마나 무능한지가 다시 한 번 드러납니다. 여러분은 평소 이웃과 함께 평온하게 살아왔고 타인의 간계에 빠진 일이 없기 때문에 동맹국 사람들에 대해서도 마찬가지의 태도를 취하려 합니다. (중략) 그런 태도가 오히려 여러분 자신에게 위험을 불러오고 있다는 것을 조금도 눈치채지 못하고 있습니다. (중략) 그들이 여러분을 따르는 것은 여러분이 자신의 손해를 감수하며 그들의 환심을 사고 있어서가 아닙니다. 그들이 우리에게 호의를 가져서가 아니라, 우리가 실력에서 우위에 있기 때문에 그들을 지배할 수 있는 것입니다.

(중략) 그러나 그 책임은 여러분에게 있습니다. 여러분이 이 말도 안 되는 궤변에 경쟁의 기회를 제공하기 때문입니다. (중략) 말만 앞세운 무리가 이러저러한 일이 일어날 것이라고 말하면, 그런가보다 하고 믿어버립니다. 정작 사건이 일어난 뒤에도 자신의 눈으로 본 사실을 믿으려 하지 않고, 그럴싸하게 해설하는 말에 의지해 귀로 들은 것을 믿으려 합니다. 그리고 기괴한 논리에 쉽게 속아 넘어간다는 점에서는 세상 둘도 없는 '호구'나 다름없다 하겠습니다. (중략) 여러분은 한 나라의 존망을 의논하는 것이 아니라, 변론술사를 에워싼 구경꾼 같은 태도로 미사여구에 홀려 정신을 빼앗기고 있는 셈입니다.

(중략) 마지막으로 우리는 동맹국들의 반응도 생각해야 합니다. (중략) 배반이 성공하면 자유를 얻고, 실패로 끝나도 한눈에

보이는 피해 없이 끝난다는 것을 알면 누구나 사소하기 짝이 없는 구실을 내세워 반란을 일으키게 되지 않겠습니까.

(중략) 그렇게 되어서는 곤란하다면 변론술에 넘어가거나, 매수금을 받거나, 인간이므로 실수는 용서해 주어야 한다는 문구를 곧이곧대로 믿고서 미틸레네인의 희망사항을 온갖 말로 대변하는 것을 이제 그만두어야 할 것입니다. (중략) 여러분은 일단 결의한 형량을 절대 바꿔서는 안 됩니다. 연민, 궤변, 관용이야말로 지배권의 이익을 저지하는 적임을 명심하고, 여기에 현혹되어 잘못된 처벌을 내려서는 절대로 안 될 것입니다. (이하 생략)"

즉 이번 기회에 완전히 밟아버리지 않으면 다른 동맹국에서 다시 반란이 일어날 우려가 있으며, 애초에 한 번 정한 것을 재고하는 것 자체가 민주주의의 결함이라는 주장이다. 그러나 클레온 뒤로 이어진 반대 변론에 힘입어 가까스로 시민의 뜻이 뒤집혔고, 극형을 철회하자는 결론에 이른다.

극형은 면했지만 레스보스 섬에 대해서는 엄격한 전후 처리가 이루어졌다. 처형된 것은 주모자로 지목된 인물뿐이었지만, 그럼에도 1,000명에 달했다고 한다. 또한 미틸레네의 성벽은 철거되고, 군선도 몰수당했다.

그뿐 아니라 반역에 가담하지 않은 메팀나Methymna 시를 제외한 섬 전체가 3,000개의 구획으로 분할된다. 300개 구획은 신전의 영역으로 삼고, 나머지 구획은 추첨으로 아테나이 시민에게 제공되었다. 레스보스 섬의 주민은 대부분 새로 아테나이로부터 이주한 지주에게 소작료를 내고 경작을 허락 받는 소작농의 지위로 전락했다.

이 사건과는 별개로, 클레온은 이 시대의 아테나이를 상징하는 정치가 중 한 사람이라고 할 수 있다. 민주주의 제도하에서 이런 인물이 대두했다는 것은 그만큼 찬동하는 자가 많았으며, 또 다른 정치가들도 그의 연설을 꺾을 힘이 없었음을 의미한다.

클레온은 그 후로도 펠로폰네소스 전쟁의 터닝 포인트에서 중요한 역할을 하게 된다. 그의 언행이 전쟁을 진흙탕으로 만들고, 결국에는 나라를 멸망으로 이끌었다고 해도 과언이 아니다.

선에서 악으로, 사회의 가치관을 뒤바꾼 케르키라 섬 내전

마찬가지로 제3권에 기술되어 있는 것이 레스보스 섬 사건 직후에 일어난 케르키라 섬의 내전이다.

케르키라 섬은 그리스 서해안에 있는 이오니아 제도 북부의 섬이다. 제1장에서 소개한 호메로스의 『오디세이아』에서는 '스케리아 섬'으로 등장했다. 즉 트로이 전쟁에서 활약한 뒤 지중해를 계속 표류한 그리스 장군 오디세우스가 간신히 도달한 섬이다. 그 나라의 왕녀 나우시카의 도움으로 그 아버지인 알키노오스 왕에게 환대를 받고, 그들의 지원 덕분에 10년 만에 고향 이타케에 귀환했던 바 있다.

이런 아름다운 이야기와는 반대로, 『펠로폰네소스 전쟁사』에서 그려낸 케르키라 섬의 내전은 처참하다는 말로밖에 표현할 수 없다. 원래 이 섬은 델로스 동맹의 일원이었다. 즉 아테나이 측이었으며 민주제를 받아들이고 있었다. 그러나 시민 중에는 스파르타 측의 과두제를 지지하는 사람도 적지 않았던 모양이다. 아테나이와 스파르타 양 진영의 전쟁이 격화되면서 그 영향을 받아 친아테나이파(민주파)와 친스파르타파(과두파)의 대립이 첨예해졌고, 결국에는 폭력을 오가는 사태로까지 발전한 것이다.

어느 날 과두파는 아테나이 측의 정치가 페이티아스Peithias를 "케르키라를 아테나이로 예속시키고자 시민을 선동했다"는 이유로 기소한다. 물론 정치체제를 스파르타 측으로 바꾸기 위한 작전이었다. 그러나 페이티아스는 무죄 판결을 받았고, 거꾸로 페이티아스 측이 그들을 고소해 고액의 벌금을 청구했다.

이에 대해 과두파는 실력 행사에 나선다. 동료들끼리 뜻을 모아서 단검을 들고 평의회를 습격해 페이티아스를 포함한 대의원 및 일반 시민 약 60명을 살해한 것이다. 그들은 이렇게 힘으로 정권을 탈취하고 민주파 시민을 탄압하기 시작했다. 한편 민주파는 노예에게도 자유를 약속하고 같은 편으로 끌어들여 과두파에게 반격을 개시한다.

이때 아테나이로부터 12척의 군선과 500명의 중장병이 도착한다. 그 군대의 사명은 양측을 화해시켜 내전을 수습하고 다시금 아테나이의 산하에 편입시키는 것이었다.

그러나 그 후 스파르타 측으로부터도 60척의 군선이 도착해 해전으로 발전한다. 처음에는 스파르타 측이 우세했지만, 그때 아테나이로부터 케르키라 섬을 향해 다시 60척의 군선이 출항했다는 정보가 도달하자 스파르타 군선은 전투를 피해 후퇴했다.

아테나이의 추가 함대가 케르키라 섬에 도착하자 든든한 배후를 얻은 민주파는 그로부터 7일간에 걸쳐 과두파에 철저한 탄압과 살육을 자행했다. 명목상으로는 민주파를 공격하려는 모의를 처벌하는 것이라고 했지만, 개인적인 원한과 약탈, 채무 변제 회피 등 다양한 이유 때문에 닥치는 대로 살인을 저질렀다. 신전 벽에 파묻어버리는 잔인한 살해 방법까지 나타났다. 과두파 중에는 이미 살아날 길이 없다고 생각해 자살하는 사람도 많았다.

이 사건은 그리스 세계 전체에 막대한 영향을 미쳤다. 곳곳에서 비슷한 양상의 내전이 빈발했던 것이다. 민주파, 과두파 가릴 것 없이 어느 한쪽이 궐기하여 상대측에 과격한 실력 행사를 시작하면, 아테나이군과 스파르타군의 원조를 얻어 유리한 입장에서 싸울 수 있다는 전례를 이 사건이 만들어버렸던 것이다.

게다가 이것은 다시 증오와 복수심을 불러일으켜 시간이 갈수록 점점 더 과격하고 잔혹해져갈 뿐이었다. 이런 분위기가 그리스 세계 전체를 소모시킨 것은 두말할 나위가 없다. 이에 대해 투키디데스는 『펠로폰네소스 전쟁사』에서 "말의 의미조차 바꾸어버렸다"라고 서술하고 있다.

"이를테면 생각 없는 만용이 당을 위하는 용기라 불리고, 반면 미래를 생각하여 신중한 태도를 취하면 겁쟁이, 박쥐로 여겨졌다. 침착하자고 하면 비겁자의 변명이라고 했고, 문제의 해결 방안을 찾으려 하면 아무것도 할 줄 모르는 무능력자 취급을 받았다. 반대로 무모한 계획일수록 남자다움을 보여주는 것이라 여겼고, 안전을 기하여 대책을 세우자고 하면 듣기 좋은 핑곗거리를 둘러댄다고 생각했다. 또한 불평론자야말로 당장 신뢰할 만한 사람으로 여기고, 여기에 반론하는 자에게는 의혹의 날을 세웠다. 음모한 대로 일을 해치우면 지혜로운 자이며, 그 뒤통수를 치면 더욱 영리한 자로 칭송받았다. 그러나 이런 간책에 휘둘리지 않고 길을 강구하는 지도자는 당파의 단결을 저해하고 반대파를 두려워하는 자라며 비난당했다.

무슨 일에서건 남보다 먼저 악행를 저지르는 자가 찬양을 받고, 악행을 범하려는 의도라고는 전혀 없었던 자마저 그렇게 만들어버리는 것이 칭찬 받을 만한 일이 되었다. (이하 생략)"

[펠로폰네소스 전쟁 관련 지도]

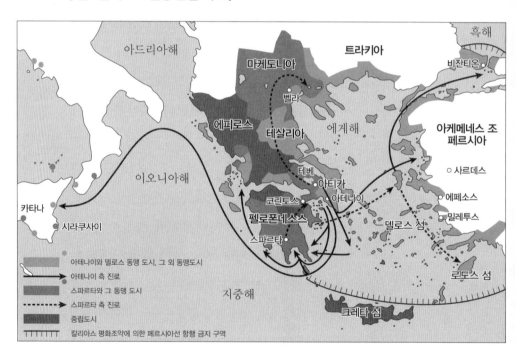

즉 그리스 세계의 가치관이 선행일수록 어리석다고 여기고, 악행일수록 칭찬을 받는 것으로 완전히 바뀌어버렸던 것이다. 원래 민주파는 정치평등을 내세우고, 과두파는 부와 지위가 있는 자가 이끌어가는 온건하고 상식적인 사회를 목표로 해왔다. 체제는 달라도 국가 공공의 선을 위해 애쓴다는 점에서는 다르지 않았던 것이다.

그러나 이제는 양쪽 다 사리사욕이 우선시하면서 선은 잊혀 사라지고 말았다. 그것도 누가 강제적으로 그렇게 만든 것이 아니라 어쩌다 보니 그런 사회로 전락해버렸다는 점이 특필할 만하다. 케르키라 섬 사건은 인간사회가 선과 정의에 대한 공통 기반을 내던지면 어떤 사태가 일어나는지를 오늘날에 전해주고 있다.

클레온을 우쭐하게 한 필로스 스팍테리아 전투

제4권에서는 '필로스 스팍테리아 전투'라 불리는 해전에 대해 자세하게 기록하고 있다. 이 무렵부터 평화에 대한 모색이 시작되지만, 여전히 덕과 식견보다는 개인적인 욕심과 원한이 우선시되면서 모조리 좌절되고 만다.

케르키라 섬의 참극으로부터 2년이 지난 기원전 425년, 아테나이의 장군 데모스테네스가 이끄는 함대가 우연한 기회로 펠로폰네소스 반도 남서부에 있는 도시 필로스를 점령하고 요새로 삼았다. 스파르타가 가까워 중요한 군사 거점이 되기 때문이다.

이 움직임에 위기감을 느낀 스파르타 측은 필로스 바로 남쪽에 있는 스팍테리아 섬에 함대를 결집시켜 필로스를 탈환하고자 한다. 그러나 데모스테네스가 방어하며 스파르타군의 상륙을 저지하고 있는 동안 아테나이로부터 원군이 도착해, 이번에는 아테나이가 공격에 나선다. 아테나이의 함대가 스팍테리아 섬을 포위하여 섬 안에 남은 스파르타 병사들을 고립시키는 데 성공한 것이다.

승산이 없다고 판단한 스파르타 측은 섬에 고립된 병사들을 구하기 위해 필로스에 있는 데모스테네스에게 휴전을 제안한다. 데모스테네스도 무익한 싸움은 피하고 싶다고 생각해, 스파르타 측의 사절을 아테나이로 보냈다.

그런데 그 앞을 가로막은 것이 앞서 등장한 정치가 클레온이다. 그는 유리한 입장을 최대한 이용하자고 생각해 휴전 조건을 과도하게 요구했고, 결국 회담은 결렬되었다. 그 결과 필로스 스팍테리아 섬에서의 전투가 재개되고, 이번에는 아테나이군이 궁지에 몰린다. 해방을 약속받은 국유노예가 스팍테리아 섬의 스파르타군에게 몰래 식량과 물자를 반입하고 있었던 것이다. 그에 비해 단기에 결착을 지을 생각이던 필로스의 아테나이군에게는 보급로가 없어, 마실 물을 확보하는 것조차 쉽지 않았다.

그 상황이 아테나이에 알려지자 즉시 휴전 회담을 그르치게 만든 클레온에게 비난의 화살이 모여들었다. 그러나 클레온은 화살 끝을 정적政敵인 장군 니키아스에게 돌리려 했다. "장군이 남자라면, 군을 이끌고 스팍테리아 섬을 제압하는 것 정도는 손쉬운 일이 아닌가"라고 도발한 것이었다.

그러자 니키아스도 입을 다물고 있지만는 않았다. "나의 장군직을 양보할 테니 함대를 이끌고 스팍테리아 섬으로 원정을 떠나면 어떻겠는가"라고 클레온에게 제안한다. 군대에 대해서는 지식도 경험도 없는 클레온은 동요하지만, 아테나이 시민은 이 제안에 열렬히 호응했다. 클레온의 호언장담이 슬슬 지겨워지려던 참이었기 때문이다. 원정에 실패하면 클레온의 정치 생명이 끝나고, 만일 성공한다면 필로스의 군대를 구출할 수 있다. 어느 쪽으로 흘러가든 나쁘지 않다는 냉철한 판단을 내렸던 것이다.

도망칠 곳이 없어진 클레온은 어쩔 수 없이 장군직에 올라 원정을 떠난다. 그런데 데모스테네스의 작전이 성공해 많은 이의 예상을 뒤엎고 승리를 거뒀다. 스팍테리아 섬에 있던 스파르타 병사 120명을 포로로 삼아 아테나이로 개선한 것이다.

클레온의 명성과 권력이 단숨에 치솟은 것은 말할 필요도 없다. 그러나 그것은 평화의 길에서는 더욱 멀어졌음을 의미한다. 스파르타 측은 아테나이에 노예 반환을 여러 번 요청했지만, 그때마다 어려운 조건을 제시해 거부했다.

거기에 보복이라도 하듯이, 이번에는 스파르타군의 용장 브라시다스Brasidas가 아테나이의 바로 북쪽에 있는 보이오티아 지방을 침공한다. 거기서 멈추지 않고 트라키아 지방(발칸 반도 남동부)까지 북상해서 아테나이 측에는 중요한 거점 도시 암피폴리스Amphipolis를 제압했다. 다만 이것은 전투를 벌인 결과가 아니라 오히려 암피폴리스의 시민이 브라시다스가 오는 것을 환영한 결과였다. 암피폴리스 시민은 클레온의 압정과 지나친 연부금 부담에 지쳐 있었던 것이다.

이때 아테나이군에서 트라키아 지방의 방위를 담당하고 있던 장군이 투키디데스였다. 그는 이 땅을 빼앗긴 데 대한 책임을 지고 도편 추방 당해 국외로 떠나게 되었다. 이 덕분에 이어지는 전쟁의 역사를 한층 더 자세하게 기록할 시간적 여유가 생겼다.

이즈음부터 아테나이는 조금씩 열세에 처하게 된다.

젊은 정치가 알키비아데스 등장

이어지는 제5권에서는 드디어 평화를 향한 움직임이 본격적으로 나타난다. 기원전 422년, 암피폴리스를 탈환하기 위해 클레온 본인 이 직접 대군을 이끌고 원정을 떠난다. 이것을 '암피폴리스 전투'라고 부른다. 그러나 군사 면의 지식과 경험 부족 탓에 참패하고 클레온 은 사로잡혀 처형당했다. 스파르타의 브라시다스도 전투 중에 목숨 을 잃었다. 양국의 주전론자가 잇따라 사망함에 따라 양국 모두 휴전 을 희망하는 분위기가 급격히 달아올랐다.

다음 해인 기원전 421년, 클레온의 죽음 이후 발언권을 회복한 평 화론자 니키아스와 마찬가지로 평화를 바라는 스파르타 왕 플레이 스토아낙스Pleistoanax 사이에 조약이 체결된다. 이것은 '니키아스의 화약和約'이라고 한다. 전투로 빼앗은 지역을 서로 반환하고, 전쟁 전 의 질서를 회복하는 것을 목표로 했다.

그런데 양국 모두 영토를 반환하지 않은 채 긴장 상태가 지속되었 다. 조약은 바로 휴지조각이 되어버리고, 곳곳에서 다시 전투가 시작 되었다.

마침 이때 아테나이에서는 알키비아데스Alkibiades라는 젊은 정치가가 급속도로 떠올랐다. 명문가의 자제이면서 머리 회전이 빠르고, 연설도 뛰어날 뿐 아니라 미모까지 빼어났다. 화려한 것을 좋아하는 성격으로 남성과 여성 모두의 사랑을 받았다고 한다.

그는 니키아스의 정적이자 전쟁에 대해서는 주전론자이기도 했다. 그는 자신의 인기를 배경으로 무모한 작전을 선동한 끝에 아테나이에 치명적인 타격을 입힌다. 그것이 '시켈리아(현 시칠리아 섬) 원정'이다. 그 후로도 절제 없는 행동을 계속해 아테나이 국민에게 원한의 대상이 되기도 한다. 참고로 알키비아데스는 나중에 소개할 철학자 소크라테스의 제자이기도 했다. 그의 악행 때문에 소크라테스는 "젊은이를 현혹시켰다"는 혐의를 뒤집어쓰고 최종적으로 사형 선고를 받게 된다.

알키비아데스의 선동으로 시작된 시켈리아 원정

제6권과 제7권에서는 시켈리아 원정의 전말이 자세하게 묘사된다. 원래 시켈리아 섬에는 아테나이 측과 스파르타 측의 식민지가 혼재해 있었다. 그러나 기원전 424년 각 도시들이 평화조약을 맺으며 펠로폰네소스 전쟁과는 선을 그었다. 아테나이도 그것을 인정해 파견했던 함대를 거두어 들였다.

그런데 그 후로도 섬 내에서는 분쟁이 빈발했다. 특히 아테나이는 스파르타 측에 가담한 이 섬의 최대 도시 시라쿠사이(Syrakusai, 현재의 시라쿠사)가 세력을 확대해 아테나이 측 도시를 제압할까봐 우려하고 있었다. 그때 알키비아데스가 시켈리아 원정을 제안해, 아테나이에서 압도적인 지지를 얻었다.

평화를 추진해온 니키아스는 자중론을 펼쳤다. 트라키아 지방 등 아테나이의 배후에도 적이 있다는 점, 멀고 광대한 시켈리아에서 전투를 치르려면 막대한 경비와 함대가 필요하다는 점, 이런 군사 행동이 오히려 스파르타 측을 자극한다는 점 등이 주요 이유였다.

그러나 아테나이 시민은 알키비아데스의 말재주에 열광하면서 니키아스의 우려를 털어내려는 듯이 국가의 위신을 건 대함대 편성을 지지한다. 이에 따라 기원전 415년부터 원정이 시작된다. 동원된 인원은 3만 명을 넘어섰다.

사령관으로 선임된 것은 알키비아데스와 노장 라마코스, 그리고 아이러니하게도 니키아스까지 3명이었다. 게다가 행군을 시작하자마자 더욱 얄궂은 사태에 조우한다. 출항 직전 아테나이 가도 곳곳에 이정표 삼아 세워둔 헤르메스 신상이 모두 파괴되는 사건이 발생했다. 헤르메스 신상은 신성한 것으로 여겨졌기 때문에 범인은 극형을 피할 수 없었다.

그 용의자로 떠오른 것이 이미 함대를 이끌고 시켈리아로 떠나 있던 알키비아데스다. 진상은 알 수 없지만, 평소부터 불성실한 언동으로 많은 사람의 원한을 산 만큼 의심을 받는 것은 당연한 일이었을지도 모른다. 아테나이는 시켈리아에 거의 도착한 알키비아데스에게 소환명령을 내린다.

이에 분노한 알키비아데스는 명령에 따르지 않고 하필이면 스파르타로 망명했다. 그는 스파르타에서 아테나이군의 약점을 폭로하여 금세 상당한 지위와 신뢰를 얻었다고 한다.

이렇게 해서 아테나이군의 사령관은 두 명이 되었다. 그러나 라마코스도 곧 전사했기 때문에 원래 원정에 반대했던 니키아스 혼자서 대규모 함대 전체의 지휘를 맡게 되었다. 게다가 시켈리아의 아테나이 측 도시들도 비협조적이었다. 처음부터 승산은 그리 높지 않았다.

한편 그 후 알비키아데스는 스파르타에서도 큰 인기를 모았지만 스파르타의 왕비와 간통한 것을 계기로 시민의 노여움을 사고, 이번에는 페르시아 제국으로 망명한다. 기원전 411년에는 시켈리아 원정 대패 후의 혼란을 틈타 아테나이군에 복귀하고 기원전 407년에는 전군을 총괄하는 장군으로 승격한다. 그러나 다음 해인 기원전 406년에 부하의 불상사에 대한 책임을 지고 트라키아 지방으로, 다시 아나톨리아 반도에 있는 프리기아로 망명을 반복했다. 결국 그 땅에서 누군가에게 암살당했다고 한다.

시켈리아 원정의 아비규환

시켈리아에 도착한 아테나이군은 초반에는 선전해 시라쿠사이를 포위한다. 그러나 시라쿠라이가 요청한 스파르타의 원군이 도착하자 즉시 형세가 역전되었다.

게다가 진중에 전염병이 널리 퍼져, 니키아스 본인까지 감염되어 몸 상태가 여의치 않았다. 만회할 전망이 서지 않자 니키아스는 아테나이에 철수 여부를 판단해 달라는 서간을 보낸다. 니키아스로서는 철수를 예상하고 또 바라고 있었을 것이다.

그러나 아테나이는 철수가 아닌 증원을 결단한다. 다시금 두 명의 사령관에게 수천 명의 대군을 맡겨 파견하는데, 그중의 한 명은 앞서 필로스 스팍테리아 전투에서 활약한 데모스테네스였다.

그러나 역전의 용장이 전열에 가담해도 열세를 뒤집을 수는 없었다. 데모스테네스는 전장을 모르는 아테나이 시민으로부터 냉혹한 비난이 쏟아지고, 게다가 민주제 체제인 이상 그런 목소리에 따라 가혹한 처벌이 내려질 것을 쉽게 상상할 수 있었다. 그런 불명예를 뒤집어쓰느니 자기 혼자서라도 전장에서 죽는 편이 떳떳하겠다고 생각했다.

이 망설임이 아테나이군에게는 치명상이 되었다. 시라쿠사이군은 피로와 전염병으로 사기가 저하되어 있던 아테나이군을 섬멸할 생각이었다. 해상에서는 만을 봉쇄해 함대를 몰아넣고, 철저한 공격을 가해왔다. 아테나이군은 함대를 버리고 육로로 도주하게 되었다. 전사자는 물론 부상병도 내버려둔 채 죽을 각오로 행군을 시작했지만, 앞질러온 시라쿠사이군은 도로를 봉쇄하고 추격해왔다. 도중에 니키아스와 데모스테네스는 부대를 둘로 나누어 도주하지만, 둘 다 퇴로를 차단당해 결국에는 투항했다. 전쟁이 시작된 지 2년이 지난 기원전 413년의 일이다.

스파르타 측은 이 두 명을 포로로 삼아 본국으로 연행하겠다는 뜻을 시라쿠사이군에 전달한다. 데모스테네스는 앞서 필로스 스팍테리아 전투에서 적의 사령관이었으며, 니키아스도 그 뒤의 평화 조약에서 활약한 인물이므로 둘 다 스파르타 국내에서 관심이 높았기 때문이다.

하지만 시라쿠사이군은 그 요청을 무시하고 둘 다 처형한다. 또한 포로의 수는 7,000명을 넘었다고 하는데, 아테나이인을 제외한 나머지는 노예로 팔려가고, 아테나이인은 시라쿠사이 시 교외의 채석장에 방치되었다. 결국 그들은 대부분 그곳에서 굶어죽거나 병에 걸려 목숨을 잃었다.

결국 아테나이가 자존심을 걸고 보낸 합계 3만 수천 명의 군대는 거의 전원이 아테나이로 돌아오지 못했다. 전군 궤멸에 가까운 결과였다. 시켈리아 원정은 그 정도로 처참하고 무익한 전쟁이었다.

소국으로 전락한 아테나이,
그리고 마케도니아의 지배

마지막 제8권에서는 시켈리아 원정 후 추락하는 아테나이의 모습이 그려진다(다만 『펠로폰네소스 전쟁사』는 완결되지 못한 채 끝났다).

전군 궤멸이라는 결과가 아테나이 시민에게 큰 충격을 안겨준 것은 말할 필요도 없다. 아테나이에는 그 후로도 여러 번 더 큰 충격이 닥쳐오게 된다. 우선 델로스 동맹을 구성하고 있던 나라들이 연이어 이탈하기 시작했다. 그뿐 아니라 아테나이 북부 근교에 펼쳐진 곡창지대 데클레이아를 스파르타군에게 점령당한다. 아테나이는 군사력뿐 아니라 중요한 자금원과 식량 공급원까지 잃어버린 셈이다.

위기에 직면한 아테나이는 민주제 대신 400명의 명망 있는 인격자에 의한 과두제와 5,000명에 의한 과두제 등 여러 가지 정치체제를 모색한다. 또한 앞서 언급했듯이 알키비아데스가 배후에서 활약하고 페르시아 제국이 관여하기도 한 탓에 작은 전투가 끊이지 않는 전쟁 상태가 그 후로도 지속된다. 그중에는 아테나이군이 승리하는 순간도 없지는 않았지만, 쇠퇴와 소모의 추세에는 변함이 없었다.

『펠로폰네소스 전쟁사』의 기술은 기원전 411년에서 끝나지만, 아테나이가 최종적으로 항복하고 스파르타의 산하에 들어가는 것은 기원전 404년이다. 이로써 펠로폰네소스 전쟁은 간신히 종언을 맞이한다. 아테나이라는 국가는 남았지만, 델로스 동맹은 해산되고 해군은 해체되었으며 해외의 영토도 모두 잃고 스파르타의 제도를 따라 30명에 의한 과두제가 도입되었다.

그러나 그리스 세계는 안정을 찾지 못했다. 아테나이에서는 과두정권에 의한 공포정치가 반발을 샀고, 고작 1년 만에 와해되어 민주제로 돌아간다. 또한 그리스의 혼란은 페르시아 제국의 대두를 초래하였고, 페르시아의 지원을 받은 그리스 국가들과 스파르타, 그리고 부활을 도모하는 아테나이 사이의 삼파전 대립 구도가 형성된다.

펠로폰네소스 전쟁이 발발한 이후 약 1세기에 걸쳐 이어진 혼란 탓에 모든 나라들의 국력이 저하되어가는 동안, 전쟁에 일절 관여하지 않고 그리스 세계로부터 기술과 문화, 제도를 배워 국력을 축적한 나라가 있었다. 그리스 반도가 대륙으로 이어지는 부분에 위치한 마케도니아 왕국이다.

기원전 338년, 마케도니아는 당시 그리스 반도 중부를 지배하고 있던 유력 도시 테베와 아테나이의 연합군과 전쟁을 벌여 승리한다. 다음 해인 기원전 337년에는 스파르타를 제외한 그리스 모든 도시가 가담한 동맹을 결성하고 그 맹주로서 군림한다. 그리스 본토와 펠로폰네소스 반도를 잇는 지협 부근의 유력 도시 코린토스에서 체결되었기 때문에 이를 '코린토스 동맹'이라고 부른다. 이로써 스파르타를 제외한 그리스 세계의 거의 전역이 마케도니아의 지배 아래 들어갔다.

마케도니아의 알렉산드로스 3세(알렉산드로스 대왕)가 동방원정을 시작하는 것은 기원전 334년부터다. 마케도니아는 이집트와 페르시아 제국까지 정복하고 대제국을 건설했다. 이에 따라 그리스의 사상과 문화가 아득한 동방까지 전해지게 되었다. 그리스인이 신화 속의 영웅 헬렌의 이름을 따라 스스로를 '헬레네스(헬렌의 자손)'라고 불렀기 때문에 이를 '헬레니즘'이라고 부른다.

페리클레스의 연설을 다시 읽다

이렇게 『펠로폰네소스 전쟁사』에 서술된 전쟁 과정을 대략적으로 살펴보았다. 민주제를 표방한 아테나이의 몰락의 역사는 중우화로 향한 경로이기도 했다. 식견이 부족한 리더가 권세욕과 명예욕에 사로잡혀 민중에 영합하고 선동하며 중요한 정책의 주도권을 민중의 의사에 맡겨버렸다. 이래서는 나라가 기우는 것도 당연하다고 하겠다.

이 시점에 다시 한 번 떠올려 보아야 할 인물이 이 장의 전반부에 등장했던 페리클레스다. 아테나이의 전성기를 구축하고 전쟁이 시작된 뒤로도 냉정하게 대처해 승리를 이끌어내려 한 페리클레스는 그 후에 등장하는 정치가와 군인들과는 대조적인 인물로 묘사된다. 투키디데스는 다음과 같이 평가한다.

"페리클레스는 두터운 인망과 뛰어난 식견을 겸비한 실력자이며, 금전적인 청렴함에서도 사람들의 의심을 살 여지가 없었기 때문에 그 무엇도 두려워하지 않고 일반 민중을 다스렸다. 민중의 의도에 따르기보다는 항상 자신의 방침에 따라 민중을 이끌었다."

이와 같은 태도를 상징하는 것이 펠로폰네소스 전쟁이 시작된 다음 해인 기원전 430년 전사자 추모식에서의 연설이다. 이것은 민주주의 제도를 찬미하는 역사상 가장 유명한 연설로서 오늘날에도 서양의 정치가들 사이에서는 연설의 본보기로 꼽힌다.

상당히 길지만, 그 일부를 소개한다.

"우리의 정치체제는 타국의 제도를 따른 것이 아닙니다. 타인의 이상을 뒤쫓는 것이 아니라 그들로 하여금 우리의 규범을 배우게 만들고 있습니다. 그것은 소수자의 독점을 배제하고 다수자의 공평을 지키는 것을 뜻하므로 민주정치라 불립니다. 우리의 국가에서는 개인 간에 분쟁이 생겼을 때 법률에 정해진 바에 따라 모든 사람에게 평등한 발언이 보장됩니다. 그러나 누군가의 재능이 뛰어나다는 것이 세상에 알려지면 무조건 순서대로 돌아가는 평등이 아니라, 세상 사람들이 인정하는 능력에 따라서 높은 공직을 받게 됩니다. 설령 가난한 환경에서 태어났다고 해도 나라에 이익이 될 만한 능력이 있다면 가난하다는 이유로 앞길을 가로막지 않습니다. 우리는 얼마든지 자유롭게 공공을 위해 봉사할 수 있으며, 또한 시기와 의심의 눈길을 두려워하지 않고 매일 자유로운 생활을 향유하고 있습니다. 이웃사람이 하고 싶은 일을 마음대로 하더라도 이에 대해 화를 내거나, 또는 실제로 피해가 없다면 불쾌하게 느낄 수 있는 못마땅한 시선을 보내는 일도 없습니다. (중략) 그러나 다만 공적인 문제에 대해서만은 법을 어기는 행위를 깊이 부끄러워합니다. 그때그때 정치를 맡은 자를 따르고, 법을 경외하며, 특히 억압당한 자를 구하는 규정과 모든 이에게 겸허와 수치를 일깨우는 불문법을 진심으로 존중하는 것을 잊지 않습니다. (중략) 우리는 소박하면서도 아름다움을 사랑하며, 유약해지지 않으면서 지식을 사랑합니다. 우리는 부를 행동의 기반으로 삼지만, 섣불리 자랑하지 않습니다. 또한 자신의 가난을 부끄럽게 여기지 않지만, 가난을 극복하려는 노력을 하지 않는 것을 진심으로 부끄러워합니다.

(중략) 간단히 말하자면 우리의 국가 전체는 그리스가 쫓아야 할 이상을 실현하는데 있습니다. 우리 시민 한 사람 한 사람은 인생의 모든 활동에 통달하고, 자유인의 품위를 유지하며, 스스로의 지성을 원숙하게 만들어가는 것이 가능하리라고 봅니다. 그리고 이 말이 그저 이 자리를 위한 과장이 아니라 사실을 기반

으로 한 진실임을, 이와 같이 인간의 힘으로 우리가 구축한 이 나라의 힘이 증명하고 있고 보여주고 있습니다.

세계 여러 나라 중에서 오직 아테나이만이 시련에 직면해 명성 이상의 성과를 얻어내며, 오직 아테나이에 대해서만 패전한 적마저 원한을 품기에 앞서 두려움을 느끼며, 따르는 속국도 맹주의 덕을 인정하여 비난하지 않습니다. 이같이 위대한 증거와 함께 우리의 힘이 만인 앞에 명백하게 드러났기에, 우리는 오늘날의 세계만이 아니라 먼 후세에 이르기까지 사람들의 경탄의 대상이 될 것입니다. (이하 생략)"

전반부에서는 오늘날에도 귀담아 들어야 할 민주주의와 민주사회의 이념을 설명한다. 모든 사람의 자유와 공평을 전제로 하면서도, 결과적 평등이 아닌 기회의 평등과 각자 자신의 입장에서 공공에 보탬이 되고자 노력해야 한다고 말한다. 또한 질서를 유지하기 위해 규정을 존중해야 한다는 것과 빈곤을 극복하기 위해 스스로 노력할 필요가 있다는 지적도 지극히 현대적이다.

또한 후반부에서는 모든 국민이 아름다움과 지식을 사랑하며 품성을 유지하는 것이 국가로서의 '덕'을 만들어내고, 그것이 진정한 국력이 된다고 말한다. 펠로폰네소스 전쟁이 시작된 후 고작 30년 만에 아테나이가 완전히 중우화되어 쇠퇴한 과정을 알고서 이 연설을 다시 한 번 읽어보면, 그 시기를 이끈 정치적 리더의 무거운 책임을 다시 한 번 절감할 수 있다.

이 극심한 부침(浮沈)을 겪으면서 그렇다면 '덕'이란 무엇인가, '선'이란 무엇인가를 진지하게 생각해 보려 한 사람들이 나타났다. 그 대표격인 인물이 소크라테스와 그 제자인 플라톤, 다시 그 제자인 아리스토텔레스다. 그들의 사상으로부터 오늘날 '철학'이라 불리는 학문이 태어났다.

이 세 명은 각각 다음과 같은 주장을 펼쳤다.

"정의는 절대 강자의 이익이 아니다."(소크라테스)

"덕과 이성을 겸비한 진정한 리더를 어째서 육성하지 않는가."(플라톤)

"정치는 부유한가 가난한가로 나뉘어 싸우는 것이 아니다."(아리스토텔레스)

이 모든 주장이 펠로폰네소스 전쟁과 아테나이의 역사를 기반으로 하고 있음은 의심의 여지가 없다.

다음 장부터는 이들이 각각 어떤 문맥에서 무엇을 주장했는지를 구체적으로 검증해 보고자 한다. 어째서 그들의 사상이 르네상스를 거쳐 후세까지 계속 읽히며, 오늘날의 서양에서 엘리트 교육의 기초로 정착했는지를 알 수 있을 것이다.

제 **4** 장

플라톤의 『국가』가
주장하는 이상주의

가장 완전한 상태의 '부정'을 생각해 본다면
당신도 제 말을 쉽게 이해할 수 있을 것입니다.

가장 완전한 부정이야말로
부정을 범하는 장본인을 가장 행복하게 하고,

부정한 일을 범하려 하지 않는 자들을
가장 비참하게 만드니까요.

「아테나이 학당」에 숨은 의미

바티칸 시국에 있는 가톨릭교의 총본산 로마 교황청에는 '서명의 방'이라 불리는 방이 있다. 문자 그대로 교황이 중요한 서류에 서명하거나 회의를 열 때 사용하는 방으로, 교회 내에서도 지극히 신성한 구역이다.

그 사방의 벽에는 르네상스 시기 이탈리아의 화가 라파엘로 산티 Raffaello Santi가 '기독교와 그리스 철학의 조화'를 주제로 그린 네 장의 벽화가 있다. 그중에 한 장이 유명한 「아테나이 학당」이다. 이 벽화가 그려진 것은 라파엘로가 로마 교황 율리우스 2세에게 고용되었던 1509~1510년이라고 알려졌다.

라파엘로 본인이 언급한 것은 아니지만, 여기에 그려진 인물들은 대부분 각기 모델이 있다고 한다. 그것도 고대의 철학자를 동시대의 예술가들에 비유하는 등 세심하게 공들인 작품이다.

여러 가지 설이 있지만, 앞 열 중앙에 있는 인물은 미켈란젤로에 비유한 헤라클레이토스(Herakleitos, 고대 그리스 시대의 철학자)이고, 그 오른쪽은 디오게네스(Diogenes, 마찬가지로 고대 그리스 시대의 철학자), 다시 그 오른쪽에는 조로아스터(Zoroaster, 조로아스터교의 창시자), 프톨레마이오스(Ptolemaeus, 로마제국 시대의 철학자)의 사이에 섞여서 라파엘로 본인도 그려져 있다고 한다. 다시 앞 열 좌측에는 피타고라스Pythagoras도 있다. 그 외의 사람들은 각각 음악가, 법률가, 시인, 의사 등의 전문가와 기술자로 보인다.

[아테나이 학당]

그들에게 둘러싸여 무리의 중심에서 대화를 나누는 두 사람이 있다. 좌측이 레오나르도 다 빈치에 비유한 플라톤이고 우측이 아리스

토텔레스다. 플라톤이 왼손으로 끌어안고 있는 것은 『티마이오스 Timaios』이고 아리스토텔레스가 왼손으로 들고 있는 것은 『니코마코 스 윤리학』이다. 둘 다 '인간의 좋은 혼(프시케)이란 무엇인가'를 주제 로 한 작품이다.

그리고 이 그림에는 하나 더 공들인 부분이 있다. 왼쪽에 선 플라 톤은 오른손의 집게손가락으로 하늘을 가리키고, 왼쪽 위의 배경에 는 그리스 신화의 신 아폴론의 조각상이 그려져 있다. 또한 오른쪽 에 선 아리스토텔레스는 오른손의 집게손가락으로 땅을 가리키고 있으며, 오른쪽 상부에는 로마 신화의 여신 미네르바로 모습을 바꾼 그리스 신화의 여신 아테나의 조각상이 그려져 있다. 여기에도 숨은 의미가 있다.

나중에 다시 설명하겠지만, 플라톤은 이데아라는 관념적인 세계를 상정하고 거기에 진리가 있다고 주장한다. 반면 아리스토텔레스는 매 일의 경험과 습관을 중시하고, 거기에서 진리를 추구해야 한다고 주 장한다. 손가락으로 가리키고 있는 '하늘'과 '땅'은 그것을 상징하는 것이다.

또한 왼편에 있는 아폴론은 예언, 치료, 음악, 시가詩歌의 신이므로 플라톤의 세계관에 가깝다. 그 아래쪽에는 그것을 표현하는 기술자 와 철학자가 배치되어 있다. 한편 오른편의 미네르바 혹은 아테나는 둘 다 지혜, 공예, 전략의 여신이며, 이쪽은 아리스토텔레스의 세계관 에 가깝다. 그 아래에는 역시 그것을 표현한 기술자와 철학자가 있다.

즉 「아테나이 학당」은 중앙에 선 플라톤과 아리스토텔레스를 기준 으로 좌우가 뚜렷이 구분되어 있는 것이다. 플라톤과 아리스토텔레스를 원류로 하는 그리스 철학이 르네상스 시기의 기독교 사회에 얼마나 깊이 침투해 영향을 미쳤는지를 이 장대한 그림에서도 미루어 짐작할 수 있다.

플라톤과 아리스토텔레스, 그리고 플라톤의 스승인 소크라테스가 살아갔던 시대는 아테나이가 펠로폰네소스 전쟁에 패해 몰락의 길을 걷고 있던 시기였다. 나날이 혼란해지는 사회 속에서 사람들은 어떻게 살아야 하는가, 국가는 어때야 하는가, 그 답을 찾고자 했다. 여기에 '지식'이라는 무기로 답을 이끌어내려 한 것이 이와 같은 철학자들이다. 그렇기 때문에 1,800년 이상의 세월을 넘어 암흑기라 불리던 중세 유럽사회에서도 구세주처럼 받아들여졌던 것이다.

그렇다면 철학자들은 대체 무엇을 주장했을까? 우선 플라톤의 저작으로부터 그 철학을 파헤쳐 보자.

소크라테스는 왜 처형당했는가

기원전 443년 장군 페리클레스의 등장과 함께 아테나이는 민주제의 전성기를 맞이한다. 델로스 동맹으로부터 유입된 윤택한 자금을 원천으로 군사력 강화와 함께 학문과 예술의 진흥에도 힘썼다.

민주제 사회이므로 출신이나 신분에 관계없이 능력만 있다면 높은 평가를 받았다. 이에 따라 아테나이에는 그리스 각지로부터 지식과 재능에 자신이 있는 자들이 모여들었다. 특히 학문 분야에서는 지식을 과시하며 말재주가 뛰어난 자들이 잇달아 등장한다. 이들을 '소피스트(지혜로운 자)'라고 부르는데, 주로 시민의 가정교사로 고용되어 생계를 유지했다.

그런 그들의 앞을 가로막은 것이 아테나이 출신의 철학자 소크라테스다. 어느 날 그의 지인이 『역사』에도 등장하는 델포이 신전을 방문해 "소크라테스보다 뛰어난 현자는 없다"는 신탁을 받는다. 전혀 그런 자각이 없었던 소크라테스는 깜짝 놀라 그것을 반증하기 위해 세상에서 '현자'라 불리는 여러 명의 소피스트들을 찾아가 문답을 주고받는다.

그 결과 소피스트들은 한 분야에 대해서는 자세히 알고 있어도, 그 외의 분야에 대해서는 깊이 알지 못한다는 사실을 알게 된다. 그런데 정작 소피스트들은 자신이 모든 분야에 정통하다고 굳게 믿고 있거나, 아니면 모르면서도 허세를 부리고 있었다. 결국 소크라테스는 "모르는 것을 안다고 굳게 믿고 있는 그들보다는 모르는 것을 모른다고 자각하고 있는 내 쪽이 현명하다"는 것을 깨닫게 된다. 그 후로 소피스트나 정치가, 시인 등 세상에서 '현자'라 불리는 사람들이 스스로의 무지를 깨닫도록 문답을 통해 일깨우는 데 열정을 쏟는다.

이런 소크라테스의 언행은 특히 젊은이들의 지지를 모았다. 반면 위신과 평판에 금이 간 '현인'들은 그에게 증오의 눈길을 보내게 되었다.

소크라테스가 40세가 되었을 무렵 시작된 펠로폰네소스 전쟁에서 아테나이의 전황은 악화일로를 걷고 있었다. 페리클레스가 세상을 떠난 후 근시안적이고 사리사욕을 우선시한 정치 리더들이 등장해 국가를 점점 더 쇠망의 길로 끌고 간 과정을 우리는 이미 앞 장에서 살펴본 바 있다. 그중에서도 기원전 415년에 시작된 시켈리아 원정을 주도하다가 전쟁 직전 적국인 스파르타로 망명한 알키비아데스가 소크라테스의 제자 중 한 명이었기 때문에 비난은 한층 더 심해졌다.

뿐만 아니라 기원전 404년 아테나이가 패배하고 스파르타의 지배 아래 놓이자 아테나이에서는 민주제 대신 과두제인 '30인 정권'이 발족했다. 이 정권은 공포정치를 펴서 시민의 반발을 샀고, 결국 1년 만에 와해되어 아테나이는 민주제로 회귀한다. 이 30명의 멤버 중에도 제자가 있었던 탓에 결국 소크라테스도 규탄의 대상이 되었다.

기원전 399년 소크라테스는 재판에서 사형을 선고받아 생애를 마친다. 이 재판의 경위는 플라톤의 『소크라테스의 변명』에 상세하게 기술되어 있다.

철학의 시작, 플라톤 사상

소크라테스는 단 한 권의 저작도 남기지 않았다. 그의 사상과 언동은 소크라테스를 주인공으로 내세운 플라톤의 저작을 통해 후세에 전해졌다.

플라톤이 태어난 것은 펠로폰네소스 전쟁이 시작된 직후인 기원전 427년으로, 소크라테스보다 약 40세 어리다. 젊었을 때는 정치가를 목표로 한 적도 있었지만, 국가의 쇠퇴, '30인 정권'의 탄생과 붕괴, 스승 소크라테스의 처형 등을 목격하고 현실 세계로부터 거리를 두게 되었다. 그는 '필로소포스(지식을 사랑하는 자)'로서 사색의 세계에 들어섰고, 이것이 '철학'의 시작이다.

플라톤 사상의 근간은 '이데아론'이다. 이데아란 천상계에 존재하는 절대적인 선, 절대적인 미(美)의 세계로, 일종의 이상향이라고 생각하면 된다. 그것은 눈에 보이지 않는데, 거꾸로 말하면 우리 눈에 보이는 현실은 천상계에 있는 이데아의 질 낮은 복사본에 지나지 않는다.

또한 우리를 포함해 세상 만물은 각각 지성을 지닌 '혼(프시케)'을 갖고 있는데, 사실 이데아의 존재도 알고 있으며 그것을 추구하는 마음(에로스)도 가지고 있다. 더러운 것보다는 정결한 쪽을 좋아하고, 악행과 부정을 행하기보다는 선행과 정의를 행하는 것을 더 좋아하는 이유가 바로 이 때문이라는 것이다. 그러나 현실 세계에서는 그것을 쉽게 잊어버리고 만다. 그것을 다시 떠올리게 하는 것이 문답問答과 예술, 수학, 기하학과 같은 학문이다.

이런 플라톤의 사상을 상징하는 것이 이 장의 첫머리에서 소개한 그림 「아테나이 학당」에 그려진 그의 모습이다. 여기에서 그는 오른손 집게손가락을 하늘로 향하고 있는데, 이것은 천상계의 이데아를 가리키는 것이다. 또 왼손으로 끌어안고 있는 것은 만년의 저서 『티마이오스』인데, 이데아론을 우주론과 천지창조로까지 발전시킨 저작으로 유명하다. 이 거대한 우주 속에 우리의 '혼'도 둘러싸여 있다는 것이 플라톤의 가르침이다.

현대과학의 견지에서 보면 이런 사상은 '비과학적'일 수도 있다. 그러나 그가 상정한 이 장대한 세계관은 『구약성서』의 시작인 「창세기」에 영향을 미쳤다. 여기에서 유대교가 발전하고, 기독교와 이슬람교가 태어난다는 점을 생각하면, 플라톤이 후대의 세계와 인류에게 남긴 발자취는 이루 말할 수 없이 크다.

이상의 국가와 리더를 찾아서

이데아와 우주 및 자연과학을 연관 지은 것이 『티마이오스』라고 한다면, 그 세계관을 구축해가는 과정을 엿볼 수 있는 작품이 『국가』다. 그가 50세부터 쓰기 시작한 『국가』는 그 사상을 집대성한 대작으로, 플라톤의 독특한 개념인 '혼'과 교육의 바람직한 형태에 대해서 언급하고 있다.

그 제목이 나타내듯이, 여기에서 그려낸 것은 이상적인 국가의 모습이다. 앞에서 설명했듯이 플라톤은 스승 소크라테스의 처형과 같은 사건으로 인해 현실의 정치에 실망한 상태였다. 그렇기 때문에 더욱 그렇다면 어떤 정치체제를 구축해야 하는가, 그것은 어떻게 하면 가능할 것인가를 이데아의 관점에서 설명했다.

플라톤의 저작 중 다수가 그렇듯이 『국가』도 1인칭의 대화 형식을 취하고 있으며, 스승인 소크라테스가 '나'로 등장한다. 즉 소크라테스의 사상을 출발점으로 해서, 거기에 플라톤의 독자적인 해석을 덧붙인 것이다. 이런 이중구조 때문에 소크라테스와 플라톤 중 어느 쪽의 주장인지 알아채기 어려울 때가 있다. 또한 당시의 시대 배경과 사회 상식을 전제로 하고 있기 때문에 그것을 모르면 이해할 수 없는 장면도 있다. 이런 점도 플라톤의 저작이 난해하다는 말을 듣는 이유 중 하나일 것이다.

내용 면에서 보면, 『국가』는 우선 '정의란 무엇인가'라는 질문에서 시작해, 국가의 수호자, 지배자의 소질과 교육, 철인이 통치하는 이상

국가론, 철학 교육의 최고 도달점인 '선', 그리고 철학이 가져다주는 행복에 대한 이론을 전개한다.

플라톤은 40세에 이른 기원전 387년 학원 '아카데미아'를 창설한다. 수학, 기하학, 천문학 등을 가르친 뒤, 이상적인 통치자 양성을 목표로 철학 수업도 이루어졌다고 한다.『국가』는 아카데미아에서 실시한 교육 방침의 결실과도 같은 작품이라고도 일컬어진다.

참고로 아카데이아는 529년에 동로마제국 황제 유스티니아누스 1세가 비기독교적인 교육기관을 폐쇄하는 정책을 펼칠 때까지 거의 900년에 걸쳐 철학 교육기관의 중심으로 존속했다. 오늘날에도 유럽에서는 수준 높은 연구기관과 교육기관의 명칭으로 '아카데미academy'나 '아카데미카Accademica'가 자주 사용된다. 이는 모두 플라톤의 '아카데미아'에서 유래한 단어다.

[플라톤의 최고선]

행복과 정의	부정, 불화, 증오
○ 행복한 인생(개인)	○ 내면의 불화(개인)
○ 국가로서의 정의	○ 내적 불화(국가) 연쇄적으로 이어지는 증오 때문에 공동체 유지가 불가능해짐
○ 정신이 평온한 작용	○ 열악한 정신은 파급효과를 미친다 부정은 그것을 저지른 사람의 정신까지 부패시킨다

나라 전체가 최대한 행복해져야 한다. 행복으로 가득한 국가에서는 정의를 발견할 수 있고, 악하게 다스려지는 나라에서는 부정을 발견할 수 있다.

○ 핵심 내용

국가로서의 행복과 개인의 행복 간의 조화와 상승효과를 소크라테스의 입을 빌리는 형식으로 설명한 것이 플라톤의 최대 공적이다. 그것들 두 가지는 서로 분리할 수 없는 것이기 때문에, 둘 다 행복해지는 것이 선정善政이며, 반대로 특정 개인이나 집단의 이익을 위해 이 두 가지를 부정하게 이끄는 것이 악정惡政이라고 설명한다. 스승 플라톤이 주장한 이 명제를 더 깊이 연구한 것이 아리스토텔레스이며, 「아테나이 학당」에서는 이 두 사람이 중심에 위치해 있다. "국가와 개인을 함께 행복하게 만든다"는 철학의 대명제를 연구한 이 두 사람의 주제가 바로 인간사회에서의 '최고선'이다. 「아테나이 학당」의 구도를 보면 철학을 중심에 두고 다양한 전문 기술자들이 주위를 둘러싸고 있는데, 이것이 그 후 서양사회의 가치의식이며 지적 세계를 구성하는 계층을 나타낸다.

인간의 행복이란, 이성이 욕망에 이기는 것

이제부터는 『국가』의 내용에 대해 알아보자. 전 10권의 대작이므로 모두 소개할 수는 없다. 또한 어렵지 않은 말로 쓰여졌지만, 대화 형식이라서 의미를 이해하기 어려운 부분도 등장한다.

그런데 『국가』만이 아니라 플라톤의 저작 대다수는 정독해서 세세한 부분까지 이해하려 하기보다는, 연극을 관람하는 느낌으로 낭독을 귀로 들으면서 세계관을 음미하는 편이 결과적으로는 내용을 파악하기가 더 쉬울 수도 있다. 플라톤의 의도는 알 수 없지만 만약 그것까지 감안해서 대화편이라는 형식을 선택한 것이라면, 그저 감탄할 수밖에 없다.

먼저 『국가』의 요점을 간략하게 소개하겠다. 우선 제1권은 이 책이 문제 삼는 쟁점을 망라하여 소개한다. 이 부분을 읽으면 플라톤이 책 전체를 통해서 무엇을 전달하고자 했는지를 대체적으로 파악할 수 있을 것이다.

연극에 빗대어 설명하자면 제1권은 크게 3막으로 나뉜다. 제1막의 주제는 '행복한 인생이란 무엇인가'이다.

시작하자마자 케팔로스라는 노인이 등장한다. 다른 노인들은 젊음을 잃은 것을 비탄하지만, 그는 지금이 지극히 평온하며 행복하다고 말한다. 그런 뒤 어떤 노 작가의 이야기를 시작한다. "아직 애욕을 즐길 수 있는가?"라는 질문을 받은 그는 이렇게 대답했다.

"그런 얘기일랑 그만두게나. 나는 그것으로부터 벗어난 것이 얼마나 기쁜지 몰라. 마치 사납기 짝이 없는 폭군의 손에서 이제 간신히 벗어난 듯한 기분이란 말일세."

케팔로스는 이 말이 '명언'이라고 하며 자신도 같은 생각이라고 말한다. 결국 노년이든 청년이든, 행복을 느낄 수 있는가 없는가는 본인의 성격에 달려 있다는 것이다. 인간은 욕망과 이성 두 가지를 모두 가지고 있는데, 이성이 이겼을 때 비로소 행복해질 수 있다. 이 사고 방식이 책 전체를 관통하는 이념으로 암시되고 있다.

이어서 '개인에게 있어서 정의란 무엇인가'라는 주제로 옮겨간다. 어떤 사람이 "친구를 이롭게 하고, 적을 해롭게 하는 것이 정의다"라고 주장하자 소크라테스는 여러 가지 반론을 제시한다.

이를테면 의사에게 있어서는 친구의 병은 고쳐주고 적은 병에 걸리게 하는 것이 '정의'인 셈인데, 그것은 일종의 범죄 행위다. 또한 이 사람이 친구인지 적인지를 오인하는 경우도 종종 있다. 그럼에도 '정의'를 행사했다가 진짜 친구에게 해를 끼칠 수도 있다. 또한 친구와 적을 절대적으로 확실하게 구분했다고 해도, 남에게 해를 입히는 것은 '정의'와는 정반대인 행위다. 오히려 증오와 대립을 불러와 부정의不正義의 온상이 되어버린다는 것이다.

국가의 정의란 무엇인가
① 권력자의 이익을 추구하는 것

이때, 트라시마코스Thrasymachus라는 소피스트가 등장한다. 이때부터 개인이 아닌 국가에 있어서의 정의란 무엇인가에 대한 의논으로 옮겨간다. 여기부터가 제2막이다.

트라시마코스는 에둘러 진행되는 소크라테스의 논의에 짜증을 내면서 이렇게 주장한다.

"내 말을 좀 들어보십시오. 나는 '올바른 것'이란 강한 자의 이익일 뿐이라고 주장합니다. ……아니, 어째서 칭찬하지 않으십니까? 그럴 마음이 없는 게로군요?"

트라시마코스는 정의란 강자의 논리라고 설명한다. 강자에게 이익이 되는 것이 국정에 도입되고, 법률이 되고, 집행된다. 법률을 어긴 자는 범법자이자 부정한 범죄자로서 처벌 당한다는 것이다.

그 논지에 대해서 한때 아테나이를 지배한 참주정치를 예로 든다. 페이시스트라토스 일족을 비롯한 참주는 귀족계급과 평민계급의 충돌을 기회로 삼아 권력을 탈취하고, 권력 기반을 유지하기 위해서 억압적인 독재자가 되었다.

그 후 아테나이 시민은 그들을 추방하고 다시는 참주가 출현하지 않도록 도편추방 제도를 도입했다. 부정하게 빼앗은 권력을 부정하게 사용한 참주를 당시의 시민이 얼마나 혐오했는지를 상상하면 아래의 주장을 이해하기가 더 쉬워질 것이다.

"가장 완전한 상태의 '부정'을 생각해 본다면 당신도 제 말을 쉽게 이해할 수 있을 것입니다. 가장 완전한 부정이야말로 부정을 범하는 장본인을 가장 행복하게 하고, 반대로 부정을 당하는 자들, 부정한 일을 범하려 하지 않는 자들을 가장 비참하게 만드니까요. 독재를 저지르는 참주의 행태가 바로 여기 해당합니다. (중략)

이런 행위를 하나씩 단독으로 범한다면 발각되었을 때 가장 심한 비난을 받고 처벌을 받습니다. 신전 털이범, 납치범, 강도, 사기꾼, 도둑이라 불리는 사람은 이런 악행 중 어느 것 하나를 범하는 자들입니다.

그런데 국민 전체의 재산을 빼앗고 그 신체마저 노예로 삼아 예속시키려 하는 자가 나타나면, 그 사람은 범죄자와 같은 수치스러운 명칭이 아니라 행복한 자, 축복 받은 자로 불립니다. (중략)

그렇게 되는 것은 다름 아니라, 사람들이 부정을 비난하는 것이 자신도 부정한 사람이 될까봐가 아니라, 자신이 부정한 피해를 입을까봐 두려워서이기 때문입니다.

소크라테스여, 이처럼 부정이 일단 전방위적으로 실현되고 나면 그것은 정의보다 더 강력하고, 자유로우며, 권력을 갖는 법입니다. (이하 생략)"

트라시마코스가 지적한 점은 오늘날에도 얼마든지 일어날 수 있는 이야기다. 지위에 집착하면서 부정도 아랑곳하지 않고 자기 배만 불리는 사람들이 적지 않다. 권력자는 종종 자신들의 부정조차도 '올바른' '정의'라고 주장하고, 동시에 진정한 정의를 주장하는 사람들을 위협으로 여겨 가차 없이 제거하려 한다. 정도의 차이는 있지만 이런 경향은 직장이든 학교든 거의 모든 조직에서 찾아볼 수 있다.

펠로폰네소스 전쟁이 발발하고 장군 페리클레스를 잃은 후의 아테나이에는 이처럼 자신들의 부정을 '정의'로 삼는 위정자가 잇달아 등장했다. 그들이 전쟁을 진흙탕으로 만들고, 막대한 희생과 함께 국가를 존망의 위기로 몰아넣는 과정은 앞 장에서 살펴본 바 있다. 그런 현실을 직접 눈으로 보았기 때문에 트라시마코스는 권력자가 손쉽게 정의를 왜곡해버린다고 주장했던 것이다.

즉 『국가』에서 '올바름'과 '정의'란 권력자의 적성과 밀접한 관계가 있는 것으로서 논의되고 있다. 불교에서 말하는 8개의 실천 덕목인 '8정도八正道'처럼 영혼의 구제 수단을 의미하는 것이 아니다. '정의로운' 사람이 권력의 자리에 앉는 것이 진정한 '정의'임을 트라시마코스를 통해 설명한 것이다.

국가의 정의란 무엇인가
② 피지배자에게 이익을 제공하는 것

트라시마코스와 소크라테스는 문답을 이어간다.

"일반적인 다른 지배자의 지위에 대해 생각해 보면, 무보수로 자진해서 그런 자리에 오르는 것을 승낙하는 자는 아무도 없고 모두 보수를 요구한다는 것을 그대는 모르는 것이오? 이는 즉 지배하는 행위로부터 이익을 얻는 것은 결코 자기 자신이 아니라 지배 받는 쪽이라고 사람들이 생각하고 있음을 의미하는 것이 아니겠는가.

자, 다음 질문에 답해 주시오. 우리가 각각의 기술을 항상 구별하는 것은 각 기술이 가진 기능이 다르기 때문이 아닌가? 바라건대 그대의 생각 그대로 답해 주시오. 그러지 않으면 결말을 지을 수가 없으니."

소크라테스는 다음과 같이 이야기를 전개한다. 의사든 직공이든 상인이든 선원이든, 다양한 직업에는 각각 고유의 '기술'이 있어서, 그 기술이 뛰어난지 뒤처지는지를 구분할 수 있다. 그 기술은 자기 자신을 위해서 사용하는 것이 아니라, 그것을 필요로 하는 타인을 위해 사용하게 된다. 타인이 필요로 하는 노동을 함으로써 보수를 받을 권리를 얻는다는 것이다.

권력자에 대해서도 마찬가지로 말할 수 있지 않을까? 그들이 권력자로서 보수를 받는다면 그것은 권력자에게 지배당하는 사람들이 '권력자로서의 기술'에 대가를 지불한다는 의미다. 즉 기술은 권력자 자신을 위해 사용하는 것이 아니라 지배당하는 사람들을 위해서 사용하는 것이어야 한다는 뜻이다.

그렇다면 만약 '권력자로서의 기술'을 전혀 갖고 있지 않으면서 '권력자로서의 보수'만을 원하는 인물이 있다면, 사람들은 그 권력자를 어떻게 부를 것인가? '부정한 사람'이라 할 것이다.

즉 정의란 권력자의 이익이 아니라 피지배자에게 이익을 제공하는 것이다. 그러나 현실에서는 부정한 권력자가 존재한다. 무분별하게 타인을 억압하고, 헐뜯으며, 지배하고, 부정한 이익을 얻으려 한다. 이때, 문제는 그런 권력자가 정말로 강한가, 또는 오랫동안 군림할 수 있는가 하는 점이다.

이에 대해서는 다음과 같이 이야기한다.

"(중략) 다음 질문에도 대답해서 나를 기쁘게 해주시오. 국가든, 군대든, 강도나 도둑의 무리든, 아니면 다른 어떤 집단이든 간에 함께 무언가 나쁜 짓을 저지르려고 모의를 하는데, 만일 자기들끼리 서로에 대해서도 부정한 일을 저지른다면, 조금이라도 목적을 달성할 수 있으리라고 보는가?"

그에 대해 트라시마코스가 "불가능하다"라고 대답하자, 소크라테스는 다시 이렇게 말을 잇는다.

"트라시마코스, 그렇다는 것은 즉, '부정'이 서로에게 불화와 증오, 다툼을 만들어내고 '정의'는 화합과 우애를 만들어내기 때문이겠지. 그렇지 않나?

"(중략) 만일 '부정'이란 것이 이처럼 그것이 있는 곳 어디에든 반드시 증오를 만들어내는 결과를 가져온다면, 자유민의 내면에 존재하든 노예들의 내면에 존재하든, 사람들을 서로 미워하게 하고, 다투게 하고, 마침내는 힘을 합쳐 무언가를 이루어내는 것을 불가능하게 만들지 않겠는가?"

따라서 '부정'은 힘을 가질 수 없으며, 오래 지속되지도 않는다. 반대로 정의를 관철해야만 국가는 번영한다고 설명하고 있다.

'혼'의 작용이 정의와 부정을 좌우한다

그리고 제1권의 종반에는 인간의 '혼'에 대한 언급이 시작된다. 이것이 제3막이다. 우선 부정에 기반한 이상 타인과 힘을 합치는 것은 불가능하다고 전제한 뒤, 이어서 부정은 개인의 내면에서도 불화를 만들어낸다고 설명한다.

"그렇다면 부정은 한 개인의 내면에 있을 때도 마찬가지로 변함없이 본래의 효과를 발휘할 것이오. 우선 그 사람 자신의 내면에 불화와 불일치를 만들어내어 아무것도 이루지 못하도록 만들고, 나아가 자기 자신뿐 아니라 올바른 자에 대해서도 적이 되도록 만들 것이오. 그렇지 않소?"

그런 다음, 인간이 가진 '덕'과 '악덕'도 끝까지 따라가 보면 혼의 기능이라는 주장을 전개한다.

"혼에는 다른 어떤 것으로도 달성할 수 없는 어떠한 기능이 있지 않은가? 이를테면 이런 것들 말일세. 배려하는 것, 지배하는 것, 궁리하는 것, 이외에도 이 비슷한 행위 모두가 그렇소. 과연 혼 이외에, 이런 기능을 할 수 있다고 생각할 만한 것이, 이러한 기능들이 그 고유한 것이라고 할 만한 또 다른 무엇이 있겠는가?"

즉 살아가는 것 전체가, 결국은 혼에서 유래한 것이라는 의미다. 혼과 '덕'이 연관되면 좋은 효과를 발휘하고, '악덕'과 연결되면 나쁜 효과를 낸다.

"그렇다면 열악한 혼은 반드시 열악한 방식으로 지배하거나 배려할 것이고, 훌륭한 혼은 그런 기능을 훌륭하게 수행할 것일세."

이 부분이 플라톤 철학의 밑바탕이 된다. '올바른 것', '좋은 것'은 화합, 우애와 연관되어 더욱 공고해지는 반면, '부정한 것', '나쁜 것'은 증오와 다툼을 만들어내므로 더욱 급격히 사태를 악화시킨다. 모든 것은 혼의 기능, 즉 자신이 생각하는 방식에 의해서 바뀐다는 의미다.

나중에 나오는 말이지만, 제4권의 첫머리에는 다음과 같이 설명하고 있기도 하다.

"(국가를 건설할 때 목표로 해야 하는 것은) 나라 전체가 최대한 행복해지도록 해야 한다는 점일세. 즉 우리는 그런 국가 안에 있을 때 정의를 가장 쉽게 찾아볼 수 있으며, 반대로 가장 잘못 다스려지는 나라에서는 부정을 발견할 수 있을 것이기 때문이라네."

정의로 둘러싸인 국가라면 개인도 건전한 혼으로 살아갈 수 있는 조건이 갖추어져 있으므로 행복해질 수 있다. 행복한 개인들로 구성된 국가가 행복하지 않을 리 없다. 그것이 국가의 정의를 더욱 강하게 만든다. 이런 선순환을 이루는 국가를 목표로 하자는 것이 『국가』에 담겨 있는 중심 사상이다.

국가에도 '혼'이 있다

제2권부터는 제1권의 내용을 더 자세하게 논하고 있다. 즉 '좋은 혼의 기능'을 어떻게 하면 국가 운영에 도입할 수 있을 것인가가 중심 주제다. 좋은 혼을 육성하기 위한 교육론과 이상적인 지배자의 조건에 대해서 구체적인 논의를 전개한다.

그중에는 현대의 시각에서 보면 말도 안 되는 주장도 곳곳에서 발견할 수 있다. 예를 들면 철저한 사상교육이 있다. 호메로스만 봐도 알 수 있듯이 그리스 문화에서 '시'는 빼놓을 수 없는 존재다. 그럼에도 시의 오락성이 혼을 더럽히므로 교육해서는 안 된다고 주장한 것이다.

펠로폰네소스 전쟁에서 대패한 아테나이가 군사강국을 목표로 재건을 추진하고 있었으리라는 것은 상상하기 어렵지 않다. 아마도 그때문에 플라톤은 전체주의 사상에 기반하여 중앙집권적인 색채가 짙은 주장을 펼쳤을 것이다. 이 부분은 제1차 세계대전에서 대패한 후 히틀러의 등장과 함께 전체주의 국가 건설에 매진한 독일을 보는 듯하다.

또는 이성이 있는 철인哲人이야말로 국가의 지배자(수호자)에 적합하며 그 인물은 사유재산을 전혀 가져서는 안 된다고도 주장한다. 국가를 지배하는 것 자체가 대단한 명예이며 신으로부터 천상계의 금은을 받은 것이나 다름없으므로 인간계의 더러운 금은은 필요 없다는 논리다.

그뿐 아니라 우수한 자들끼리 처자식마저도 공유해야 한다고 주장한다. 플라톤은 소위 '우생사상'의 선구자라고도 일컬어지는데, 역시 현대의 감각과는 차이가 크다. 이런 부분은 '혼의 기능'에 직결되는 정책의 브레인스토밍 과정이었다고 생각하자.

한편 플라톤의 영향력이 현대에 와서도 퇴색되지 않는 것은 혼이라는 언뜻 신비적으로 보이는 개념을 사용하면서도, 그것으로부터 선과 악, 정의와 부정이라는 인류에게 있어 보편적인 주제를 이끌어내어 예리하게 통찰하고 있기 때문이다. 게다가 그것이 한 개인의 내면에 있는 문제에 머무르지 않고, 사회와 국가, 더 나아가서는 전 우주로까지 시야를 확장시킨다. 그 장대한 세계관 때문에 지금까지 오래도록 읽히고 있는 것이다.

그중에서 제2권~제3권까지는 아직 소크라테스의 사상이 짙게 반영되어 있다고 평가된다. 그러나 후반에서는 플라톤의 독자적인 사상이 전개되기 시작한다.

교육이란 시력을 주는 것이 아니라, 시야를 바꾸는 것

제6권과 제7권에서는 유명한 이데아론과 함께 교육론이 전개된다. 앞에서도 설명했듯이, 이데아란 일종의 이상향 같은 것이다.

플라톤에 의하면, 선의 이데아는 모든 것을 빠짐없이 비추는 태양의 '빛'과 같은 것이라고 한다. 이 빛이 있기 때문에 인간은 사물을 볼 수 있다. 또한 보이기 때문에 인간은 협력과 우애를 사랑하고, 정의를 존중하며, 선을 행하는 것이다.

그렇다면 만약 이 빛이 사라지거나 무언가에 의해 차단되면 어떤 일이 벌어질까? 칠흑 같은 어둠속에서 인간은 장님이 되고, 화합과 우애도 사라지며, 다툼이 생기고 '부정'이 만연해진다고 한다.

사실 인간사회에는 이 빛이 직접 비쳐드는 것은 아니다. 이에 대해서는 제7권의 첫머리에서 '동굴의 비유'를 이용해 설명하고 있다.

인간은 동굴 속에 갇힌 죄수 같은 처지로, 손발이 묶여 있으며 동굴 안쪽밖에 볼 수 없다. 배후에는 낮은 담이 있고, 다시 그 뒤편에는 횃불이 있다. 담 너머에서는 인간과 동물의 형상을 사용해 일종의 그림자 연극이 펼쳐진다. 인간은 동굴 안쪽에 비춰지는 그 그림자만이 세계의 전부라고 굳게 믿고 있다. 이것이 인간계라는 것이다. 빛이 거의 들어오지 않기 때문에 이 상태에서는 부정이 횡행한다.

이때 중요한 것이 바로 교육이라고 플라톤은 주장한다. 죄수 중 누군가 한 명이 해방되어 동굴 밖으로 나가 태양빛을 바라본다면, 그 사람은 눈이 부셔 고통을 느낄 것이다. 그러나 햇빛에 점차 익숙해지면 그 밝은 세상이야말로 진실의 세계이며 '선의 이데아'이고, 동굴 안에서 보았던 것은 문자 그대로 환영에 불과했음을 깨닫게 될 것이다. 이와 함께 햇빛을 쬐는 것에 행복을 느끼고, 동굴에 남은 동료들을 불쌍하게 여기게 될 것이다.

그래서 이 사람은 다시 동굴로 돌아가 사람들을 밖으로 데려오려고 시도한다. 하지만 갑자기 어둠 속으로 들어갔기 때문에 내부가 잘 보이지 않게 된다. 그 모습을 본 동굴 속 사람들은 그를 비웃으며 역시 밖으로 나가서는 안 되고, 동굴 속이야말로 세계의 전부라고 더욱 확고히 믿게 될 것이다. 억지로 사람들을 밖으로 끌어내려고 하면 그는 살해당할 수도 있다.

그럼에도 그는 그곳에 머물며 끈기 있게 바깥 세계에 대해서 계몽할 필요가 있다. 즉 계속 동굴 안쪽만을 보고 있는 사람들의 방향을 바꾸게 해서 횃불과, 더 나아가 그 건너편에 있는 태양빛을 깨닫게 해야 한다. 또한 그들도 인간인 이상, 본래는 이 이야기를 알아들을 능력을 가지고 있기 마련이다. 그것이 교육이라고 설명한다.

"즉 교육이란, 어떤 사람들이 세상에 공언하며 주장하는 그런 것과는 다르단 말일세. 그들은 혼 안에 지식이 들어 있지 않으니 자신들이 지식을 주입해 주어야 한다고 말하지 않는가. 마치 맹인의 눈 속에 밖으로부터 시력을 심어주듯이 말일세."

"그러나 지금 우리의 논의에서 드러났듯이, (중략) 각 사람이 가지고 있는 진리를 알기 위한 능력과, 각 사람이 그 능력을 활용하여 배우고 아는 데 사용하는 기관은 처음부터 영혼 안에 존재하고 있네. 단지 그것을, 마치 눈을 어둠으로부터 밝음을 향해 돌려놓기 위해서는 몸 전체를 함께 돌려야만 하는 것처럼, 영혼 전체와 함께 생성되고 변이하는 세계로부터 전환시켜야 하네. 실재를, 그중에서도 가장 눈부시게 빛나는 것을 참고 바라볼 수 있게 되기까지 이끌어 주어야 하는 것일세. 그리고 그 가장 눈부시게 빛나는 것이, 앞서 말했듯이 '선'이라는 것이지. 그렇지 않은가?"

"교육이란, 결국 그 기관의 방향 전환을 어떻게 하면 가장 쉽고 효과적으로 달성할 수 있을까를 생각하는, 방향 전환의 기술이나 다름없을 것이야. 밖으로부터 시력을 심어주는 기술이 아니라, 시력은 본래 가지고 있지만 단지 그 방향이 올바르지 않아서 보아야 할 방향을 보고 있지 않으니 그 점을 바로잡아 줄 수 있도록 연구하는 기술이란 말일세."

이렇듯 플라톤이 주장하는 교육론의 본질은 '진리의 탐구'에 있다. 이는 자신이 설립한 아카데미아뿐 아니라 거의 1,500년이 지난 르네상스 시기 서유럽에서 대학이 설립될 때도 큰 영향을 주었을 것이 틀림없다. 리버럴 아츠 교육의 원점이 바로 여기에 있다.

구세주를 어떻게 키워낼 것인가

가장 먼저 동굴을 뛰쳐나와 태양빛을 본 뒤 다시 동굴로 돌아간 인물은 인류에게 있어 '구세주'라 할 수 있다. 그 원동력은 '선의 이데아'를 걸친 궁극의 '좋은 혼'일 것이다.

그렇다면 구세주의 좋은 혼은 어떻게 육성할 수 있을까? 플라톤에 의하면 선의 이데아와 같은 존재는 감각적으로는 이해할 수 없는 다른 차원에 있다고 한다. 세상의 다양한 물질을 구성하는 원자가 인간의 눈에 보이지 않는 것과 비슷하다.

여기에서 중요한 것이 '이치'를 통해 세상을 보는 것이다. '선'을 이해하는 것은 물리 현상의 이치를 아는 것과 같다. 몇 가지 계산식을 풀어냄으로써 언뜻 이해할 수 없었던 현상을 해명해내는 경우가 종종 있다. 이처럼 이치를 통해 얻을 수 있는 것이 '지혜'다.

즉 '선'을 알려면 감각의 세계에 머무르는 것이 아니라 '이치'를 깨닫는 기술에 숙달될 필요가 있다. 플라톤은 그 기초가 되는 것이 수학, 기하학, 천문학, 음악 이론과 같은 학문이라고 했다.

> "즉 하늘에 새겨진 다채로운 문양(별)은 그것이 눈에 보이는 영역에 장식되어 있으므로 이렇게 눈에 보이는 것 중에서는 분명 가장 아름답고 가장 정확한 것이겠지만, 진실한 것에 비교해 보면 훨씬 뒤처지는 것에 불과하네. 진실한 것이란 바로 진정으로 실재하는 빠름과 느림이, 진실한 수 그리고 모든 진실한 형태와 상호관계를 이루며 운행하고, 또한 그 운행 속에 내재하는 것을 움직이게 하는, 그 운동을 말하는 것이야. 이것이야말로 단지 이성(로고스)과 사고思考에 의해서만 파악할 수 있으며, 시각으로는 파악할 수 없는 것이네."

단지 별을 바라보기만 한다면 그것은 '당연히 존재하는 별'일 뿐이다. 그러나 천문학과 우주물리학 지식이 있으면 별은 상당히 다른 방식으로 보이게 될 것이고, 거기에는 새로운 발견과 감동이 있을 것이다. 또한 눈에 보이지 않는 세계를 추구하는 사고의 기술로서 '철학적 문답법'을 제안한다.

> "(중략) 사람이 그 어떤 감각에도 의지하지 않고, 철학적인 대화와 문답에 의해 오직 논의(이치)만을 통하여 각각의 사물의 근원을 향해 나아가고자 하는 노력 즉, 진정한 '선' 그 자체를 지성적인 사유만을 통해 직접 파악하기 위하여 끝까지 물러서지 않고 노력한다면, 그때에야 비로소 사람은 지성에 의해 사유되는 세계의 궁극인 '가지계'에 도달하게 될 걸세."

이것은 특별한 방법이 아니라, 플라톤의 저작 중에서 소크라테스가 일관적으로 실천해온 문답 그 자체를 말한다. 바꿔 말하면 소크라테스가 행한 것은 대화를 통한 진리 탐구이자 교육이기도 했던 것이다.

가장 바람직한 국가체제는 무엇인가

제8권에서는 국가의 체제를 다섯 가지 유형으로 나누어 각 유형에 대해서 구체적으로 논한다.

우선 가장 바람직한 것은 '우수자 지배제'다. 가장 우수한 혼, 즉 지식을 사랑하고 진리를 탐구하는 혼을 가진 철인이 지배하는 국가체제를 가리킨다. 그 존재는 거의 신에 가깝다고 할 수 있을 정도다. 국가 전체에 그 혼이 깃듦으로써 진리와 우애에 둘러싸인 유토피아 사회가 실현된다는 것이다. 이런 국가는 아직 존재한 적이 없지만, 새로이 건립해야 한다고 주장한다.

다음으로 우수한 것은 스파르타식의 '명예 지배제'다. 투박한 기개와 절제의 덕이 나라 전체에 깃들어 건전하고 강력한 힘을 발휘한다고 한다. 셋째는 귀족이 지배하는 '과두제'로, 명예 지배제보다는 뒤떨어지지만, 귀족에게는 적어도 강한 명예의식에서 유래하는 덕이 있으므로, 그로 인해 체면을 차릴 수 있을 정도의 국정은 유지된다고 한다. 그런데 넷째 유형인 '민주제'로 가면 그런 덕조차 소멸해버리기 때문에 무절제한 탐욕과 방종한 악덕만이 남는다. 그 전형이 당시의 아테나이다.

그리고 다섯째, 가장 열악한 것이 '참주 지배제'다. 하등한 혼을 가진 지배자 밑에 모든 국민이 예속되므로 부정과 증오로 가득한 세계를 만든다고 단언하고 있다. 이는 제9권에서도 반복된다. 참주에 대한 증오가 얼마나 컸는지를 알 수 있다.

다만, 단 한 명의 지배자에 의해 국정이 운영된다는 의미에서는 '우수자 지배제'와 '참주 지배제'는 통하는 점이 있다. 두 체제 모두 단한 명을 제외한 나머지 국민은 피지배자가 되는 체제이기 때문이다. 그렇다면 이 두 체제를 구분하는 기준은 무엇인가 하면, 지배자의 혼이 좋은가 나쁜가이다. 피지배자 측은 그것을 자각하고 마음속으로 철인 혹은 신적인 지배자를 원할 필요가 있다. 이를 단적으로 표현하고 있는 것이 제9권에 나오는 아래 구절이다.

"(중략) 트라시마코스가 피지배자에 대해서 생각한 것처럼, 손해를 보기 위해 노예가 되어 지배받아야 한다고 생각하는 것은 아닐세. 우리는 반대로, 신적인 분별에 의해서 지배받는 것이 모든 사람에게 있어서 더 낫다고(도움이 된다고) 생각하네. 이런 것이 자신의 내면에 있다면 가장 바람직하겠지만, 그렇지 못하다면, 외부로부터 주어지더라도 말일세. 우리의 모든 것이, 같은 생각에 의해 인도 받음으로써 가능한 서로 닮은 친근한 친구가 되기 위해서 말이지."

앞에서도 설명했듯이, 플라톤이 주장한 것과 같은 철인 지배 국가를 실현한 지배자는 아직까지 나타나지 않았다. 그러나 플라톤 사망 이후 약 400년이 지나서 팔레스타인 땅에 스스로를 '신의 아들'이라 부르는 예수가 탄생했다. 이후 예수의 가르침을 따르는 기독교는 2,000년에 걸쳐 한결같이 세계 종교로서 성장해왔다. 이런 관점에서 돌아보면 플라톤의 지적은 여전히 큰 의미가 있다.

사후세계를 묘사한 '에르 이야기'

마지막 제10권에서는 신에 관한 사상이 전면에 드러난다. 여기에서는 각각 정의로운, 또는 부정한 삶을 살아간 사람들의 사후 세계가 그려진다.

플라톤에 의하면 인간의 육체는 죽어 없어지더라도 혼은 죽지 않으며, 언젠가 다른 육체에 깃들어 되살아난다고 한다. 단지 그 과정에서 '신의 심판'을 받을 필요가 있다. 생전의 행실이 바람직했던 혼은 천상계로 초대되어 축복을 받고, 행실이 나빴던 혼은 지하의 지옥으로 떨어진다. 그리고 1,000년 후 모든 영혼은 새로운 삶을 받게 된다고 한다.

이때 소개되는 것이 용감한 전사 에르의 이야기다. 그는 전투 중에 전사하고 10일 뒤 매장될 예정이었는데, 다른 시체가 모두 썩어가는 중에 그의 시체만은 그대로였다. 그래서 집으로 돌려보내 12일 뒤에 화장하기로 했는데, 그 직전에 장작더미 위에서 다시 살아났다. 신의 심판을 받는 재판장에서 신으로부터 "사후 세계에 대해서 인간들에게 알려라"라는 임무를 부여 받았던 것이다.

"(중략) 이야기의 요점은 다음과 같네.

각 사람들은 이전에 누군가에게 얼마나 부정한 행위를 했는지, 얼마나 많은 사람들에게 악행을 저질렀는가에 따라서, 혼은 그 모든 죄업으로 인해 차례대로 벌을 받게 되었네. 그 형벌의 집행은 각각의 죄에 대해서 열 번 반복해서 이루어진다네. 즉 인간의 일생을 100년으로 간주하면, 그 100년에 이르는 벌의 집행을 열 번 반복하는 것이야. 이는 각 사람이 자신이 저지른 죄의 열 배만큼 죗값을 치르기 위해서라네. 예를 들어 국가나 군대를 배신해서 많은 사람들을 죽음으로 내몰았거나, 노예로 전락시키거나, 그 외의 무언가 악행에 가담한 자가 있다면 모두 그 죄에 대해서 열 배만큼의 고통을 당하게 된다는군. 역시 무언가 선한 행동을 하고, 올바르고 경건한 인간이었다면 같은 비율로 그에 걸맞는 보상을 받게 된다는 것이야."

그렇다면 각각 제 몫의 보상과 벌을 받은 혼은 어떻게 될까? 돌아온 혼은 7일간 원래 장소에서 있다가 8일째에 여행을 떠난다. 여행을 떠난 지 나흘째 되는 날, 하늘과 땅을 꿰뚫으며 뻗어 있는 빛의 기둥 같은 것이 보이기 시작한다고 한다. 다시 하루를 더 걸어서 빛의 기둥이 있는 곳에 다다르면, 그것이 천구(天球)를 동여맨 거대한 빛의 밧줄인 것을 알 수 있다.

혼은 그곳에서 신관을 경유하여 여신으로부터 '제비'와 '삶의 견본'을 건네받는다. 그 제비에는 번호가 쓰여 있어서, 자신이 받은 번호 순서대로 삶의 견본에서 다음 생애를 고르는 것이다.

"온갖 종류의 삶이 그 견본에 있었다는군. 온갖 동물의 삶이 있었고, 인간의 삶에도 수많은 종류가 갖추어져 있었다고 하네. 이를테면 독재 참주의 삶도 있었는데, 평생 지속되는 것이 있는가 하면, 도중에 몰락해서 빈곤에 시달리거나 추방당하는 것, 걸인의 신세로 끝나는 것도 있는 식이었지. 이름을 날리는 남자들의 삶도 있었지만, 그중에도 용모에서, 아름다움에서, 건강함에서, 운동 실력에서 유명해지는 것이 있는가 하면, 가문과 선조의 공적 덕분에 유명해지는 삶도 있었다네. 또한 이런 점에서 평판이 나쁜 남자들의 삶도 있었고, 마찬가지로 여자들의 삶에도 여러 가지로 다양한 것이 있었다고 하네."

이 순간 잘못된 선택을 하지 않기 위해서 인간은 계속해서 배워야만 한다고 소크라테스(의 입을 빌린 플라톤)는 설명한다. 또 신관이 혼들에게 다음과 같이 말하는 장면도 있다.

> "마지막 순서로 선택하러 오는 자라도 잘 생각해서 고르면 열심히 노력해서 살아가는 한 만족할 수 있는, 절대 나쁘지 않은 삶이 남아 있다. 가장 먼저 고르는 자도 부주의하게 골라서는 아니 될 것이고, 마지막으로 고르는 자도 낙담해서는 안 된다."

그런데 에르가 관찰한 바에 따르면, 첫 번째 제비를 뽑은 자는 어리석음과 탐욕으로 인해 독재 참주의 삶을 고르고 만다. 대체로 천상계에서 있다 온 혼일수록 고뇌에서 배운 것이 없기 때문에 안이하게 삶을 선택하는 경향이 있었다고 한다. 반대로 지옥을 경험한 혼은 신중하고 현명한 선택을 했다고 설명한다.

참고로, 이때 우연히 마지막 제비를 뽑은 사람이 호메로스의 서사시 『오디세이아』의 주인공 오디세우스의 영혼이었다. 그는 "전생에서 겪은 수없는 고생이 몸에 스며 이름을 날리는 것에 대한 욕심도 다 말라버렸기" 때문에 평범한 일반인의 삶을 선택한다. 그는 설령 첫 번째 제비를 뽑았더라도 이 삶을 골랐을 것이라며 기뻐했다고 한다.

이렇게 모든 혼들이 새로운 삶을 고르고 나면, 혼들은 다음으로 '망각의 강'으로 인도되어 그 강물을 마시게 된다. 문자 그대로 과거에 대해 깨끗이 잊어버리게 되는 것이다. 에르만은 맡은 임무가 있기 때문에 마시는 것을 허락받지 못했다.

그날 깊은 밤이 되자 천둥이 치고 대지가 흔들리더니 혼들은 유성처럼 날아가버렸다. 이로써 새로운 장소에서 새로운 삶을 시작하게 되는 것이다. 한편 에르는 그것을 지켜본 뒤, 다시 눈을 떴더니 자신의 몸이 화장을 하기 위해 장작더미 위에 누워 있는 것을 깨닫는다. 그는 이렇게 해서 살아 돌아와 사후 세계에서 일어나는 일을 사람들에게 들려주게 되었던 것이다.

모든 길은 행복으로 통한다

이 일련의 이야기 속에서 플라톤은 소크라테스의 입을 빌려 이렇게 말한다.

"가문이 좋은지 나쁜지, 일반인으로 살 것인지 공적인 지위에 설 것인지, 신체가 강한지 약한지, 이해력이 좋고 나쁜지, 그리고 이와 비슷한 모든 선천적인 혹은 후천적인 특성이 서로 맞물렸을 때, 무엇으로 만들어질 것인지를 알아야 하네. 그래야만 이 모든 점을 종합하여 고려한 뒤에 혼이 더욱 부정해지는 방향으로 향하는 삶을 더 나쁜 삶이라 부르고, 더욱 올바른 방향으로 향하는 삶을 더 좋은 삶이라 부르며, 더 좋은 삶과 더 나쁜 삶 사이에서 오로지 혼의 본성에 집중하여 선택할 수 있게 될 것이야. 그러면 그 외에 다른 것은 전혀 돌아보지도 않게 될 것일세. 왜냐하면 우리가 이미 확인하였듯이, 그와 같은 선택이야말로 살아 있을 때도 죽은 뒤에도 가장 훌륭한 선택이기 때문이네.

(중략) 왜냐하면, 인간은 그렇게 해야만 가장 행복해질 수 있으니까."

그리고 이 책의 결말은 다음과 같이 마무리된다.

"만일 우리가 이 이야기를 믿는다면, 그것은 또한 우리를 구원해 줄 것일세. 그리하여 우리는 '망각의 강'을 무사히 건너고 혼을 더럽히지 않을 수 있을 것이야. 또한 만약 내 말대로 혼은 불사의 존재이며, 악이든 선이든 모든 것을 견딜 수 있다고 믿는다면, 우리는 항상 향상向上의 길에서 벗어나는 일 없이, 모든 노력을 다해 정의와 분별을 추구하게 될 것일세. 그럼으로써 이 세상에 머무는 동안에도, 경기에서 우승한 자가 수많은 상을 거두어들이듯이 우리가 정의의 훈장을 받아드는 날이 온 뒤에도, 우리는 우리 자신과도 또한 신들과도 가까운 친구일 수 있을 것이네. 그리고 이 세상에서도, 우리가 이야기한 저 천년의 여정에서도, 우리는 행복할 수 있을 걸세."

어떤 경우에서든 혼은 품격을 지키고 절제를 유지하며 항상 '선'을 추구하지 않으면 안 된다. 그것은 절대로 괴로움이 아니며, 오히려 가장 행복에 가까워지는 길이다. 『국가』를 여기까지 읽었다면, 크게 공감할 수 있는 말이 아닐까?

플라톤(기원전 427년~기원전 347년)

"선의 이데아는 우주적인 범위를 가졌으며, 유례없는 이성의 힘을 지니고, 그것을 볼 수 있는 자만이 리더가 되어 선의 빛줄기로 사람들을 비출 수 있다."

고대 그리스의 철학자. 소크라테스의 제자이며, 아리스토텔레스의 스승이기도 한 플라톤의 사상은 서양철학의 중심을 이루고 있어 "서양철학의 역사는 플라톤에 대한 방대한 주석에 불과하다"라고 말한 학자도 있을 정도다. 『소크라테스의 변명』, 『국가』 등 다수의 저작을 남겼다. 현존하는 대부분의 작품은 대화를 나누는 형식을 취하고 있으며, 그중 대다수는 소크라테스를 주요 화자로 등장시키고 있다.

40세에 아테나이 교외에 아카데미아라는 학원을 창설했다. 수업은 교사와 학생 사이의 대화를 중심으로 이루어졌으며, 철학과 정치학 외에 천문학과 수학, 생물학 등도 가르쳤다고 한다. 아리스토텔레스도 아카데미아의 학생 중 한 명이었다.

제 5 장

아리스토텔레스 『니코마코스 윤리학』이 주장하는 실천주의

다른 것은 모두 사실상 육체의
덕 쪽에 가까울지도 모르겠네.

나중에 습관과 연습에 의해
내면에서 형성된 것이기 때문이야.

하지만 지성의 덕만은 다른 무엇보다도
더욱 신적인 영역에 소속되어 있다고 생각하네.

아리스토텔레스는 왜 땅을 가리키고 있는가

다시 한 번 바티칸 궁전에 있는 라파엘로의 그림 「아테나이 학당」
으로 돌아가 보자.

중앙에 하늘을 가리키는 플라톤 옆에서 땅을 가리키고 있는 사람
이 아리스토텔레스(기원전 384~기원전 322년)다. 소크라테스, 플라톤
과 함께 서양 최고의 철학자로 일컬어지는 한 명이다. 다방면에 걸쳐
자연 연구의 업적을 남겼기 때문에 '만학萬學의 아버지'라고도 불린
다. 나중에 동방으로 원정하여 제국을 건설한 마케도니아의 알렉산
드로스 대왕이 젊었을 적의 가정교사였던 것으로도 유명하다.

원래 아리스토텔레스는 플라톤의 제자였다. 플라톤이 설립한 학
원 '아카데메이아'에서 20년 정도를 보냈으니 충분히 그의 사상을
배웠을 것이다. 실제로 저서에서 플라튼의 영향이 느껴지는 부분이

다수 있다.

만년에는 아테나이 교외에 학원 '리케이온Lykeion'을 창설한다. 제자들과 함께 항상 학원 내의 회랑Peripatos을 소요(逍遙, 천천히 걸어다님, 산책)하며 의논을 주고받았기 때문에 아리스토텔레스와 그 제자들의 무리는 '소요학파Peripatetic school'로 불렸다. 아카데미아와는 라이벌 관계였는데, 두 곳 모두 529년 동로마제국의 유스티니아누스 1세 시대에 '이교도의 시설'이라는 이유로 폐쇄되었다.

[「아테나이 학당」 중심에 선 두 철학자]

플라톤과 아리스토텔레스는 개인의 문제뿐 아니라 국가와 같은 집단이 어떻게 행복해질 수 있는가 라는 주제에 몰두했다는 점에서는 다르지 않다. 둘 다 아테나이의 민주제에 의심을 드러냈으며, 한편 독

재 참주를 혐오했다는 점에서도 똑같았다.

플라톤은 앞에서도 언급했듯이 지배자의 '혼'의 문제를 언급한다. 이상향으로서의 '이데아'를 상정하고, 그것으로 향하기 위해서는 '선'과 '덕'과 '정결함'이 꼭 필요하다고 주장한 것이다. 그래서 사후 세계에서 '혼의 재판'을 받는다는 일화까지 든 것은 앞 장에서 설명한 바 있다.

아리스토텔레스 역시 '선'이야말로 사람들을 행복으로 이끈다고 생각했다. 그러나 그는 지배자보다 국민에게 관심을 두었으며, 또한 현실적인 기술로서의 정치에 4대해 고민했다. 「아테나이 학당」에서 대지를 손가락으로 가리키고 있는 것은 그것을 상징하는 것이다.

행복의 열쇠는 이데아가 아닌 정치에 있다

아리스토텔레스는 인간의 본성이 지식을 사랑하는 것에 있다고 생각했다. 그리스어로 이것을 '필로소피아'라고 말한다. '필로'는 사랑한다는 의미이며, '소피아'는 지식을 뜻한다. 그 말이 유럽 각국의 언어로 '철학'을 의미하는 단어의 어원이 되었다.

플라톤과 마찬가지로 아리스토텔레스도 다수의 저작을 남겼다. 대다수는 흩어져 사라졌다고 알려졌지만, 그럼에도 정치학과 윤리학, 생물·동물학, 천체학, 자연학, 연극학, 플라톤의 형식을 따른 대화편 등 다방면에 걸친 작품이 남아 있다. 아리스토텔레스의 저작은 이슬람 철학과 중세 스콜라학, 더 나아가 근대 철학과 논리학에까지 큰 영향을 주었다.

아리스토텔레스에게 있어서는 이 다방면에 걸친 연구 모두가 '필로소피아'였다. 즉 '철학'이란 지적 욕구를 충족시키는 행위 그 자체와 그 결과를 가리키는 것이다. 그렇게 정의한다면 현재의 학문은 대부분이 '철학'의 범주에 들어가게 될 것이다.

여기서는 우선 '선'과 '행복'을 주제로 한 『니코마코스 윤리학』을 들춰보기로 한다. 「아테나이 학당」에서 아리스토텔레스가 왼손에 들고 있는 것이 바로 이 책이다. 윤리학에 관한 아리스토텔레스의 여러 저작을 한 권으로 모아 편찬한 책이 아리스토텔레스의 아들 니코마코스의 이름을 따서 이렇게 불린다.

앞에서 살펴본 저작들처럼 대작으로, 모두 10권으로 구성되어 있다. '선'의 고찰로부터 시작해 윤리적인 덕(관용, 호기, 긍지, 온화, 친절, 진실, 재치, 염치)과 지성적인 덕(학문, 기술, 직관, 실천적 지혜, 철학적 지혜)에 대해서 설명하고 있다.

참고로 이때의 '권'은 파피루스를 연결해 만든 두루마리를 뜻한다. 따라서 써넣을 수 있는 양이 물리적으로 한정되어 있기 때문에, 오늘날의 '장'처럼 내용이 뚜렷하게 구분되지는 않는다.

우선 흥미로운 것은 '덕'에 대한 새로운 생각이다. 플라톤은 덕을 '습관'을 반복함으로써 획득할 수 있는 것과 '진리의 추구'에 의해서만 얻을 수 있는 것으로 분류한 뒤에, 후자에 중점을 두었다. 전자는 후자의 유사품일 뿐이라는 것이다.

이를테면 『국가』에서는 다음과 같이 설명한다.

"(중략) 보통 혼의 덕이라고 불리는 것이 여러 가지 있지만, 다른 것은 모두 사실상 육체의 덕 쪽에 가까울지도 모르겠네. 왜냐하면 그와 같은 덕은 이전에는 없었던 것이 나중에 습관과 연습에 의해 내면에서 형성된 것이기 때문이야. 하지만 지성의 덕만은 다른 무엇보다도 신적인 영역에 소속되어 있다고 생각하네."

"그는 전생에 질서가 잘 갖추어진 국가에서 살았기 때문에 진정한 지식을 추구하는(철학하는) 일 없이, 단지 습관에 힘입어 덕을 배운 자였던 것이야. (중략) 그들은 고뇌를 통해 배운 적이 없었던 것일세. (이하생략)"

습관이나 혜택 받은 환경을 통해 덕을 배우는 것은 간단하지만, 그것만으로는 부족하다. 진정한 덕은 스스로 노력하고 애쓴 끝에 손에 넣을 필요가 있다는 것이다.

그에 대해 아리스토텔레스는 『니코마코스 윤리학』의 첫머리에서 "최고선은 정치적이다"라고 선언하고 있다.

"그 어떤 기술과 연구도, 마찬가지로 그 어떤 실천과 선택도, 모두 선을 추구한다고 볼 수 있다. 선이야말로 만물이 추구하는 목적이라고 이를 해명한 견해가 훌륭하다고 생각하는 이유다."

"따라서 정치의 궁극적인 목적은 '인간에게 있어서의 선'이어야 할 것이다. 물론 선은 개인에게도 국가에게도 마찬가지로 중요하지만, 국가의 선에 도달해 이것을 보전하는 쪽이 분명히 더 크고, 더 궁극적으로 여겨진다. (중략) 우리의 연구는 이런 것을 추구하며, 그런 의미에서 일종의 정치학적인 연구라고 할 수 있다."

또한 정치학의 탐구란 지식이 아니라 실천이 중요하다고 지적하기도 한다. 플라톤을 부정하기라도 하듯이 감정에 휩싸인 채로 배운 지식은 무익하다고까지 말한 바 있다. 습관을 중시하며, '좋은 습관'을 들이게 하는 정치야말로 중요하다고 설명한다. 그래서 아리스토텔레스는 입법과 행정의 바람직한 형태에 대해 깊이 연구했던 것이다.

윤리는 습관과 경험을 통해 배우는 것

이제부터 『니코마코스 윤리학』을 개관해보겠다.

제1권에서는 앞에서 보았듯이 정치의 중요성에 대해서 설명한 뒤, 행복에 대해서 언급한다. 행복이란 선의 가장 좋은 형태이며, 모든 사람이 궁극적으로 구하고 원하는 것이라고 한다.

단지 행복을 파악하는 방법은 사람마다 다르다. 각자 자신의 혼을 '좋은 상태'로 유지하는 것이야말로 행복이며, 그것은 하루아침에 완성되는 것이 아니라 오랜 세월에 걸쳐 습관을 축적해야만 가능하다고 한다. 그것을 가능하게 만드는 것이 좋은 시책, 즉 정치라는 것이다.

이처럼 현실주의를 추구하므로 아리스토텔레스는 당연히 플라톤이 주장한 이데아론을 부정한다. 즉 인류 공동의 궁극의 이데아가 존재하는 것이 아니라, 사람마다 각자 목표로 삼아야 할 선이 다르다는 주장이다.

> "(이데아에 대해서) 설령 모든 선에 대하여 공통적으로 술어가 될 수 있거나, 또는 독립적으로 그 자신으로서 있을 수 있는 어떤 단일한 선이 존재한다고 하더라도, 그것은 인간이 행해야 할 선, 획득해야 할 선을 의미하지 않는다는 것은 분명하다."

그런 뒤 인간적인 선에 대해서 구체적인 분류를 시도한다. 우선 인간의 혼은 이성이 없는 부분과 있는 부분으로 나뉜다고 한다.

각각의 부분도 다시 두 가지로 나뉘는데, 이성이 없는 부분은 '생물로서 생육을 담당하는 식물적인 부분'과 '욕망·욕구를 담당하는 부분'이 있어서, 전자에 대해서는 인간에게만 있는 탁월성이라고 부를 수 없다고 한다. 이 부분은 쉽게 이해할 수 있을 것이다. 그렇다면 후자인 '욕망·욕구를 담당하는 부분'은 어떨까? 이 부분이 이성으로 억제되고 있다면, '비이성'이면서도 이성과 깊게 연관을 맺고 있는 셈이다. 즉 이성과 '욕망·욕구적인 부분'과는 항상 호응하는 상태에 있어서, 서로 영향을 준다고 한다.

한편 이성이 있는 부분은 '진정으로 이성을 활용하는 영역'과 '과거의 사고와 경험의 축적에 의해 형성되는 행동규범의 영역'으로 나뉜다. 이중에서 전자를 '지성', 후자를 '윤리'라고 부른다. 지성이란 자신의 내면에 이성을 지니는 것이며 윤리란 부모의 말에 순종하는 것과 같은 것이라고 표현하고 있다.

여기에 맞춰서 인간적인 탁월성도 두 가지로 나뉜다. 지혜와 분별 등은 '지성적인 탁월성'이며, 관용와 절제 등은 '윤리적인 탁월성'이다. 플라톤이 중시한 것은 전자지만, 아리스토텔레스는 후자에 집중했다. 윤리적인 탁월성은 습관을 들임으로써 얻을 수 있는 것으로, 그리스에서는 습관을 '에토스ethos'라고 불렀다. 이는 '윤리(에티케, ethike)'이라는 단어의 어원이 되었다.

오늘날 우리가 일상적으로 사용하는 '에티켓'의 어원이 바로 이 '에티케'다. 에티켓은 분명 후천적으로 습관을 통해 형성되는 '윤리'에 힘입은 바가 크다. 아리스토텔레스는 이것을 혼이 이성을 활용하는 분야 중 하나로서 정의한 것이다.

사람은 습관에 의해 정의로울 수도 부정할 수도 있다

다음으로는 윤리를 '인간이 획득해야 하는 선'이라고 보고 더욱 깊이 논의한다. 앞에서 설명했듯이, 윤리적인 탁월성은 습관을 들여 몸에 배게 하는 것이다. 반대로 생각하면 인간이 선천적으로 가지고 태어난 것은 아니지만 그것을 받아들일 준비는 이미 갖추어져 있다. 그것을 습관을 통해 채워감으로써 선을 획득하게 된다고 생각한 것이다.

다음과 같은 설명을 보면 이해하기 쉬울 것이다.

"예를 들면 사람은 집을 지음으로써 목수가 되고, 수금을 켬으로써 수금 연주자가 된다. 마찬가지로 우리는 여러 정의로운 행위를 함으로써 정의로운 사람이 되고, 여러 절제하는 행위를 함으로써 절제력 있는 사람이 되며, 여러 용감한 행동을 함으로써 용감한 사람이 된다."

"즉 우리는 사회적으로 사람을 대할 때의 모든 행위를 통해 때로는 올바르고, 때로는 부정한 사람이 된다. 또한 두려운 일이 일어났을 때 실제로 취하는 행동에 의해서, 즉 무서워하거나 또는 태연하게 행동하도록 습관을 들임으로써, 때로는 용감하고 때로는 비겁한 사람이 되기도 한다. 욕정이나 분노에 관한 여러 행동에 있어서도 마찬가지다. 때로는 절제력 있는 사람이 되거나 온화한 사람이 될 수도 있고, 혹은 때로는 방만한 사람이 되거나 신경질적인 사람이 될 수도 있는데, 이는 이와 같은 상황에서 취하는 행동의 차이로 인한 것이다. (중략) 일찍이 어려서부터 어떤 방식으로 습관을 들이느냐의 차이는 절대 근소하지 않고 절대적이다. 오히려 전부라고도 할 수 있다."

이때 중요한 것이 정치라고 주장한다. 국민들이 좋은 습관을 들일 수 있도록 만드는 것이 입법자의 역할이며, 그 성패가 좋은 국정과 나쁜 국정을 가른다. 바꿔 말하면 남의 위에 군림하는 자는 그만큼 사람의 혼을 잘 이해하고, 그것을 좋은 쪽으로 이끄는 기술을 갖추어야 한다는 것이다. 그 중요성을 의사에 비유하여 다음과 같이 설명한다.

"그러므로 정치가와 정치학도는 혼에 관해서 어느 정도 알 필요가 있다. 그것은 마치 눈이나 다른 신체 부위를 고치고자 하는 사람과도 같다. 정치가 의료보다 더 고귀하며 선한 것인 만큼, 우리(정치가·정치학도)에게 오히려 더 필요하다. 의사 중에도 소양이 있는 사람은 신체에 대한 지식을 알고자 몹시 애를 쓴다. 이처럼 정치가와 정치학도도 혼에 관하여 연구해야만 하며, 그 연구 역시 이와 같은 목적을 위해서 행해져야 한다. 즉 필요한 소양 이상으로 충분히 이루어져야 할 것이다."

아홉 가지 중용의 덕

제2권부터 제6권까지는 덕을 더욱 엄격하게 세분화하여 정의한다. 책에서 가장 중심이 되는 부분이다.

『니코마코스 윤리학』에 의하면 '덕'에는 용기, 절제, 관용, 호기豪氣, 긍지, 온화, 친절, 진실, 재치의 아홉 종류가 있다. 얼핏 봐도 알 수 있듯이, 이 덕목들은 서양사회의 기사도 또는 신사도gentleman에서 갖추어야 할 덕목이기도 하다. 이는 아리스토텔레스가 그 형태를 완성한 것이다. 왜 서양사회의 엘리트가 아리스토텔레스를 배워야만 하는지가 여기에서도 명백하게 드러난다.

이제부터 그 구체적인 내용을 간결하게 정리해 보겠다.

우선 '덕이 있는 사람'이라고 하면 어떤 이미지가 떠오르는가. 아마도 혈기 넘치는 젊은이보다는 다양한 경험을 쌓은 중장년층을 떠올릴 것이다. 즉 덕이란 타고나는 것이 아니라, 나이나 경험과 더불어 성장하는 것으로 여겨진다.

그러므로 똑같이 '덕을 갖추었다'는 평가를 받아도 사람마다 특징이 다르게 나타나는 것이다. 용감한 사람이 있는가 하면, 온화한 사람도 있고, 재치가 뛰어난 사람도 있다. 이와 같은 특징은 그 사람이 속한 환경에서 어떤 경험을 쌓아왔는가, 그때그때 마주한 상황에서 어떤 결단을 내리고 어떻게 대응해왔는가에 의해 좌우된다.

인간은 심사숙고하는 능력이 있다. 어떤 상황을 파악하고 나면 목적에 도달하기 위한 선택지를 생각하고 가장 적합하다고 생각하는 것을 선택한다. 또한 어떤 결과를 얻었는지를 검증하고, 생각대로 되지 않았다면 고쳐야 할 점을 생각해 다음 기회를 잡으려고 한다.

이런 결단과 대응은 처음에는 머릿속에서 열심히 생각해서 판단하기 마련이다. 그러나 비슷한 상황이 지속되면, 시행착오를 반복하는 사이에 익숙해진다. 즉 습관화되는 것이다. 이것이 어떤 사람이 갖춘 '덕' 혹은 경우에 따라서는 '악덕'이 되는 것이다.

그 전제로 앞에서 예로 든 아홉 가지 '덕'을 개관해 보자.

용기는 지나치면 무모해지고, 모자라면 비겁해진다. 절제란 욕망에 빠져들지 않고 스스로를 규율할 수 있는 것이다. 아리스토텔레스가 정의하는 욕망이란 미적인 또는 지적인 것이 아니라 육체적인 것, 즉 성욕과 식욕을 가리킨다. 욕망에 빠져들면 방종으로 흐르지만, 반대로 욕망이 너무 없으면 무감각한 사람이 된다.

관용이란 돈을 쓰는 방법이 적절한가를 가리킨다. 선을 지키지 못하면 방만해지지만, 검약함이 지나치면 인색한 사람이 된다. 호기도 이와 비슷한데, 세상의 존경을 얻을 수 있도록 적절하게 돈을 사용하는 것을 가리킨다. 너무 겉보기에만 집착하면 사치스럽다며 평판이 떨어지고, 돈 내기를 아까워하면 초라해진다.

긍지란 스스로의 존재가치를 정확히 평가해 표현하는가를 가리킨다. 지나치면 교만해지고, 반대로 자신을 부족하게만 바라보면 비굴해진다.

온화란 분노의 감정에 어떻게 대처하는지에 대한 것이다. 설령 분노했다고 해도, 질질 끌지 않고 마음을 정리하는 것이 중요한데, 이것을 조절하지 못하면 성급하거나 성질이 있다는 평을 듣는다. 반대로 화를 내야 할 때 화를 내지 못하면 기개가 없다, 물러터졌다는 말을 듣는다.

친절이란 간단히 말하면 사람을 대하는 방식이다. 단순히 원만하게 지내는 것만이 아니라, 때로는 쓴소리를 하는 것도 친절의 일부일 것이다. 지나치면 아부로 이어지고, 흑심을 숨기고 있으면 간사한 사람이 된다. 그렇다고 친화적인 태도를 전혀 보이지 않으면 불쾌한 인상을 남길 뿐이다.

진실도 사람과 접하는 방식에 관계되어 있다. 자신을 어떻게 표현할 것인가 하는 점이다. 체면이나 평판에 신경이 쓰이는 감정은 누구나 가지고 있으므로, 그것을 완전히 없애는 것은 불가능하다. 중요한 것은 적정선을 지키는 것이다. 지나치면 허식이 되며, 너무 억누르면 비하가 된다. 겸허함은 미덕이지만, 지나치면 비꼬는 말로밖에 들리지 않는다.

마지막으로 재치란 때와 장소, 상황을 분별해 말할 줄 아는 것이다. 긴장되는 상황에서 농담을 던져 분위기를 풀어줄 수 있다면 주위의 호감을 살 수 있다. 그러나 상황에 맞지 않는 장난을 치면 거북해지고, 농담 한 마디 할 줄 몰라서는 촌스럽고 재미없는 사람이라는 평가를 받는다.

[아리스토텔레스가 생각한 아홉 가지 '중용의 덕'과 열 번째의 '덕'으로서의 '응보적 정의']

	과소	중용	과다
1 공포에 관하여	공포 · 비겁	**용기**	태연 · 무모
2 쾌락에 관하여	무감각	**절제**	방종
3 금전 사용에 관하여	인색	**관용**	방만
4 의전(儀典)에 관하여	보잘것없음	**호기**	사치 · 낭비
5 자의식에 관하여	비굴	**긍지**	오만
6 분노에 관하여	기개 없음	**온화**	성급함
7 타인을 대하는 태도①	비하	**진실**	허식
8 타인을 대하는 태도②	무뚝뚝함	**친절**	아부 · 간사함
9 유머에 관하여	촌스러움	**재치**	익살
10 대타적 관계에 관하여	부정탈취	**정의 · 응보**	부정이득

이상과 같은 아홉 종류의 덕에는 공통점이 있다. 어느 쪽으로든 너무 지나치면 의미가 없다는 점이다. 젊을 때는 소위 '젊은이의 혈기'로 인해 어느 한쪽으로 치우치는 경우도 있을 것이다. 그로 인해 호되게 고생을 겪고, 반성하고 나면 다음에는 좀 더 적절하게 마무리

하는 시점을 찾을 수 있게 된다.

이런 경험을 반복하면서 차차 적정선과 요령을 배우게 된다. 이것이 아리스토텔레스가 주장한 '중용의 덕'이다. 자신이 겪은 경험의 유형과 횟수에 따라 사람마다 다른 습관을 갖게 되며, 그에 따라 그 사람 나름의 덕이 형성된다고 생각하면 이해하기 쉽다.

정의란 균형과 공평을 뜻한다

제5권에서는 덕 중의 하나로서 정의에 대해 고찰한다.

플라톤은 '정의'에 대해서 '억측臆測, doxa'이라는 개념을 사용해 설명한다. 앞 장에서 설명한 동굴 속에서 살아가는 죄수들의 비유에서처럼, 많은 사람들은 멍하니 그림자를 뒤쫓을 뿐, 진정한 세상을 보지 못하고 있다. 그러므로 혼자만의 생각에 따라 판단을 내릴 수밖에 없어 올바른 행동을 할 수가 없다. 이것이 '억측'이다.

바꿔 말하면 동굴에서 나와 태양빛을 쬐고, 이상의 모습(이데아)를 알 필요가 있다. 즉 정의를 실천하려면 먼저 지식을 얻어야만 한다고 주장한 것이다.

그러나 아리스토텔레스의 생각은 달랐다. 분명 지식이 혼의 작용을 돕는 경우도 있지만, 정의에 대해서는 윤리적인 부분의 영향이 크다. 즉 오랜 세월 동안의 습관을 통해 배워가는 것이라고 생각한 것이다.

[열 번째의 '덕'으로서의 '응보적 정의(=이데아의 정신에 기반한 정의)']

[정의]=[선]=[덕]의 해석

소크라테스와 플라톤의 해석

○ 정의와 선을 존중하는 정신으로 충만한 국가에 행복이 있다.

○ 이를 널리 인식시키는 것이 무엇보다 중요하다.

→ '선의 이데아' 개념

→ 사후 세계에서 혼이 받게 되는 심판 '에르 이야기'

열 번째 덕=
좁은 의미의 정의
=이데아 정신

다른 9가지 덕목

아리스토텔레스의 해석

○ 정의에는 다양한 해석이 있다. 선, 바람직한 것의 전부를 가리키는 경우가 있는가 하면, 좁은 의미에서 해석하여 '응보적 정의(공정성)'를 가리키는 경우도 있다.

○ 협의의 '응보적 정의'는 다른 9개 덕목과 마찬가지로 습관에 의해 획득 가능한 열 번째 덕이라고 할 수 있다.

아리스토텔레스는 후세에 막대한 공적을 남겼는데, 그중에 가장 중요한 것을 무엇일까? 그의 스승 플라톤은 소크라테스의 입을 빌려 이렇게 이야기했다.

"정의 그 자체가 본래 무엇인지를 알지 못한다면 그것이 덕의 일종인지 아닌지, 또한 그것을 갖춘 사람이 행복한지 아닌지는 도저히 알 수조차 없는 일일 테니까 말일세"(『국가』 제1권 말미).

그러나 플라톤의 저작에는 이 문제에 대한 명확한 답은 찾아볼 수 없다. 상당히 모호한 채로 정의 또는 선이란 '바람직한 것'이라고 상정한 뒤에 '그것 자체가 존중해야 하는 것'이라고 설명한 것이다.

그리고 이미 설명했듯이,

1) 세상에 '정의를 존중해야 한다는 것'을 널리 인식시키는 것(에르의 이야기)

2) 선의 이데아를 실현하는 리더를 육성하는 것

이 두 가지 방법으로 그들이 지적한 '개인과 국가라는 두 차원의 행복'을 조화시키려 한다.

아리스토텔레스의 뛰어난 점은 정의를 넓은 의미와 좁은 의미 두 가지로 나누어 정리했다는 것이다. 그런 뒤 타인을 대함에 있어서 공정하고 공평해야 하며 균등함을 첫째가는 행동규범으로 삼는 응보적 정의, 즉 공정성을 다른 아홉 가지 덕목과 마찬가지로 습관을 통해 획득할 수 있는 덕 중의 하나라고 완벽하게 설명했다는 점에 있다.

게다가 『니코마코스 윤리학』은 제5권 전체를 정의를 고찰하는 데 할애했다. 다른 아홉 가지 덕에 비해 현격하게 다른 극진한 대우를 한 셈이다. 그만큼 중요한, 빼놓을 수 없는 덕임을 의미한다. 이 이데아 정신을 개인의 차원에서도, 국가의 차원에서도 가장 기초로 삼아야 한다고 주장한 것이다.

스승 소크라테스와 플라톤이 찾고자 한 '선의 이데아'의 정체를 드디어 제자 아리스토텔레스가 해명했다고 볼 수 있을 것이다.

그래서 우선 정의를 넓은 의미에서 '적법한' 것과 좁은 의미에서 '균형적'인 것으로 나누어 생각했다. 전자는 일반적인 정의의 해석으로, 사회의 규칙을 기준으로 삼아 올바르게 행동하는 것, 그것에 기쁨을 느끼는 것, 또한 올바름을 추구하는 상태를 목표로 하는 것이다. 즉 미덕은 대부분이 정의에 해당한다고 봐도 될 것이다. 또한 정의의 반대말을 '악덕'이라고 한다면, 그것은 사회의 규칙에 어긋나는 행동을 해서 이익을 얻는 것, 또한 거기에 죄의식을 갖지 않는 것이라고 규정한다.

한편 좁은 의미의 '균형적'인 정의란 자신과 타인의 이해관계를 통해 규정된다. 간단하게 말하면 나와 타인 사이에서 얼마나 불균형을 시정하고 공평함을 느낄 수 있는가 하는 것이다.

앞서 설명한 중용을 가져와 생각한다면 자신의 이익을 우선해서 상대로부터 탈취하는 행위는 '부정이득'이다. 반대로 상대를 항상 협박하거나 속여서 재산을 빼앗는다면 그것은 '부정탈취'다. 둘 다 바람직하지 않은 것은 분명한데, 그 중간에 있는 균형점을 찾아내는 행위가 '정의'라는 것이다. 또는 불평등과 격차를 시정하고, 부정과 실수로 인해 입은 손해를 배상하는 등의 교정矯正행위 역시 정의로 간주한다.

내가 정의를 실천하면 남들로부터도 정의로운 대우를 받을 수 있다. 그런 의미에서 정의는 '응보應報'라고도 할 수 있다. 그렇다면 정의는 나 혼자만의 문제가 아니라 타인과 사회 전반과도 관계가 있다.

그렇기 때문에 정의는 국가 차원에서 추구하는 목표가 되어야 한다. 나 혼자만이 아니라 타인에게도 미덕을 갖춘 자세로 대하고, 균형에서 기쁨을 발견할 줄 아는 사람들이 사는 정의로운 국가가 되는 것이 행복한 사회라고 말할 수 있다. 이 발상은 다음 장에서 설명하는 『정치학』으로도 이어진다.

사랑은 정의보다 우월하다

이제 다음 이야기로 넘어가는데, 정의와 통하는 것이 제8권의 '사랑(필리아)'에 관한 기술이다. 나중에 기독교에서 등장하는 사랑의 개념이 여기서 시작된다.

사랑해야 하는 대상에는 본래 '선한 것', '쾌적한 것', '유용한 것' 세 종류가 있다고 한다. 쾌적한 것과 유용한 것은 어디까지나 '나 자신에게 있어서'라는 전제가 붙는다. 만약 그 전제가 없어지면, 즉 그 대상이 나에게 있어 쾌적하지도 유용하지도 않게 되면 사랑은 사라진다. 그런 만큼 사라지기 쉬운 것이 사랑이다.

쾌적함과 유용함을 추구한 끝에 나쁜 사람들끼리 연관되는 경우도 자주 있다. 또는 선한 사람과 나쁜 사람 사이에 계약 관계가 생기는 경우도 있다. 그러나 세상사가 흔히 그렇듯이, 쾌적함이나 유용함이 사라지면 그 시점에 관계는 해소된다.

그런 점에서 '선한 사람'끼리의 우정 관계라면 쾌적함이나 유용함과는 상관없는 인간 대 인간의 결합이므로 그리 간단히 끊어지지 않는다. 아리스토텔레스는 그것이야말로 최고의 사랑이라고 정의한다.

다음으로 아래와 같은 내용이 이어진다.

"또한 비방의 말을 들어도 흔들리지 않는 것은 선한 사람들끼리의 사랑뿐이다. 오래 사귀어 스스로가 잘 알고 있는 사람에 관해서는, 남의 말은 그 누구의 말이라도 믿기 어렵기 때문이다. 이러한 신뢰와, 또한 상대방이 절대 옳지 않은 행동을 하지 않을 거라는 예측과, 그 외에 진정한 사랑에 요구되는 모든 조건을 선한 사람들은 모두 갖추고 있다. 그러나 다른 종류의 사랑에는 사랑에 요구되는 모든 조건을 갖추고 있지 않을 위험이 전혀 없으리라고 보장할 수 없다."

선한 사람들은 선한 사람이라는 것 자체가 쾌적하므로 서로에게서 쾌적함과 유용함을 구하지 않아도 좋은 관계가 이어진다. 또한 그 관계는 서로가 선한 사람인 이상 바뀌지 않는다. 또한 선한 사람이란 지금까지 설명했듯이, 덕에 뿌리를 내리고 있다. 그것이 오랜 습관에 의해 배양된 것일수록, 그리 쉽게 무너지지 않는다. 즉 최고의 사랑이야말로 조건 없이 오랫동안 유지될 수 있다는 것이다.

사람이 서로를 사랑한다면 균형과 평등은 저절로 성립할 것이다. 그렇다면 정의도 필요 없어진다. 즉 가장 바람직한 정의의 형태가 바로 '사랑'인 것이다. 그것을 국가의 차원에서 생각한다면 모든 정치가는 국민이 '사랑'으로 관계를 맺는 국가를 만들고자 힘써야 할 것이다. 이를 이상적인 모습으로 삼는다면, 다음으로 생각해야 하는 것은 그와 같은 덕에 가까워지기 위해 무엇을 실천해야 할 것인가 하는 점이다. 그에 대해서는 다시 앞으로 돌아가 제3권에서 언급하고 있다.

제3권을 보면 덕과 가장 밀접한 관계에 있는 것은 '선택'이다. 선택이란 심사숙고深思熟考하는 것으로, 소망이나 욕망, 분노와는 다르다. 무언가 목적을 설정한 뒤 자신의 힘이 미치는 범위 내에서 그것을 어떤 방식으로, 어떤 수단을 써서 달성할지 생각하는 것을 의미한다.

물론 몇 가지 선택지가 있다면, 그중에서 최선의 방법은 무엇인가를 생각할 것이다. 또는 선택지가 하나뿐이라면 그것을 실현하는 구체적인 방법을 궁리하거나, 다시 그 앞에 어떤 선택지가 기다리고 있을지를 생각할 것이다. 현대식으로 말하자면 '문제해결사고'를 반복하며 쌓아가는 것이 그 사람의 덕을 형성한다는 것이다.

생각에는 다섯 가지 유형이 있다

제6권에서는 '생각하는' 것에 대한 상세한 분석을 시도한다. 덕이 있는 행동을 생각해서 선택하려면 그 나름의 높은 의식과 지성이 요구된다. 아리스토텔레스에 의하면 크게 다섯 가지 유형이 있다.

첫째는 '학문에피스테메, episteme'으로, 확실한 근거를 갖춘 지식을 배우는 것이다. 이를테면 교과서를 공부하는 것 등을 뜻한다. 둘째는 '기술테크네, techne'로, 제작에 관여하는 지성이다. 예술가나 건축가의 노하우나 아이디어 같은 것이다. 셋째는 '직관누스, nous'으로, 지성적 능력의 범주에서 벗어난 번쩍이는 깨달음과 같은 지성을 가리킨다. 넷째는 '실천적 지혜프로네시스, Phronesis'로, 불확실한 사태에서 목적을 발견하고 실천적으로 선악의 판단을 내릴 수 있는 것이다. 다섯째는 '철학적 지혜소피아, sophia'로 주관을 뒤섞지 않고 관찰·연구하는 지성을 가리킨다.

소크라테스와 플라톤은 정의와 선 그리고 행복은 지혜라고 생각했다. 그에 비해 아리스토텔레스가 중시한 것이 '실천적 지혜'다. 영어로는 'wisdom'으로 표기되며, "The man is with wisdom"이라고 하면 '여러 상황에서 발생하는 모든 문제를 절묘하게 풀어나가는 사람'이라는 의미가 있다.

실천적 지혜를 습득한 사람은 숙고에 능숙하며, 그저 지식을 알고 있는 것보다 유익하다는 것을 알고 있다. 그것을 단적으로 표현하기 위해 다음과 같은 예를 들고 있다.

> "예를 들어 어떤 사람이 '담백한 고기가 소화가 잘 돼 건강에 좋다'는 것을 알고 있어도, '어떤 고기가 담백한가'를 알지 못한다면 이 사람은 건강해질 수 없을 것이다. 그보다는 '신선한 고기가 건강에 좋다'는 것을 아는 쪽이 건강해지는 데 성공할 것이다."

실천적 지혜는 특히 인간관계에서 중요한 역할을 한다. 인간은 사회적 동물이므로 집단 내에서 어떻게 행동해야 할 것인가는 아득한 옛날부터 있어온 과제다. 여기에 대처하기 위해서 실천적 지혜가 꼭 필요하다고 설명한다.

이 말이 얼마나 정곡을 찌르고 있는지는 아리스토텔레스가 생각한 '덕'이 현재까지도 서양에서 '신사도'로서, 바꿔 말하면 품위 유지의 기준으로서 면면히 살아 있다는 데서도 실감할 수 있다. 인생의 중요 과제를 2,400년 전에 적절하게 보여준 것이다.

이를테면 공포스러운 상황에 처했을 때 우리는 어떻게 행동해야 할까. 무모한 행동을 하거나 반대로 굳어버려서 아무것도 하지 못한다면 적절한 처신을 했다고 말할 수 없다. 또는 욕망에 휘둘려 이성을 놓아버리거나, 반대로 금욕적인 자세로 일관해 모처럼 찾아온 기회를 놓쳐버린다면 자신의 가치를 높일 수 없을 것이다. 무엇을 하든 실천적 지혜를 활용해 자신만의 최적의 답을 찾을 필요가 있다.

돈에 대한 태도도 중요하다. 재산과 수입에 어울리는 삶을 살도록 신경쓸 필요가 있다. 흥청망청 낭비만 해서는 생활이 유지되지 않지만, 지나치게 인색해서는 대인관계가 좁아진다. 교육, 사교, 의료, 돌봄, 사회공헌 등 일상 속에서 돈이 필요한 순간은 수없이 많다. 어떤 지출을 줄이고, 어떤 지출은 아끼지 않을 것인가를 고민할 때 요구되는 자질 역시 실천적 지혜라 할 수 있다.

사람들과 어울려 사는 것도 피할 수 없는 일이다. 사람을 대할 때 교만해서는 안 되며, 비굴해져서도 안 된다. 자만하는 사람은 미움을 사고, 자학적인 사람은 업신여김을 당한다. 예의는 중요하지만 격식만 따져서는 가까워지기 힘들다. 교양은 중요하지만, 그것을 과시하는 순간 천박해진다.

이 모든 것이 인생을 살면서 우리가 수도 없이 직면하는 과제다. 정답이 있는 것도 아니므로 그때마다 스스로 판단을 내릴 수밖에 없다. 그것이 실천적 지혜이며, 그것이 축적되어 사람의 됨됨이를 형성한다. 그것이 바로 아리스토텔레스가 말하는 '덕'이다.

사람은 어째서 욕망을 억제하지 못하는가

이어지는 제7권에서는 미덕과 대조되는 존재인 악덕에 대해서 언급한다. 아리스토텔레스에 의하면 악덕한 사람이란 지금까지 설명해온 인생의 모든 문제에 잘못 대처해온 사람을 가리킨다.

젊은 혈기에 못 이겨 실수를 거듭하는 것을 악덕이라 부르지는 않는다. 오히려 그런 경험 없이는 덕을 쌓는 것도 불가능할 것이다. 그러나 언제까지고 같은 실패를 반복하다 보면 결국에는 그것이 당연하게 되어버린다. 악덕은 미덕과 마찬가지로 반복함으로써 습관이 되어 그 사람의 습성으로 정착해버린 것이다. 즉 실천적 지혜를 활용해 궤도 수정을 할 수 있는지 없는지가 관건인 것이다.

그중에서도 특히 아리스토텔레스가 엄격하게 비난하고 있는 것이 욕망과 관련된 악덕이다. 이 사고방식은 미덕의 기준과 함께 서양사회에 선악의 개념을 형성할 때 큰 영향을 미쳤다.

그런데 악덕까지는 이르지 않더라도, 살다 보면 올바른 판단을 하고서도 행동이 따라가지 못하는 경우가 종종 있다. 나쁘다는 것을 알면서도 별 생각 없이 해버리는 일들이다. 아리스토텔레스는 이것을 자제력이 없기 때문이라고 하며 원인을 찾는다.

소크라테스나 플라톤은 그 원인을 무지無知 때문이라고 보았다. 자제력이 없는 사람이 판단을 그르치는 것은 그들이 옳다고 생각한 지식이 실은 동굴 안에서 본 억측에 지나지 않았기 때문이라고 파악한 것이다. 이데아에 부합하는 올바른 지식을 익혔다면 행동을 잘못할 리가 없기 때문이다. 이에 대해 아리스토텔레스는 조금 더 상세한 논증을 시도한다. 우선 '알고 있다'는 것은 어떤 상태인가, 그것을 올바르게 실행에 옮기지 않는 것은 어떤 경우인가를 탐구하기 시작한다.

아리스토텔레스는 몇 가지 가능성을 제시했다. 예를 들어 지금 눈앞에 달콤한 음식이 있다고 하자. 우리는 '달콤한 음식은 맛있다'는 것을 알고 있다. 동시에 '달콤한 음식은 (너무 많이 먹으면) 건강에 좋지 않다'는 것도 알고 있다. 그렇다면 어느 쪽을 우선하게 될까?

대부분의 경우 신체적 욕망에 따라 움직여 전자를 우선할 것이다. 그것은 후자가 가진 지식으로부터 보면 절제하지 못한 것이지만, 전자의 지식으로부터 보면 올바르게 행동한 것이기도 하다. 즉 무절제로 치닫는 것이 모두 무지 때문이라고는 할 수 없는 것이다.

그렇다고 아리스토텔레스가 절제하지 못하는 것이 당연하다고 인정한 것은 아니다. 인간은 살면서 구미에 맞는 지식을 끌어다 욕망을 뒷받침하는 근거로 쓰곤 한다. 그것 역시 실패하는 원인 중 하나일 것이다. 그러므로 습관에 의해 더욱 올바른 지식을 익힘으로써 덕을 쌓아갈 필요가 있다.

덕을 쌓음으로써 얻을 수 있는 쾌락

마지막 제10권에서는 행복과 비슷한 개념으로서 '쾌락'에 대해 논한다. 쾌락에도 다양한 종류가 있지만, 행복한 사람이란 덕을 쌓는 것에서 얻는 쾌락을 즐길 수 있는 사람이라고 결론 내리고 있다.

결국 플라톤이 설명한 지혜에서 얻는 행복을 아리스토텔레스는 부정하지 않는다. 가능한 한 열심히 지성을 쌓고 관조적인 자세로 세상을 접할 수 있다면 그것이야말로 궁극의 행복이라고 말한다. 그러나 그럴 수 있는 사람은 그리 많지 않다. 그렇다면 그 사람들이 선한 사람이 될 수 없는가 하면, 그렇지는 않다. 아리스토텔레스는 목표를 한 단계 낮추어 실천적 지혜를 통해 윤리관에 미덕을 새겨 넣으면 된다고 설명하고 있다.

그리고 마지막에는 다음과 같이 말한다.

"선한 사람이 되고자 한다면, 바람직한 습관을 들일 수 있도록 선하게 키워져야 하며, 거기에 기반을 둔 선한 체계 안에서 살아가야 한다. 스스로 하는 행위이든 자기도 모르게 하는 행위이든 상관없이 나쁜 행위를 하지 않도록 만들 필요가 있다면, 이를 실현하기 위해서는 사람들의 생활이 일종의 직관nous에 의해 규율되고, 강제성이 있는 올바른 지시에 따라 규제되어야 한다."

즉 정치가 중요하다는 의미다. 아리스토텔레스는 "법률은 정치의 작품과도 같다"고까지 말한다. 그렇다면 그런 국가를 만들려면 어떻게 해야 하겠는가. 그것에 대해서 상세하게 서술한 저작이 다음 장에서 소개하는 『정치학』이다. 『정치학』에서는 다양한 국가체제의 형태를 연구하고, 국가의 리더가 될 사람이 갖추어야 할 덕을 구체적으로 제시하면서 국정의 안정이야말로 사람들이 행복해지는 기반이 됨을 보여준다.

아리스토텔레스(기원전 384년~기원전 322년)

"인간이 추구해야 할 최고의 선은, 사람들의 혼이 더욱 바람직하게 활동하도록 만들기 위해 정치의 힘과 법률의 힘으로써 윤리적인 습관을 들이는 것이다."

고대 그리스의 철학자로 플라톤의 제자. 소크라테스, 플라톤과 함께 서양 최고의 철학자 중 한 명으로 꼽히며, 다방면에 걸친 자연 연구의 업적을 남겼기 때문에 '만학의 아버지'라고도 불린다. 알렉산드로스 3세(대왕)의 가정교사였다고도 전해진다.

아리스토텔레스에 의하면 생물과 무생물은 혼이 있느냐 없느냐에 따라 구분된다고 한다. 구체적으로는 영양 섭취 능력, 감각능력, 운동능력, 사고능력에 의해 규정된다. 또한 인간의 경우에는 이성을 통해 현상을 인식하므로 다른 동물과는 구별된다. 인간에게 있어서 선이란 행복한 것이며, 혼이 제 역할을 잘 해낸 결과 느낄 수 있는 만족을 가리킨다. 사회 전체를 통해 그것을 실현하는 것이 정치의 역할이다. 즉 정치란 선의 우두머리와 같은 존재여야 하며, 최고선을 실현하는 것이 정치의 목적이다.

기사도(Chivalry)

중세 암흑시대의 영주와 기사는 야만적이었다. 무기와 갑옷을 독점하고 세습으로 장원을 지배하던 그들은 약탈과 강간 등 잔학 행위를 일상적으로 저질렀다. 그에 대한 혐오감이 심해지자 중세의 절정기 교회의 주도 아래 '기사도'라는 윤리 규범이 만들어졌다.

신사(Gentleman)

본래는 노동을 하지 않는 자산가인 지주 귀족층을 말했지만, 근세로 접어들수록 정치가, 고위공직자, 대학교수, 장교, 의사, 법률가, 성직자, 은행가 등 고도의 전문직종도 '젠틀맨'이라 간주되었다. 집안과 출신 성분뿐 아니라 교양과 덕을 갖추는 것이 신사의 필수 조건이었다.

대영제국이 확대되면서 부유한 중류계급도 늘어나 이 계층에 포함되었다. 새로 성장한 중류계급 상층부를 체제 내에 포함시킨 영국에서는 이들에 의한 지배체계가 확립되었다.

제 6 장

아리스토텔레스 『정치학』이
그려내는 현실적 국가론

그중 어떤 것은 친구들이 쓸 수 있게 하고,
또 친구의 물건 중 어떤 것은 공동으로 사용하는 것이다.

예를 들면 라케다이몬에서는 서로의 노예 뿐 아니라
말이나 개도 자신의 것처럼 사용한다.

또한 여행지에서 먹을 것이 떨어졌을 때는
온 나라의 밭에 있는 것을 먹을 수 있다고 한다.

인간은 폴리스적 동물이다

『니코마코스 윤리학』이 개인의 정의와 미덕, 행복에 대해서 설명한 것이라면, 그것을 국가 수준에서 논한 것이 『정치학』이다. 인간을 행복하게 만드는 국가체제란 어떤 것인가를 설명하고 있다.

쓰여진 연대는 분명하지 않으며, 아리스토텔레스 본인이 쓴 것인지 또는 제3자가 강의록을 정리한 것인지도 불명확하다. 어느 쪽이든 서로 다른 시기에 작성된 문서를 나중에 편집한 것이라는 점은 확실하다.

『정치학』은 전 8권으로 구성되어 있다. 제1권~제3권까지는 이상적인 국가상이, 제4권~제6권까지는 현실적인 국가론이 서술되고, 제7권~제8권까지는 국가 일반에 대해 논한다. 여기서 말하는 '국가'란 당시의 도시국가(폴리스)를 가리킨다.

동물학자이기도 했던 아리스토텔레스는 인간을 '폴리스적 동물 zoon politikon'이라고 파악하고, 우선 그 본성부터 고찰하기 시작한다. 현대에도 '인간은 사회적 동물'이라는 표현을 종종 사용하는데, 여기에서 유래한 표현이다. 또한 다음과 같은 말도 남겼다.

> "인간은 완성되었을 때는 동물 중에서 가장 선한 존재이지만, 법과 재판 없이 고립되었을 때는 마찬가지로 모든 것 중에서 가장 악한 존재가 된다."

인간이 다른 동물과 크게 다른 것은 언어를 가지고 있다는 점이다. 언어가 있어 쾌락과 고통, 이해관계와 선악을 공유할 수 있으므로 '폴리스'를 형성하는 것이 가능해졌다. 반대로 말하면 국가가 조직되고, 정치체제 안에 있을 때야말로 인간은 인간다움을 얻을 수 있다.

다만 인간이 항상 최적의 상태에 있을 수는 없다. 개인의 지성에는 한계가 있다. 따라서 사람에 의한 통치보다 법에 따른 통치가 뛰어나다고 생각한 것이다. 폴리스에서 공동생활을 하려면 통치제도를 법에 의해 정해둘 필요가 있다. 그렇다면 인간에게는 어떤 통치제도가 가장 바람직한가. 그것을 고찰하는 것이 『정치학』을 쓴 목적이다.

이때 정해진 법이 올바른지는 많은 사람이 받아들일 수 있는지 아닌지에 따라 증명된다. 따라서 하루아침에 답을 낼 수 있는 문제는 아니다. 시행착오를 반복하는 과정에서 차차 평가가 결정되는 것이다. 바꿔 말하면, 습관으로 정착되지 못한 법은 사람들을 복종시킬 힘을 갖지 못한다. 법이란 오랜 시간에 걸쳐 힘을 얻어갈 수 있기 때문이다. 『니코마코스 윤리학』에서 강조한 습관의 중요성이 『정치학』에서도 기본 바탕임을 알 수 있다.

이상의 내용은 개인의 입장에서도 설명할 수 있다. 선한 인간이 되는 조건에는 '본성', '이성', '습관' 세 가지가 있다. 본성은 하늘이 내려준 것이므로 개인이 어떻게 할 수 없다. 이성을 갖추려면 어느 정도 지식과 정보, 마음가짐의 준비가 필요하다. 그러나 습관을 들이는 것은 누구에게나 가능하다. 또한 그 연장선상에 이성을 통한 이해가 있다고도 여겨진다.

하지만 습관을 들이는 데는 어느 정도 강제력이 필요하다. 그것을 가능하게 하는 것이 정치다. 법률과 풍속을 도구로 삼아 국가의 선을 추구하는 것이 정치 본연의 모습이라고 말할 수 있다.

플라톤이 주장한 재산 국유화를 부정하다

앞서 살펴본 플라톤의 『국가』에서는 '이데아론'에 기반한 이상적인 정치 형태가 그려졌다. 그에 반해 아리스토텔레스가 추구한 것은 철저하게 현실적인 정치 형태다.

이를 상징하는 것이 그 역시 중용의 중요성을 주장하고 있다는 점이다. 대체로 국가의 부유층은 지배하는 것만을 알고, 빈곤층은 복종하는 것만을 알기 마련이다. 그런 사회에서는 격차로 인한 대립이 발생하고, 같은 국가의 구성원으로서의 우애가 형성되지 않는다.

그것을 방지하려면 입법자가 부유층도 빈곤층도 아닌 중간에 있는 존재라면 가능하다. 즉 중용을 갖추어야 한다는 것이다. 이 역시 『니코마코스 윤리학』에서 설명한 덕의 개념이 배경에 있음을 알 수 있다.

또한 『국가』에서는 재산의 국유화도 주장한 바 있다. 이를 통해 부의 격차를 소멸시키면 격차로 인해 발생하는 불만과 대립도 일어나지 않는다는 것이다.

그러나 아리스토텔레스는 이것을 노동과 소비의 관점에서 명확하게 부정한다. 많은 노동을 하는 자가 적은 소비를 하고, 적은 노동을 하는 자가 많이 소비한다면, 전자가 후자에 대해서 불공평하다고 느끼는 것은 당연하다. 그러므로 오히려 대립을 만들어내는 결과를 초래한다는 것이다. 이 부분은 매우 현대적인 논의라고 할 수 있다.

더 나아가 아리스토텔레스는 해결책으로서 재산의 소유와 사용을 구별하면 된다고 주장한다. 소유는 개인이 하되 사용은 공유할 수 있게 한다는 것이다. 관리는 개인의 책임 아래 이루어지고, 서로의 편의성을 높일 수도 있다. 그것을 가능하도록 우애를 습관화하고 법을 정비하면 재산을 국유화하는 것보다 훨씬 나라의 선에 이바지할 것이라고 주장하고 있다.

"즉 재산은 각 사람이 자신의 것으로 소유하고 있지만, 그중 어떤 것은 친구들이 쓸 수 있게 하고, 또 친구의 물건 중 어떤 것은 공동으로 사용하는 것이다. 예를 들면 라케다이몬(스파르타)에서는 서로의 노예뿐 아니라 말이나 개도 자신의 것처럼 사용한다.

또한 여행지에서 먹을 것이 떨어졌을 때는 온 나라의 밭에 있는 것을 먹을 수 있다고 한다. 따라서 재산은 사적으로 소유하되, 사용할 때는 공동으로 하는 것이 더 낫다는 것은 분명하다. 사람들이 이런 태도를 갖도록 만드는 것이 입법가가 해야 할 고유의 임무다."

플라톤의 발상을 공산주의라고 한다면, 아리스토텔레스의 발상은 민간의 경제활동에 가깝다고 할 수 있다.

단지 상업에 대해서는 비천한 행위이며, 필요악이라고 생각하고 있던 모양이다. "화폐가 고안되자 이제는 꼭 필요해서 이루어지는 교환과는 다른 종류의 재산을 획득하는 방법이 생겨났다. 즉 상업이 그것이다"라면서, 강경한 반反 경제론을 전개한다.

"욕망은 무한하므로, 사람들은 그것을 만족시키는 수단 역시 무한하게 욕망한다. 바람직한 삶을 사는 것을 목표로 하는 사람이라도 육체적인 향락을 얻고 싶어 한다. 그리고 그 수단이 재산에 있는 듯이 여겨지므로, 날이면 날마다 재산을 모으는 데 열중하게 된다. (중략) 왜냐하면 향락은 필요 이상을 가지고 있어야 가능하므로, 그들은 향락에 필요한 잉여를 만들어내는 기술을 추구하게 된다."

향락을 얻으려면 욕망이 앞설 수밖에 없고, 그러다 보면 선한 국가를 만들자는 목표를 잊어버리고 만다는 것이다. 경제와 상업의 도

덕적 지위가 높아지기까지는 18세기 애덤 스미스의 등장을 기다려
야만 했다.

158개 식민도시를 빠짐없이 조사한 결과물

또 한 가지 『정치학』의 큰 특징은 그저 이론에 그치지 않는다는
점이다. 아리스토텔레스가 당시 존재했던 그리스 계열 식민도시
158곳을 모두 돌아보고, 각 국가의 정치체제를 조사한 결과를 정리
한 것이 바로 『정치학』이다. 참고로 현재 국제연합 가맹국은 193개국
이다. 지리적인 규모로는 현재에 미치지 못하지만, 당시로서는 전 세
계의 국정을 모두 조사한 것이나 다름없는 수준이었을 것이다.

국가의 정치체계는 시민사회의 올바름을 추구하기 위해 존재한
다. 국민, 가족, 마을이라는 복수의 집단 가운데 그 정점에 선 존재
로써 규칙을 정해서 집행하고, 국민에게 지키도록 하는 역할을 맡고
있다. 구체적으로는 입법, 행정, 사법이라는 3권을 행사한다. 다만
이 권리를 국가가 갖는 것에 대해서 국민이 얼마나 관여할 수 있는
지, 적임자를 국민이 선택할 수 있는지 등에 있어서는 국가마다 천
차만별이다.

아리스토텔레스는 국가의 유형을 크게 세 가지로 분류했다. 한 명
의 개인에게 권력을 집중시키는 '독재제', 특정 엘리트 계층이 권리를
갖는 '과두제', 그리고 국민 모두가 평등하게 관여할 권리를 갖는 '민
주제'다.

[국가의 세 가지 형태]

독재제	군주제(basileia)	VS	참주제(tyrannis)
과두제	귀족제(aristokratia)	VS	과두제(oligarchia)
민주제	이상적 국정(國政)	VS	민주제(democratia)

그런 뒤 다음과 같은 세 가지 점에 착안해서 한 번 더 세분화했다.

첫째, 그 정치가 무엇을 목표로 하는가이다. 국가나 공공을 위해서인지, 아니면 사적인 이익을 위해서인지에 따라 구분된다. 전자가 이상형이며, 후자는 그것이 타락한 형태다.

독재제의 전자는 가부장적인 군주제, 후자는 민중을 힘으로 억누르는 참주제다. 또한 민중을 배제하는 과두제는 후자이지만, 엘리트 계층이 민중의 이익을 대변하는 형태를 취하며 전자로 이행하는 것도 가능한데, 그것을 귀족제라고 부른다. 민주제도 그대로 두면 중우로 빠지므로 보통 후자이지만, 국가 전체의 이익을 위해 기능하면 전자로 이행해 이상적인 국정國政가 된다.

여기서 특징적인 것은 독재제는 나쁘고 민주제는 좋은 것이라고 단순하게 결정하지 않았다는 점이다. 어떤 형태이든 국가로서의 선을 추구하고 있는지가 중요하기 때문이다.

둘째, 국민이 어떻게 구성되어 있는가이다. 이로 인해 다양한 국가 체제가 탄생한다고 설명하고 있다.

"여러 가지 국가 체제가 있는 원인은 모든 국가가 다수의 '부분'으로 구성되어 있기 때문이다. 첫째로 모든 나라는 다수의 가족으로 구성되어 있다. 다음으로 이 다수 중 일부는 부유하고, 일부는 가난하며, 또 일부는 그 양쪽의 중간에 있을 것이 분명하다. 또한 부유한 자와 가난한 자 중에서도 전자는 갑옷으로 중무장을 하고, 후자는 그러지 못할 것이 분명하다. 또한 일부는 농민의 무리에 속하며, 일부는 상인의 무리에, 또 일부는 직공의 무리에 속한다. 또한 이름이 알려진 인물 중에도 부, 즉 재산이 얼마나 있는지에 따른 차이가 있다. (중략) 한편 부에 의한 차이만이 아니라 혈통에 따른 차이와 덕에 따른 차이도 있다. 그 외에 귀족제에 관해 의논하면서 국가의 부분으로서 존재한다고 설명한 그런 종류에 의한 차이도 있다."

요약하자면 핵심은 크게 두 가지다. 하나는 빈부격차의 정도다. 빈부격차가 클수록 당연히 국가체제는 중용에서 멀어진다. 특히 작은 개발도상국은 대부분 소수의 부유층과 대다수의 빈곤층으로 구성된다. 따라서 정치가 불안정하고 유동적이 되기 쉽다. 규모 있는 나라에서는 중간층의 비율이 높아진다. 중간층의 국민은 사치는 할 수 없어도 안정적인 생활을 보내고 있으므로 정치에서도 안정을 바란다. 따라서 국가도 안정되기 쉽다.

이렇게 중간층의 중요성을 지적했다는 점에서도 아리스토텔레스의 혜안에는 감탄할 수밖에 없다. 아득한 후세인 18세기 산업혁명 시기, 특히 영국에서 중간층이 급격히 확대됨으로써 국가가 안정되고 대영제국이라는 번영기를 맞이할 수 있었던 것이다.

또 한 가지는 국민의 주요 생활기반, 즉 직종이다. 농경이 중심이 되는 국가는 국정이 비교적 안정된다고 설명한다. 농민은 생활 기반이 농지에 있으므로 불필요하게 국정에 관여하기보다 농사에 전념하는 쪽이 더 안심할 수 있다는 이유에서다. 그만큼 법률에 기반한 안정된 국정을 바란다는 의미이기도 하다.

대조적인 것이 도시형 노동자인 직공이나 상인들이다. 그들은 생활 기반이 불안정한 한편, 일상 속에서 접하는 정보량이 많다. 따라서 정치 동향에 민감하고 단기적인 손익과 민중지도자의 선동에 영향을 받기 쉽다. 이런 의견은 오늘날에도 통용되는 내용이다. 강대국, 즉 경제기반이 확실한 나라일수록 정치적으로도 안정되기 쉽다.

그리고 셋째, 입법, 행정, 사법 기능이 운영되는 상황이다. 이것이 충분히 잘 가동되고 있는 나라는 문제없지만, 무능하거나 부정부패가 횡행한다면 그 나라의 정치체제는 악정이라고 부를 수밖에 없다.

이와 같은 내용을 이해한 뒤 독재제, 과두제, 민주제 각 제도에 대해서 더 구체적으로 검증해 보자.

독재제의 두 형태, 군주제와 참주제

우선은 독재제부터 알아보자. 이것은 군주제와 참주제로 나뉜다고 앞서 설명했는데, 군주제에도 다양한 종류가 있다. 지배 주체의 면에서 진형적인 형태는 모든 분야에서 왕 한 사람이 주권을 갖는 '절대왕정'이다. 법에 의해 다스리는 경우의 전형적인 형태는 권력이 전쟁과 종교에 한정된 스파르타식 왕정이다. 후자의 지배 주체는 실질적으로 장군을 의미한다.

또한 양자의 중간에는 사람과 법률의 영향력이 차지하는 비율에 따라 몇 가지 종류의 군주제가 존재한다. 예를 들어 선거로 참주에 가까운 독재자를 뽑는 경우도 있고, 전쟁영웅이 지지를 얻어 왕이 되기도 하며, 그대로 세습되는 경우도 있다.

어느 경우든 중요한 것은 군주의 덕이다. 만약 완전무결한 덕을 가진 군주가 지배한다면 절대왕정도 가능할 것이다. 그러나 인간은 감정에 휩쓸릴 수밖에 없으므로 완전무결할 수는 없다. 따라서 국정의 얼개는 법률에 의해 규정하고, 그것이 채 미치지 못하는 부분에 대해서는 인위적으로 판단하는 것이 타당하다고 생각된다. 또한 그 판단은 개인에게 맡기기보다는 다수에 의해 합의하는 편이 올바른 결과를 이끌어내기가 쉬울 것이다.

하지만 그 법률 역시 인간이 만드는 이상 반드시 옳다고 단언할 수는 없다. 좋은 법률도 있는가 하면 나쁜 법률도 있다. 즉 군주와 국민의 덕이 법에도 반영되는 것이다. 그리고 그 덕을 함양하려면 좋은 교육을 하는 수밖에 없다고 주장한다.

"인간으로서의 덕과 선한 국가의 국민으로서의 덕은 동일해야 한다고 말한 바 있다. 그러므로 인간이 훌륭해지는 데 필요한 것과 꼭 같은 방법과 수단을 사용하여 귀족제 또는 군주제 국가를 조직할 수 있을 것이 분명하다. 따라서 교육과 습관에 있어서도 훌륭한 인간을 만드는 것과 자유로운 나라의 지배자나 군주를 만드는 것은 거의 동일할 것이다."

참주제의 경우 무력으로 그 지위에 오르기 때문에 국민과는 항상 반목하는 구도가 형성되어 있다. 따라서 정권이 불안정하고, 내란의 씨앗을 항상 품고 있다. 그것을 억누르며 정권을 유지해야 하기 때문에 필연적으로 압정壓政을 휘두르게 된다.

이를테면 국민 중 뛰어난 자가 나타나면 실각시키고, 정치단체를 조직하는 것을 막는다. 교육을 억압해서 국민에게 지식과 정보를 제공하지 않고, 서로 감시하는 제도를 만들어 불신을 조장한다. 밀정을 곳곳에 배치하고, 국민을 빈곤에 시달리게 해 반란을 도모할 여력을 빼앗는다. 또는 빈번하게 전쟁을 일으켜 국민의 눈을 외적에게 돌리는 등의 방식을 사용한다.

그러나 결국 압정은 악순환을 만들어낼 뿐이므로 참주제는 거의 예외 없이 단명한다. 누군가가 나서서 참주를 추방하고, 과두제 또는 민주제로 교체되는 것이다. 단, 유일하게 참주제를 유지하는 방법도 있다. 참주가 국민의 불만에 귀를 기울이고 선정에 힘쓰는 것이다. 그렇게 되면 참주제는 군주제로 바뀌게 된다.

[독재제의 두 가지 형태]

○ 군주제
- 한 명의 개인에게 국정을 다스리는 권력이 집중되는 형태로서 일반적으로 왕이 다스리는 형태지만 여기에도 다양한 종류가 있다.
스파르타형 | 선거로 뽑힌 참주형 | 영웅시대형 | 절대왕정형
- 만약 완전무결한 덕이 지배한다면 절대왕정도 가능하지만, 인간

은 감정에 휩쓸릴 수밖에 없는 생물이므로 국정의 얼개는 법률에 의해 규정되고, 법률로 다 규제하지 못하는 부분에 대해 인간이 판단하도록 하는 것이 좋다.

- 법률로 규정할 수 없는 부분의 인간적 판단은 한 명의 개인에게 맡기기보다는 다수에 의한 합의로 결정하는 편이 더 타당하다.
- 좋은 법이 있으면 나쁜 법도 있다. 선한 인간이 있으면 나쁜 인간도 있다. 그것은 덕이 얼마나 반영되는가에 달려 있다.
- 선한 국가체제를 만들 것이라고 보장할 수 있는 실질적인 제도는 지배자에 대해서나 지배당하는 쪽에 대해서나 덕에 기반한 좋은 교육밖에 없다.

○ **참주제**

- 참주제(독재제)는 전 국민과 반목하는 구도이기 때문에 그 특성상 불안정할 수밖에 없다. 내란의 씨앗을 곳곳에 품고 있으므로 정권을 유지하기 위해 탄압을 가한다.

  전형적인 방식은

  · 뛰어난 인물을 제거한다
  · 정치단체 결성을 금지한다
  · 교육을 억압하여 국민의 생각을 편협하게 만든다
  · 상호 감시와 불신을 조장한다
  · 국민을 빈곤하게 만들어 반란을 일으킬 여력을 빼앗는다
  · 빈번하게 전쟁을 일으켜 국민의 눈을 외적에게 돌린다

  등을 들 수 있다.

- 그러나 참주는 결국 단명한다. 누가 참주를 추방하는가의 문제일 뿐, 민주제나 과두제로 바뀌게 된다.
- 참주제를 유지하는 유일한 방법은 국민의 불만에 귀를 기울여 선정을 베푸는 것이다. 이는 참주제로부터 군주제로 바뀌는 것을 의미한다.

과두제의 이상형은 귀족제

소수의 부유한 엘리트층과 다수의 빈곤한 민중 사이의 대립은 많은 나라에서 쉽게 찾아볼 수 있다. 전자가 우위에 서면 과두제가 되고 후자가 우위에 서면 민주제가 된다. 바꿔 말하면, 국가체제의 대다수는 과두제 또는 민주제 중 어느 한쪽으로 수렴한다는 의미다.

하지만 두 제도 모두 몇 가지 유형으로 나뉜다. 우선 과두제는 네 가지 유형으로 분류할 수 있다.

아리스토텔레스가 과두제의 가장 뛰어난 형태로 든 것은 귀족제다. 여기에서 말하는 귀족이란 흔히 말하는 고귀한 가문에서 태어난 사람이라는 의미가 아니라, 덕과 능력이 뛰어난 엘리트층이라는 의미로 생각해야 한다. 기본적으로 국정은 법률에 따라 운영되며, 법률에서 다 다루지 못하는 부분에 대한 판단을 귀족에게 맡기는 것인데, 그들 역시 선거로 선출되는 것이 조건이다. 이렇게 하여야 국정에 관여하는 인물의 질이 보장된다.

단지 일부 엘리트층에게 권력이 집중되면 독단적으로 흘러가기 쉬워서, 제도를 마음대로 변형시키는 요인이 될 수 있다. 예를 들면 참정권을 얻을 수 있는 기준이 높아지는 것 등이다. 막대한 재산을 가진 자들만 국정에 참여할 수 있게 되면 그 외 다수의 국민의 목소리가 힘을 얻을 수 없다. 이것이 과두제의 변종 1단계다.

[과두제의 네 가지 유형]

○ **선한 과두제**

- 귀족제: 민주제의 바람직한 변종이다.

- 국정에 관여하는 인물의 질을 보장할 수 있는 정도의 적당한 자격 요건이 있으며, 관료 임명은 선거를 통해 이루어진다. 법률에 의해 운영되며, 법률로 규정할 수 없는 부분에 대해서는 원칙적으로 선거로 뽑힌 관료가 판단한다. (제1유형)

○ **나쁜 과두제**

- 참정권을 얻을 수 있는 자격 기준이 높아진다. 막대한 재산이 없으면 국정을 맡을 수 없다. (제2유형)

- 선거는 실시되지만, 엘리트층 내부에서만 서로를 뽑게 된다. 다수의 국민에게는 선거권이 없거나, 처음부터 한정된 가문의 인물 중에서만 뽑을 수 있다. 이것이 한층 더 심해지면 관직이 세습된다. (제3유형)

- 최종 단계로서 관직을 세습함으로써 실권을 쥔 관료에 의해 법을 따르지 않는 지배가 이루어진다. (제4유형)

여기에서 더 수준이 낮아지면 국민은 선거권을 갖지 못하거나, 또는 선택할 수 있는 범위에 제한이 가해진다. 선거는 거의 의미를 잃고, 엘리트 중에 누군가를 뽑기 위한 의식으로 전락하는 것이다. 즉 국가의 관직이 대부분 세습된다. 이것이 변종 2단계다.

마지막으로는 세습을 통해 안정적인 지위를 확보한 엘리트층이 기존 법률까지 무시하거나 바꿔서 자신들의 재량으로 국정을 조종하게 된다. 이것이 최악의 변종 3단계다.

애초에 과두제는 그 성질상 민주제에 비하면 불안정해지기 쉬운 숙명을 갖고 있다. 그것을 안정시키려면 항상 공평성과 질서에 주의를 기울이고, 민주적인 정책들을 실시할 필요가 있다. 또는 민중 내에서도 뛰어난 자에게는 참정권을 부여해 엘리트층의 편의와 권익을 관리 감독하고, 부정행위를 엄격하게 단속하는 것도 중요하다. 정치체제의 불안은 민중이 공평하지 못함을 느끼고 정치가들을 불신하는 데서 시작되는 법이기 때문이다.

민주제가 반드시 우월하지만은 않다

한편 민주제에는 다섯 가지 유형이 있다. 독재제나 과두제보다는 민주제가 더 우월하다고 생각하기 쉽지만, 아리스토텔레스는 그렇게 생각하지 않았다. 펠로폰네소스 전쟁 당시 중우정치로 빠져 폭주한 아테나이는 좋은 사례이기 때문이다.

민주제의 기본적인 원리는 자유다. 민중이 무엇에도 구애되지 않고 자유롭게 살 수 있는 것을 이상으로 삼는다. 그 자유를 어느 정도 선까지 확보하느냐에 따라 민주제 중에서도 다양한 차이가 생긴다. 일부 권력자나 민중만이 아니라, 부유층도 포함한 모든 국민이 평등하게 주권자라고 인식할 수 있는지가 민주제의 성패를 좌우하는 것이다.

가장 이상적인 형태인 국정國政은 국민 각층으로부터 선거를 통해 관료를 선출하고, 기본적으로 법률에 의해 운영되는 형태다. 이 상태가 지속되면 국가는 성장해서 국민 대다수가 만족하는 생활을 영위할 수 있다고 한다.

그 변종으로 농민과 어느 정도 이상의 재산을 가진 자만이 국민으로서 인정받는 민주제도 있다. 관료직은 제비뽑기 같은 형태로 임명되는데, 기본적으로 법률에 의해 운영되며 국가에 대한 국민의 충성심도 높다. 다만 도시로부터 떨어져 생활하는 농민들은 민회(정치적인 집회)에 참가하기가 쉽지 않다. 그래서 교대로 대표를 보내는 형태였다고 생각된다. 이것이 둘째 유형이다.

이 유형의 전형이 헤로도토스의 『역사』에 묘사된 아테나이일 것이다. 페르시아 전쟁이 발발하자 국민은 자신의 토지와 생활을 지키기 위해 목숨을 걸고 싸웠고, 결국 페르시아 제국의 대군을 물리칠 수 있었다.

[민주제의 다섯 가지 유형]

○ **민주제의 이상형**
  • 국가는 성장하고 국민 대다수가 만족스러운 생활을 영위할 수 있다.

관료직은 국민 각층에서 선거로 선출하며, 법률에 기초하여 운영된다. (제1유형)

○ **고대 그리스의 민주제**

- 국민이 농민과 비교적 부유한 사람들로 구성된 옛날부터 이어져온 형태의 민주제. (제2유형) 그렇게 대단하지 않은 어느 정도의 재산이 참정권을 부여하는 데 필요하다. 관료 임명은 제비뽑기와 같은 형태로 이루어진다. 도시에서 먼 곳에서 사는 농민들은 정치적인 집회에 참석하기가 부담스러우므로 순번대로 돌아가며 참여하는 형태였을 것이다. 그러나 법률에 의해 운영되며, 나라에 대한 충성심도 강하다. 페르시아 전쟁 당시 페르시아의 대군을 물리친 뒤 헤로도토스가 찬사를 보낸 무렵의 아테나이의 민주제가 이 유형에 해당한다.

- 민주제가 더욱 민중 위주로 기울어가면서 참정권 부여에 필요한 자격 조건이 낮아진다. 재산이 있어야 한다는 조건이 철폐되고, 태생에 문제가 없는 국민이라면 누구나 참정권을 부여받게 된다. (제3유형)

- 다음으로 자격 조건이 완전히 철폐되면서 국민이라면 누구나 권리를 부여받게 된다. (제4유형) 따라서 불안정한 도시형 노동자와 일용직 노동자층도 포함된다. 관료직 임명은 제비뽑기로 이루어진다. 민회 출석 시 국고로부터 수당이 지불되기 시작해, 서서히 이런 계층이 정치세력을 형성하게 된다.

- 마지막에는 유력한 민중지도자에게 실권이 주어지고, 대중에게 좌지우지되는 민회를 통해 행정명령을 자주 발동하게 된다. (제5유형) 법률은 소홀히 여기고 관료들의 권력은 부정 당한다. 펠로폰네소스 전쟁 패배 후의 아테나이에서 나타난 민주제가 여기에 속한다.

제2유형보다 한층 더 국민으로서의 참정권을 얻기 쉬워진 것이 제3유형이다. 어느 정도의 재산을 갖추어야 한다는 조건이 없어지고 대부분의 사람들이 참정권을 받는다. 본래의 의미에서의 '민주제'에 가깝다고 할 수 있다.

여기서 더 나아가 이런 조건이 완전히 철폐되어 누구나 국민으로서의 권리를 향유할 수 있는 것이 제4유형이다. 여기에는 불안정한 도시형 노동자들이 포함된다. 민회에 출석하면 국고에서 보조금이 지급되며, 관료직 임명이 제비뽑기로 이루어지므로 노동자 계층에서 관료로 취임하는 경우도 생긴다. 즉 노동자 계층의 정치적 발언권이 증대됨을 의미한다.

제5유형에서는 유력한 민중지도자에게 실권이 넘어가고, 대중의 뜻에 휘둘리는 민회를 통해 행정명령이 자주 발동하게 된다. 법률은 경시되고, 관료직의 권위도 부정 당한다.

실권을 장악한 민중지도자는 결국 참주가 되어 독재체제를 구축하게 된다. 법률을 초월한 권력을 세습한다는 의미에서는 절대왕정과 비슷하지만, 양자의 결정적인 차이는 덕이 있느냐 없느냐이다. 덕이 없는 참주제는 최악의 지배체제라고 할 수 있다.

이상과 같은 과두제와 민주제에 관한 분석은 지극히 치밀하고 포괄적이다. 후세에 나타난 정치이론은 모두 『정치학』을 재탕한 것이나 다름없다고 여겨질 정도다.

무엇이 국정을 악화시키는가

다음으로는 나쁜 정치에서 공통으로 나타나는 항목도 언급하고 있다. 정치에 있어서 올바름이란 평등을 의미한다. 그런데 국가를 구성하는 국민은 각기 다른 입장에 놓여 있으므로 다양한 평등이 존재한다. 이것이 정치적 평등과 일치하지 않을 경우, 즉 '내가 불평등한 취급을 받고 있다'고 느끼고 그것을 호소할 수단도 없다고 생각하게 되었을 때 내란의 씨앗이 싹을 틔우게 된다.

예를 들어 마땅히 받아야 할 이익을 받지 못하거나, 명예와 불명예, 법률의 적용과 처벌 등에서 불평등을 느끼거나, 타인을 오만하게 대하며 업신여기는 태도를 보인다면 국민의 불평과 불만이 높아진다. 또는 국민의 구성 면에서 태생이나 재산, 습관, 교육, 인종 등이 다양하거나, 그 세력이 균형을 이루지 못하거나, 그 결과 선거에서 불공정한 결과를 초래했다면 역시 정세는 불안정해질 것이다.

특히 과두제의 경우 민중에게 무리한 요구를 강요한 탓에 국정이 어지러워지는 경우가 많다. 불만을 품은 민중 속에서 리더가 등장하고, 엘리트층과 대립하는 구도가 형성되는 것이 일반적인 유형이다. 병역 경험자가 리더가 되면 무력으로 민중을 이끌고 봉기하여 스스로가 참주의 자리에 오르는 경우가 많았다. 또한 변론술辯論術이 발달하자 말솜씨는 좋지만 군대 경험이 없는 민중 리더가 많아졌다. 그들이 민회를 휘두르면서 중우에 의한 민주제로 빠져드는 유형이 흔했다.

또한 엘리트층끼리의 다툼과 대립도 국정을 어지럽히는 결과로 이어진다. 엘리트라는 자부심이 있기 때문에 오히려 경쟁의식과 파벌의식, 우월감, 질투심을 느끼고 서로 반목한 끝에 관계 회복이 불가능해지는 경우가 자주 있다. 그것이 권력투쟁으로 이어져, 서로 민중을 자기편으로 끌어들이려고 계략을 세우다 무력 충돌로까지 발전하기도 한다. 그 결과 이긴 측이 참주가 되는 경우가 있는가 하면, 봉기한 민중이 엘리트층을 추방하고 민주제로 이행하는 경우도 있다. 또는 추방당한 엘리트층이 외국에서 무리를 모아 봉기하여 민주제를 무너뜨리고 과두제로 이행한 경우도 있었다.

어느 쪽이든, 거기에 남은 것은 사적인 논리뿐이다. 참주제, 민주제, 과두제 중 어떤 체제를 선택하든 정도가 지나치면 반드시 몰락한다. 내란이 지속되고 국가는 더욱 피폐해질 뿐이다. 이것이 현실에 존재하는 다양한 국가들을 빠짐없이 관찰한 결과 아리스토텔레스가 이끌어낸 결론이다.

국가에도 중용이 필요하다

그렇다면 바람직한 국가체제란 대체 어떤 것일까? 『정치학』은 그에 대해서도 고찰한다. 기본적으로는 앞에서 설명한 바람직한 유형과는 반대로 생각하면 된다. 요약하자면 어느 것에도 쏠리지 않는 것, 즉 중용이다. 참주제를 제외한 민주제와 과두제를 혼합한 중용의 체제를 목표로 해야 한다고 주장했다.

앞에서 설명했듯이, 국정은 입법, 행정, 사법의 3권에 의해 성립된다. 그런데 이 각각에 대해서 중용을 추구하면 된다.

우선 입법은 국정의 최고 결정권인데, 그 결정 방법은 다음과 같이 세 가지를 생각할 수 있다.

① 모든 것을 전 국민이 결정한다.
② 모든 것을 일부 엘리트층이 결정한다.
③ 일부는 국민투표로 결정하고, 그 외의 결정은 선출된 국민이 내린다.

①은 나쁜 민주제, ②는 나쁜 과두제에서 행해지는 일이다. 양자를 혼합한 형태가 ③으로, 이것이 가장 합리적이라 할 수 있다. 또한 평의회 아래 예비 평의회를 설치하는 것도 평의회를 올바르게 운영하기 위해 꼭 필요하다.

또한 행정과 사법에 대해서는 관직의 수, 권한의 범위, 임기, 재임 여부, 선임 방법이라는 다섯 가지 점에 대해서 각각의 역할에 필요한 전문성과 경험 등을 고려해서 미리 결정해 둘 필요가 있다고 보았다. 각 관료가 무엇을 했는지에 대해서도 평의회에 보고하도록 제도적으로 의무화하고, 쌍방의 역할 분담과 권한 범위를 정해 두어야 한다고 주장했다. 서로를 견제함으로써 폭주를 막으려 한 것이다.

더 나아가 종교적인 업무는 국정의 일부로 두지 않고, 정교분리를 해야 한다고도 말했다. 이런 부분은 매우 현대적인 감각이다.

[아리스토텔레스의 결론]

○ 다양한 국가체제를 살펴본 결과, 어느 국정이든 그것이 극단적으로 흘러가면 반드시 내란의 원인이 되며, 내란에서 승리한 세력이 누구든 같은 행위를 하면 다시 내란의 원인을 만들게 된다는 사실이 밝혀졌다.

○ 안정된 국가체제를 유지하는 유일한 방법은 국민 각층의 불만에 귀를 기울여 선정을 베푸는 것이다. 선정을 베푼다는 것은, 바꿔 말하면 국민 각층이 서로 각자의 입장에서 생각하는 평등에 관여하는 것이며, 결국 모든 국민이 행복을 추구함에 있어서 평등하다는 것을 국민 모두가 서로의 권리로 인정하는 것을 의미한다.

○ 지도자에게는 국민 각층에게 널리 인정받을 수 있는 인물로서의 자질이 요구된다. 이 소양을 구체적으로 논한다면 『니코마코스 윤리학』에서 내린 결론과 같다.

○ 서로 다른 사람들로 구성된 국가에서 평등이란 국민 모두가 행복을 추구할 권리를 인정받는 것이다. 그렇다면 행복이란 무엇일까? 『니코마코스 윤리학』에서 설명했듯이, 그것은 덕을 따르는 생활이다.

어떤 체제에서든 중요한 것은 평의원과 관직에 다양한 국민 계층의 대표자가 함께 섞여 있도록 하는 것이다. 선거는 물론, 필요하다면 제비뽑기 같은 방법을 사용해서라도 치우침을 방지할 필요가 있다. 또한 정치적인 집회에는 다양한 계층이 참가하도록 촉진하기 위해 벌금이나 보수를 준비해야 한다고도 말하고 있다. 아리스토텔레스가 얼마나 균형을 중시했는지를 알 수 있다.

그리고 또 한 가지, 반복해서 강조하고 있는 것이 덕의 양성이다. 앞에서도 설명했지만, 권력을 가진 사람들은 그것이 민주제라면 더욱 민주제적인, 과두제라면 더욱 과두제적인 방향으로 극단을 향해 가는 경향이 있다. 권력자는 각기 지지 기반을 갖는데, 자신의 지지층에게 이익을 가져다줌으로써 자신의 지위를 안정시킬 수 있기 때문이다.

그래서 치우침을 방지하기 위해서 서로 섞어 두려 하는 것이다. 그리고 이와 동시에 중요한 것이 국민에 대한 교육이다. 자신의 이익과 올바름을 저울에 달았을 때 올바름을 선택하는 것이 덕이다. 대다수의 국민이 올바름을 선택한다면 그 국가 전체의 덕도 높다고 말할 수 있다.

적절한 여가 사용이 덕을 양성한다

국가는 세대나 출신, 직업이나 수입, 사상 등이 완전히 다른 국민들로 구성되어 있다. 그런 속에서의 평등이란 모든 국민이 행복을 추구할 권리를 인정받는 것을 가리킨다.

그런데 현실의 국가를 관찰한 결과 판명된 것은 어떤 정치체제라도 극단으로 치우치기 쉬우며, 그것이 내란의 근본적인 원인이 된다는 사실이었다. 또한 그 내란의 승자가 마찬가지로 극단으로 내달리면, 역시 내란이 반복된다.

거꾸로 말하면, 일부 세력의 폭주를 막는다면 정국이 안정된다고 할 수 있다. 그러려면 국민 각층의 주장과 불만을 평등하게 헤아리고 정치에 반영하는 국가를 만들 필요가 있다. 그것이 바로 선정이다.

그러기 위한 제도와 법률을 만드는 것도 중요하지만, 그 이상으로 중요한 것은 덕이 충만한 국가를 만드는 것이다. 권력자는 물론, 국민 각 계층에도 덕이 요구된다. 다만 그것은 개개인의 자질에 맡기기보다는 정치적으로 국민들에게 습관을 들이도록 해야 가능하다는 것이 아리스토텔레스의 생각이다. 그러므로 『니코마코스 윤리학』과 『정치학』은 거의 동등한 위치에 있다고 할 수 있다.

여기에 더해서 또 하나, 여가의 중요성을 주장하고 있다. 사람들이 평화를 추구하고 일에 종사하는 것은 여가를 얻기 위해서이다. 그렇다면 그 여가를 어떻게 보낼 것인가. 여가를 의미있게 보내야 선한 혼을 양성할 수 있다고 설명한다. 거기에서 국가가 해야 할 일은 두 가지다. 국민에게 여가를 주는 것, 그리고 여가를 의미있게 보내는 방법을 가르치는 것이다.

이 생각은 교육론에도 반영된다. 예로부터 필수로 여겨졌던 교육 분야 네 가지, 즉 읽기와 쓰기, 체육, 음악, 그림을 제시한다. 그중에 음악은 교육이라기 보다는 쾌락이 아니냐는 의견이 있다고 하면서 다음과 같이 반론을 제시한다.

"사람들이 애초에 음악을 교육 분야 중 하나로 정한 것은 자연 그 자체가 (중략) 올바르게 일하는 것만이 아니라, 훌륭하게 여가를 즐기는 것 또한 추구하기 때문이다. (중략) 둘 다 꼭 필요하다면, 여가를 즐기는 쪽이 일하는 것보다 더 바람직하다. 만일 즐기는 것이 목적이라면 여가를 즐긴다는 것이 무엇을 하기 위함인가를 탐구해야만 한다. 유희를 하면서 단순히 즐기는 것만은 분명히 아닐 것이다."

아리스토텔레스에 있어서 유희란 일을 계속하기 위한 휴식이며 즐거움이다. 즉 일과 유희는 동전의 양면 같은 관계인 것이다. 그에 비해 여가는 일과는 관계없이, 개인이 시간과 공간을 소비해 행복을 추구하기 위해 존재한다. 그것이 선한 혼을 양성한다고 하니 얼마나 귀중한 것인지 알 수 있을 것이다. 그 소양을 익히게 하는 것이 교육의 목적 중 하나인 것이다.

이 생각의 연장선상에 오늘날의 리버럴 아츠가 있다. 어린이가 일에 내몰리지 않고 공부하는 데 집중할 수 있게 된 것은 비교적 현대의 선진 사회에 들어와서부터다. 그리고 또 한 단계 위의 교육으로서 서양의 대학에서 고전을 통해 덕의 함양에 매진하게 된 것이다.

『정치학』은 지금부터 거의 2,400년 전에 쓰여졌다. 그러나 이미 여러 번 말했지만, 현대인이 읽어도 전혀 낡았다는 느낌이 없다. 그 사상이 인간사회에 있어서 정의와 부정, 선과 악이라는 가치관의 본질을 꿰뚫고 있기 때문일 것이다.

그렇기 때문에 소크라테스와 플라톤까지 포함해 헬레니즘 철학으로서 나중에 기독교 철학과도 융합되고, 서유럽의 핵심 사상이 되었으며, 더 나아가 미국으로 건너가 글로벌 사회의 핵심 가치체계를 형성하는 원류가 되기에 이르렀던 것이다. 이제부터는 그 장대한 과정을 따라가 보기로 한다.

알렉산드로스 대왕의 동방원정으로 태어난 헬레니즘

한편 헬레니즘 철학의 성립에는 역사 속의 영웅이 깊이 관련되어 있다. 바로 알렉산드로스 대왕(기원전 356년~기원전 323년)이다.

알렉산드로스 대왕은 16세가 될 때까지 아리스토텔레스에게 직접 교육을 받았다. 20세에 아버지 필리포스 2세로부터 마케도니아 왕위를 계승한 뒤, 치세 기간의 대부분을 아시아와 북아프리카에서 동방원정을 하면서 보냈다. 그 결과 30세의 나이에 그리스로부터 인도 북서부에 이르는 대제국을 건설한다. 평생 전쟁에서 한 번도 패한 적이 없다고 하며, 역사상 가장 뛰어난 군사 지휘관으로 인정받고 있다.

그의 동방원정은 기원전 334년 아케메네스 조 페르시아 제국을 침공하면서 시작되었다. 다레이오스 3세가 이끄는 강대한 페르시아군을 무찌르고 페르시아 제국 전역을 제압한다. 이를 시작으로 먼 인더스 강에 이르기까지 패권을 확장하게 된다.

하지만 알렉산드로스가 전쟁에만 몰두했던 것은 아니다. 그는 정복한 지역 곳곳에 새로운 그리스풍 도시를 건설하고 모두 자신의 이름을 따서 알렉산드리아라고 이름 붙였다. 이로써 그리스 문화는 동방으로 건너가 현지의 고대 오리엔트 문명과 융합하여 헬레니즘이라 불리는 새로운 문명을 만들어냈다.

알렉산드로스가 건설한 도시 중 가장 유명한 것이 이집트의 지중해 쪽에 기원전 332년 건설된 알렉산드리아일 것이다. 이곳에는 나중에 장서 70만 권의 규모(규모에 대해서는 여러 설이 있다)를 자랑하는 알렉산드리아 도서관이 건설되었고, 세계 각지에서 시인과 학자들이 모여들었다. 그 덕분에 헬레니즘 문화의 중심지로서 번영을 누리게 된다. 이곳을 기점으로 해서 고대 그리스 세계의 위대한 철학자들의 사상이 지중해 세계만이 아니라 전 지구적으로 뻗어나가 빛을 발하게 되었던 것이다.

참고로 이 도서관은 기원전 47년 로마 제국의 영웅 율리우스 카이사르Julius Caesar의 프톨레마이오스 조 이집트 침공으로 소실된다. 그 후 재건되기는 했지만 다시 4세기 말 이교도의 시설로 간주되어 기독교도들에 의해 파괴된다.

알렉산드로스 대왕은 아리스토텔레스를 최고의 스승으로서 존경했다. "내 삶은 필리포스 2세로부터 받았지만, 고귀하게 살아가는 것에 대해서는 아리스토텔레스로부터 배웠다"라는 말을 남기기도 했을 정도다. 또한 알렉산드로스와 함께 아리스토텔레스의 문하에서 그리스의 기초 교양을 배운 학우들은 후일 장군이 되어 그를 뒷받침하는 역할을 한다. 아리스토텔레스도 알렉산드로스 대왕에 대해서는 마음을 쓰고 있었는지, 동방원정을 떠난 중에도 『왕도론』과 『식민론』을 써서 보냈다고 한다. 두 사람의 교류는 알렉산드로스 대왕이 죽을 때까지 이어졌다.

한편 알렉산드로스는 그리스식 발음으로, 영어로는 '알렉산더'가 되며 아라비아어와 페르시아어로는 '이스칸다르'가 된다. 이 이름은 『구약성서』와 『코란』을 비롯해 조로아스터교, 『샤 나메(Shahnameh, 왕서王書, 이란인의 신화와 역사를 읊은 대서사시)』등 다양한 민족의 문헌에 등장한다. 고대 로마를 위협한 카르타고의 장군 한니발과 율리우스 카이사르, 나폴레옹 등 역사상 이름을 날린 지휘관들도 위대한 영웅으로서 알렉산드로스 대왕을 예로 들곤 했다.

[알렉산드로스 대왕이 남긴 동방원정의 발자취]

① 그리스 전역 제패

기원전 338년 카이로네이아 전투에서 아테나이·테베 연합군을 무찌른다. 부친 필리포스 2세는 이를 계기로 그리스의 모든 도시국가에 코린토스 동맹(헬라스 동맹)을 체결하게 하고, 전 그리스의 패권을 쥔다. 필리포스 2세는 페르시아 원정을 계획하지만 2년 뒤인 기원전 336년 암살당한다.

마케도니아 왕위를 계승한 알렉산드로스 대왕은 그리스의 전 도시국가를 제압하고 그리스 전역의 패권을 확립한다.

② 페르시아 진군

기원전 334년 페르시아 원정을 출발한다. 그라니코스Granicus 강 전투에서 소아시아 제후들의 연합군을 무찌른다. 소아시아에 주둔한 페르시아군을 몰아내면서 동쪽으로 향한다.

기원전 333년 안티오키아 북부 입소스Ipsos에서 다레이오스 3세가 직접 지휘하는 페르시아군 10만 명과 맞닥뜨린다(입소스 전투). 이 전투에서 승리하면서 페르시아로부터 화해 요청을 받지만 거부하고 진군을 계속한다.

③ 이집트 원정

기원전 332년~기원전 331년, 완강하게 저항한 페니키아의 티로스(현 티르)와 가자Gaza를 굴복시키고, 더욱 남하하여 페르시아 지배하에 있던 이집트를 침공했다. 이집트인에게 해방자로서 환영받고, 파라오로서 인정받는다. 그 후 나일강 삼각주 서단에 알렉산드리아를 건설한다.

④ 아케메네스 조 페르시아의 멸망

기원전 331년 티그리스 강 상류의 가우가멜라Gaugamela에서 다레이오스 3세가 지휘하는 페르시아군을 무찔렀다(가우가멜라 전투). 다레이오스는 카스피해 동안으로 도주했다.

페르시아 왕국의 중추에 침입하여 바빌론과 수사의 주요 도시를 약탈하고, 더 나아가 수도 페르세폴리스를 함락하고 철저하게 파괴하며 다레이오스를 추격했다.

기원전 330년 다레이오스는 측근 베소스Bessos에게 암살당한다. 알렉산드로스 대왕은 항전하는 베소스를 공격해 포획한 후 공개 처형했다.

⑤ 중앙아시아 점령

중앙아시아 방면으로 진입하면서 격렬한 저항에 직면한다. 기원전 329년~기원전 327년까지 소그디아나Sogdiana와 박트리아에서 가혹한 게릴라전에 시달리며 그 와중에 스키타이인에게도 공격을 받았다. 또한 알렉산드로스 대왕과 부하들 사이의 신뢰관계도 흔들리기 시작했다.

⑥ 인도 진군과 동방원정의 종료

기원전 327년부터 인도 원정을 개시했다. 아오르노스(Aornos, 장소 불명. 현 파키스탄 어딘가라는 설이 있다)에서 생애 마지막 포위전을 벌여 승리한다. 다음 해인 기원전 326년에 인더스 강을 넘어 펀자브Punjab 지방에 들어섰다. 히다스페스Hydaspes 강 전투에서 현지의 모든 부족을 평정하면서 진군했고 인도에서 가장 용맹하다는 카타이오이인도 제압했다. 인도 중앙부로 향하려 했지만 심하게 피로해진 부하들이 진군을 거부해 어쩔 수 없이 회군했다.

히드라오테스Hydraotes 강(현 라비Ravi 강. 인더스 강의 지류)을 남하하여 잔존하는 적대세력을 축출하면서 전진해 인더스 강 하구에 도달한다. 거기에서 해로로 페르시아 만을 통과하여 유프라테스 강 하구에 도착한다. 이와 같은 탐험 항해 덕분에 이 지역의 지리가 밝혀졌다.

⑦ 알렉산드로스 대왕의 급서와 제국의 분할

제국을 페르시아, 마케도니아, 그리스(코린토스 동맹) 세 지역으로 재편하고, 페르시아인을 적극적으로 등용하는 등 페르시아인과 마케도니아인의 융화를 추진했다.

바빌론으로 돌아간 알렉산드로스 대왕은 아라비아 원정을 계획하고 있었지만, 어느 날 밤 축하연을 열다가 쓰러져 사망했다. 기원전 323년, 32세의 젊은 나이였다.

알렉산드로스 대왕 사후 제국은 프톨레마이오스 조 이집트, 셀레우코스 조 시리아, 안티고노스 조 마케도니아로 분할되었다.

제 7 장

로마의 번영부터
중세 기독교 시대까지

예수가 살았던 시대에
알렉산드리아에는 필론이라는

유대인 철학자가 있었다.
유대인 사상을 그리스 철학과

연결시켜 해석한 인물로
알려져 있다.

헬레니즘의 보편적 가치

앞 장에서 서술한 것처럼, 아리스토텔레스의 사상을 비롯한 그리스의 문화는 그의 제자였던 알렉산드로스 대왕의 동방원정에 의해 아시아 지역으로 전해졌고, 현지의 오리엔트 문화와 융합되었다. 이를 '헬레니즘'이라고 한다.

그리스 신화에는 헬렌이라는 영웅이 등장한다. 고대 그리스인은 헬렌을 선망하여 스스로를 '헬렌의 자손'을 의미하는 '헬레네스'라 부르고 자신들의 토지를 '헬라스'라 일컬었다. 그리스 풍의 문화를 의미하는 '헬레니즘'이라는 단어는 여기에서 유래했다.

구체적으로는 지금까지 소개한 헤로도토스와 아리스토텔레스 등을 포함해, 다음과 같은 인물들의 공적이 널리 알려졌다.

정치	솔론, 페리클레스, 알렉산드로스 대왕 등
역사가	헤로도토스, 투키디데스 등
철학	소크라테스, 플라톤, 아리스토텔레스, 디오게네스, 크세노폰 등
수학/기하학	피타고라스, 에우클레이데스(유클리드), 아르키메데스 등
극작가	아이스킬로스, 소포클레스, 에우리피데스, 아리스토파네스 등
의학	히포크라테스 등

모두가 오늘날 서양의 학문과 예술의 기초를 확립한 인물들이다. 시대적으로는 대부분 기원전 6세기~기원전 4세기경에 집중되어 있다.

어째서 당시 그리스에 이렇게 걸출한 인물들이 모여 있었을까? 그것은 우연이 아닐 것이다. 메소포타미아(현 이라크)나 이집트 문명 등의 소위 4대 문명에 비하면 그리스 문화는 훨씬 늦게 시작된 신흥 세력이다. 그렇기 때문에 선진 문명과는 교류를 주고받는 한편 마찰과 충돌이 발생할 수밖에 없었고, 모든 지혜를 총동원하여 대항할 필요가 있었을 것이다.

또한 그런 고난의 시대 배경을 극복하고 피어난 학문과 예술이기 때문에 오히려 인류의 보편적인 가치가 살아 숨 쉬고 있다. 오리엔트 문화와 융합하여 헬레니즘이라 불리게 된 것이 그것을 증명한다. 물론 그 후로도 역사는 물론 학문과 예술 분야에까지 막대한 영향을 미쳤다.

그리고 현대에 와서도 헬레니즘에 대해 총체적으로 배우는 것이 리버럴 아츠 교육의 근간을 이룬다. 서양 문명의 기초를 배움으로써 인류는 무엇을 생각하고, 무엇을 구축해 왔는지를 뒤따라 체험해 보고자 하는 것이다. 이 과정은 내가 무엇을 생각하고, 인생에서 무엇을 이룰 것인지 하는 문제와도 직결된다.

사실 헬레니즘은 오늘날에 이르기까지 기구하기 그지없는 운명을 거쳐 왔다. 이번 장에서는 그 발자취를 더듬어 보고자 한다.

학술의 중심지가 된 알렉산드리아

내가 생각하기에 세계의 역사는 거의 500년 단위로 큰 전환을 맞이해왔다. 우선 알렉산드로스 대왕의 동방원정 이후 유럽에서 대두한 로마가 공화정으로부터 제정으로 이행해 영역을 확대하기까지가 500년, 또한 기독교가 성립하여 박해의 시기를 거치고 로마 제국의 국교가 되어 세계 종교로서 널리 확산되기까지가 다시 500년, 그 뒤로 로마 제국이 쇠퇴하고 헬레니즘이 이슬람 세계로 건너갔다가 유럽에 귀환하기까지가 다시 500년이 걸렸다. 여기에서는 이 세 번의 전환기를 포함하는 1,500년의 기간, 대략 13세기까지를 개관해 보려한다.

기원전 323년, 알렉산드로스 대왕이 급사하면서 마케도니아에서는 후계자 싸움이 시작되었고, 프톨레마이오스 조 이집트, 셀레우코스 조 시리아, 안티고노스 조 마케도니아의 세 나라로 분열된다. 이 중에서 헬레니즘을 가장 온전히 계승한 것이 프톨레마이오스 조 이집트의 수도이자 알렉산드로스 대왕이 건설한 도시 알렉산드리아였다.

초대 파라오인 프톨레마이오스 1세는 알렉산드로스 대왕과 함께 아리스토텔레스의 문하에서 공부한 인물로, 학문에 조예가 깊었다고 한다. 또한 지중해에 면한 알렉산드리아는 경제와 교역의 중심지로서 번영을 누리는데, 프톨레마이오스 1세는 그 재력을 바탕으로 무세이온Mouseion이라는 왕립 연구소를 창설했다. 또한 뒤를 이은 프톨레마이오스 2세의 시대에는 세계 최대 규모라 불리는 알렉산드리아 도서관이 무세이온의 부속 기관으로 설립된다. 이와 같은 시설이 갖추어졌기 때문에 그리스를 비롯한 각지에서 다수의 학자가 초빙되고, 문헌자료 수집도 이루어졌다. 알렉산드리아는 이렇게 헬레니즘뿐 아니라 당시 모든 학문과 연구의 중심지가 되었다.

프톨레마이오스 조 이집트 자체는 기원전 30년 유명한 클레오파트라 여왕의 시대에 로마 제국에 패해 멸망한다. 그 후 이집트는 로마 제국의 속주가 되지만, 무세이온과 도서관은 몇 번이나 위기를 맞으면서도 학술 중심지로서 존속한다. 헬레니즘도 이곳에서 계속 명맥을 이어갔다.

아리스토텔레스가 예견한 로마 정치체제의 변천

한편 유럽에서는 쇠퇴하는 그리스를 대체하듯이, 그 서쪽에 위치한 이탈리아 반도에서 라틴 민족이 세력을 형성하기 시작했다. 그들이 세운 나라가 바로 로마다. 로마는 기원전 3세기경부터 주변국과 전쟁을 벌이기 시작해, 기원전 2세기 중반에는 지중해 전역까지 영역을 확대했다.

그 무렵의 로마는 공화정의 일종인 원로원 지배 체제를 갖추고 있었다. 권력을 가진 귀족 계층에 의해 구성된 기관으로, 명목상으로는 국회에 해당하는 민회의 자문기관이지만 실질적으로는 국정을 이끄는 통치기관이었다.

의원은 종신제였지만, 귀족이라고 아무나 할 수 있는 것은 아니었다. 우선 선출된 가문 출신이어야 하고, 약 10년의 군대 경험이 있어야 했으며, 시민을 가장 우선으로 생각해야 한다는 조건이 있었다.

실제로는 대농장을 경영하는 등 여러 방법으로 부를 축적한 사람이 귀족에 편입되어 원로원 의원으로서 국정을 운영하고 있었다. 공화정의 틀 안에 있었지만 엘리트에 의한 귀족제 정치체제를 유지하고 있었던 것이다. 그들은 더 이상 부를 축적할 필요가 없어 시민을 우선으로 생각하고 선정을 펴기 위해 노력했기 때문에 안정되고 평화로운 사회였을 것으로 생각된다.

공화정 시대의 로마는 아리스토텔레스가 『정치학』에서 이상으로 삼았던 정치체제에 가까웠다고 할 수 있다. 지배층인 귀족들이 모두 청렴하고, 민중을 비호하는 역할에 철저했기 때문이다.

그런데 기원전 2세기 이후, 전쟁에서 승리함에 따라 속주로부터 노예와 저렴한 곡물이 유입되자 농장 경영 방식이 바뀌었다. 대규모 농장은 노예를 부려 더욱 규모를 키우지 않으면 도태되었다. 농장에 사람 수가 늘어나면서 관리하기가 어려운 측면도 있었다.

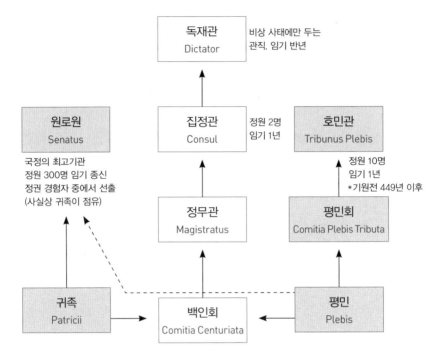

또한 일부 '성공한' 원로원 의원들은 특권에 안주하여 사리사욕을 채우는 데 급급한 존재가 되었다. 그만큼 의원의 질이 저하된 것이다. 또한 전쟁에서 공을 세운 사람은 평민이더라도 원로원 의원을 비롯한 정부 요직을 노리게 되었다.

반면 중소 규모의 농장과 병역 의무를 이행해야 했던 시민 계급은 몰락했다. 또한 대량의 노예가 어쩔 수 없이 열악한 환경에서의 노동을 감당하게 되었다. 즉 사회 전반적으로 빈부의 격차가 확대되면서 사람들의 불안과 불만이 거세지고 불안정해졌다. 이런 정치적 혼란은 기원전 120년경부터 거의 1세기에 걸쳐 이어진다. 이를 '내란의 1세기'라고 부른다. 여기에서부터 공화정은 무너지기 시작한 것이다.

내란의 1세기를 상징하는 사건이 기원전 73년에 일어난 검투사 스파르타쿠스의 반란이다. 반란군은 점차 세력을 확장해, 절정기에는 십수 만 명에 이르렀다고 한다.

원로원 측은 대규모 군대를 파견해 반란을 진압했다. 이때 활약한 군인 크라수스와 폼페이우스는 단숨에 시민으로부터 큰 인기를 끌고 정부의 요직에 앉는다. 곧 원로원 의원이었던 율리우스 카이사르도 여기 가세해, 세 명이 힘을 합쳐 원로원 타도를 내세우며 국정의 실권을 잡게 된다.

이후 높은 국민적 인기와 군사력, 경제력을 함께 지닌 이들이 로마의 정치 권력을 장악했다. 즉 원로원에 의한 귀족정, 민회에 의한 공화정으로부터 세 명에 의한 과두제 정치로 이행한 것이다. 이를 '삼두정치'라고 부른다.

그러나 이 체제는 금세 와해된다. 크라수스는 원정 중 전사하고, 폼페이우스는 카이사르와 싸운 끝에 패해서 도망친 이집트에서 암살당했다. 그리고 독재체제를 굳히던 카이사르도 역시 심복이던 브루투스에게 암살당한다.

그렇다고 로마가 공화정으로 복귀하지는 않았다. 카이사르의 후계자인 옥타비아누스가 내전을 제압하고 기원전 27년에 '아우구스투스(Augustus, 존엄한 자라는 의미)'라는 칭호를 부여받으며 초대 황제에 취임한다. 로마 제국의 시대가 시작된 것이다.

여기까지의 경위는 앞 장에서 소개한 아리스토텔레스의 『정치학』

에서 지적한 대로다. 소수자에 의한 지배라도 귀족정은 선정을 펼치기 쉽지만, 사리사욕으로 치우치면 즉시 과두제로 빠져든다. 또한 다수가 참여하는 공화정이라면 이상적이지만, 국민 간의 격차가 커지면 바로 중우로 빠져든다. 과두제도 중우정치도 오래가지 못한다. 이때부터 로마는 제정帝政으로 들어가는데, 견해나 입장에 따라서 군주제의 시대도 참주제의 시대도 존재했다. 이 부분 역시 아리스토텔레스의 혜안慧眼을 보여준다.

참고로 카이사르와 동시대의 로마에는 그리스 철학에 정통한 키케로라는 정치가이자 철학자가 있었다. 체제가 과두제로 기울어가는 와중에, 그는 『정치학』을 따르고 싶었는지 로마를 공화정으로 돌려놓으려는 계획을 세운다. 또한 카이사르 암살에 관여했는지는 불명확하지만 원래 친구였던 브루투스 등 암살자 측을 높이 평가한 것은 분명한 사실이다. 그 때문에 카이사르의 심복 부하였던 안토니우스의 미움을 받아 카이사르 사후 1년 만에 살해당한다.

황제들이 신봉한 스토아 철학

키케로는 또 한 가지 큰 업적을 이룩한 바 있다. 그리스 철학서를 라틴어로 번역해서 로마의 엘리트층이 읽을 수 있게 한 것이다. 특히 키케로는 스토아파라 불리는 학파를 신봉했다고 한다.

알렉산드로스 대왕의 동방원정이 끝날 무렵인 기원전 4세기 후반, 키프로스 섬에 살던 제논이라는 상인이 탄 상선이 난파하여 아테나이로 표류해 온다. 그때 어쩌다 들른 서점에서 크세노폰의 『소크라테스 회상록』을 읽고 감동한 나머지 사색의 길로 들어서 독자적인 철학을 시작했다고 한다. 그가 아테나이의 채색주랑彩色柱廊(스토아 포이킬레, Stoa poikile)에서 강의를 한 데서, 스토아 철학이라 불리게 되었다.

자료가 거의 남아 있지 않아 스토아 철학의 전모는 다 밝혀지지 않았다. 그러나 논리학, 자연학, 윤리학으로부터 시작해, 최종적으로 마음의 평정apatheia을 얻고자 했다는 점은 분명하다. 그러기 위해서는 지혜, 용기, 정의, 절제라는 네 가지 덕을 추구하는 것이 중요한데, 그럼으로써 욕망이나 고통과 같은 감정(파토스, pathos)을 억제해야 한다고 주장한다.

또한 덕은 자연의 섭리에 따르는 것이며 인간이라면 누구라도 추구할 능력을 가지고 있는데, 이때 문제는 무지를 자각하지 못하고 필요한 지식을 습득하려 하지 않는 것이라고 한다. 이 부분에서는 소크라테스의 영향이 느껴진다. 참고로 '스토아'는 금욕주의를 의미하는 '스토익stoic'의 어원이기도 하다.

이 사상은 로마 제국의 엘리트 계층 사이에서 널리 받아들여졌다. 로마가 제정으로 이행한 뒤에도 소위 '폭군'은 그다지 많지 않았다. 오히려 기원후 1세기 말부터 2세기 말까지는 '5현제 시대'라 불리며 황제가 선정을 추구하여 국가가 평화롭고 안정적으로 유지되었다. 아리스토텔레스의 『정치학』의 분류에 따르면 독재제 중에서도 참주제로 빠지지 않고 군주제가 이어졌던 것이다.

그 요인은 여러 가지가 있겠지만 스토아 철학이 뿌리에 있었던 것만은 틀림없다. 또한 로마 제국 시대 영토가 확장되고 정국이 안정되

었던 것을 생각하면 결과적으로 스토아 철학이 진리라고 생각할 수
도 있을 것이다.

피폐한 민중이 구세주 예수를 탄생시켰다

이와는 별도로 헬레니즘은 로마 사회에 막대한 영향을 미쳤다. 변
경의 종교에 불과했던 기독교와 융합하여 국교로까지 등극시켰을 뿐
아니라, 오히려 국가보다도 더 큰 권력을 가진 조직으로 이끌어갔던
것이다.

기독교가 탄생하기까지의 경위를 더듬어 보자. 기원전 4년경, 로마
제국의 지배 아래 있던 팔레스티나Palaestina의 갈릴레아 지방(현 이스
라엘 북부)에서 한 유대인이 태어났는데, 바로 예수 그리스도다.

예수의 생애를 알 수 있는 거의 유일무이한 자료가 『신약성서』에
포함된 「복음서」다. 예수의 사후 제자와 그 추종자인 마태, 마가, 누
가, 요한이 각각 저술하여 모두 네 종류가 있다.

다만 예수의 유년기부터 청년기에 대한 기록은 거의 없다. 종교 활
동을 시작한 것은 30세가 되었을 무렵부터였다. "신의 나라가 가까웠
다"고 주장하며 갈릴레아 지방의 가난한 마을에서 병자를 고치고
죽은 자를 되살리는 기적을 다수 행했다고 알려졌다. 그로 인해
12사도를 비롯한 다수의 신도들이 따르기 시작했다. 특히 로마 제국
의 지배 아래서 박해 받던 유대인들에게 예수의 존재는 그야말로 구
세주나 다름없었다.

'복음'이란 예수가 제자와 군중을 향해 이야기한 '좋은 소식'이라는 의미다. 단, 신자가 나중에 기술 또는 구술한 것이므로 완전히 정확하다고 말하기는 힘들다. 포교 활동을 위해서 상황에 맞게 창작한 부분도 있다고 여겨진다. 그렇다 하더라도 신에 관한 참신하면서도 단호한 어조와 사회적 약자와도 거리를 두지 않은 태도 등은 사실인 것으로 보인다.

그러나 예수의 종교 활동은 불과 2년 만에 끝난다. 기원후 30년경 다름 아닌 유대인에 의해 체포되어 최종적으로는 로마식 재판을 받은 결과 사형 선고를 받고 예루살렘 교외에 있는 골고다 언덕에 십자가에 매달리는 형을 받은 것이다.

다만 사흘 만에 부활하여 12사도를 비롯한 많은 신도들 앞에 나타났다고 한다. 여기서부터 예수는 지금도 살아 있으며, 모든 인간의 죄를 자신이 대신 십자가에 매달림으로써 속죄했고, 세상이 종말을 맞이할 때 다시 지상에 나타날 것이라는 사상이 태어났다. 그리고 예수 본인을 신앙의 대상으로 하는 원시 기독교가 탄생한다. 참고로 '그리스도Christos'란 그리스어로 '구세주'를 의미하는 단어다.

예수는 어째서 유대인에 의해 십자가에 매달렸는가

그렇다면 어째서 예수는 같은 민족인 유대인에 의해서 고발당했을까? 그것을 이해하려면 유대인이 겪은 박해의 역사와 유대교에 대해서 알 필요가 있다. 이에 대한 거의 유일한 자료는 『구약성서』다.

이를 토대로 유추하면, 유대 민족의 조상인 아브라함이 가나안(현 이스라엘 팔레스타인 부근)으로 이주해 온 것이 기원전 17세기 이전이다. 그러나 대지가 척박해지는 바람에 이집트로 집단 이주한다. 처음에는 후한 대우를 받았지만, 다음 파라오가 대를 이으면서 노예 취급을 받게 되었다. 그들은 스스로를 '이스라엘인'이라고 불렀는데, 이무렵 타 민족으로부터 '헤브라이인'이라고 불렀다.

이집트에서의 열악한 환경에서 벗어나고자 기원전 13세기경 유대 민족의 지도자였던 모세는 일족을 이끌고 탈출을 시도한다. 이것이 '출애굽'이라 불리는 사건이다. 탈출 도중 홍해에 가로막히지만 모세가 그들의 유일신 여호와에게 기도하자 바다가 갈라져 길이 생겼다는 이야기는 유명하다. 또한 시나이 반도에 있는 시나이 산의 정상에서 모세는 여호와 신으로부터 유대교의 계율인 '십계명'을 받았다고 한다. 결국 그들은 40년간 방랑한 끝에 '약속의 땅'인 가나안으로 귀환할 수 있었다.

그리고 기원전 11세기경 이 땅에 이스라엘 왕국을 세운다. 2대째 왕인 다윗왕은 수도를 예루살렘으로 정하고, 그 아들이자 3대째 왕인 솔로몬왕은 예루살렘에 여호와 신전(제1신전)을 건설한다.

그런데 솔로몬 왕 사후 부족 내부에서 분쟁이 시작된다. 기원전 922년에는 북부의 부족이 독립해 새로운 '이스라엘 왕국'을 세우고, 예루살렘을 포함한 남부는 '유다 왕국'이 된다. 약 100년 만에 남북으로 분열된 것이다.

북부의 이스라엘 왕국은 기원전 722년 아시리아 제국에게 정복당해 멸망한다. 또한 유다 왕국도 아시리아를 멸망시킨 신바빌로니아 왕국의 공격을 받아 기원전 586년에 멸망한다. 이때 예루살렘은 여호와 신전을 포함해 모두 철저하게 파괴되고, 주민 대다수가 신바빌로니아로 끌려갔다. 이를 '바빌론 유수幽囚'라고 한다. 이렇게 이스라엘인(헤브라이인)은 조국을 잃게 된 것이다. 또한 이 무렵부터 그들은 '구 유다왕국 사람'이라는 의미로 '유대인'이라 불리게 되었다.

그들이 신바빌로니아 땅에서 어떤 취급을 받았는지는 명확하지 않다. 노예까지는 아니고, 강제로 이주당한 정도였던 것 같다. 그렇다고 해도 조국과 신앙의 거점인 신전까지 잃어버려 정체성의 위기를 맞이한다. 이때 그들은 민족으로서의 자부심과 신앙심까지 잃어버리지 않기 위해 여러 가지 방법을 모색한다. 그것이 율법(토라)과 시나고그(집회소)였다.

율법이란 여호와 신과 유대인 사이의 계약이라는 의미다. 일상생활에서 신자로서 지켜야 할 의무와 규칙 등으로, 『구약성서』 중 「모세 5경」(창세기, 출애굽기, 레위기, 민수기, 신명기)을 가리킨다. 또한 시나고그는 이를테면 유대교의 교회인데, 신자들이 모여 율법을 배우고 신앙을 공유하는 장소다. 이것들은 오늘날에도 존속하고 있는데, 모두 바빌론 유수에서 시작된 것이다.

기원전 539년, 신바빌로니아 왕국은 헤로도토스의 『역사』에도 등장하는 대국 아케메네스 조 페르시아 제국에 의해 멸망당한다. 이로써 해방된 유대인은 대다수가 다시 가나안 땅으로 돌아갔고, 예루살렘에 여호와 신전을 재건했다. 이를 '제2신전'이라고 부른다.

그러나 독립국가로서 재건되지는 못한 채 페르시아 제국, 알렉산드로스 대왕의 마케도니아 제국 등의 지배를 받다가 기원전 1세기경부터는 로마 제국의 속주가 되었다.

예수가 탄생한 것은 그런 시대였다. 그의 사상은 유대교의 한 갈래에 불과했으나, 앞에서 설명한 경위를 통해 많은 신도들이 따르게 되었다. 그러나 유대교 지도자들의 입장에서 보면 이단자이며, 신에 대한 모독일 뿐이었다.

무엇보다도 신과의 계약을 중시하고 율법을 지키는 것이 유대교 신도로서의 전제 조건이다. 그에 비해 예수는 철저히 이웃 사랑을 중시하며 그로 인해 율법을 어기는 경우가 생겨도 어쩔 수 없다는 자세를 보였다.

게다가 예수는 신의 아들임을 자처했는데, 유대교에 있어서 신은 인간의 육체를 갖지 않고 눈으로 볼 수 없는 존재로 여겨진다. 따라서 유대교는 예수를 구세주로 인정하지 않으며, 예수가 십자가에 못 박힘으로써 사람들의 죄가 씻어졌다고도 생각하지 않는다.

그러나 그 후 유대교가 여전히 민족종교로 남은 데 반해 예수의 사상은 기독교라는 세계 종교로 발전하게 된다. 그 계기가 된 것이 제자들의 적극적인 포교활동과 『신약성서』의 편찬, 그리고 로마 제국의 국교화였다.

플라톤의 사상과 『구약성서』의 공통점

그런데 알고 보면 유대교 및 기독교와 헬레니즘 사이에도 깊은 관계가 있다. 원래『구약성서』는 헤브라이어로 쓰여져 있었다. '구약舊約'이란『신약新約성서』를 가진 기독교에서 부르는 말이고, 유대교에게는 이것이 유일한 '성서'다. 구약성서는 기원전 250년경 당시 세계 공용어였던 그리스어로 번역되었는데, 이를『70인역 성서』라고 부른다.

무대가 된 것은 앞서 소개한 이집트의 알렉산드리아였다. 당시 파라오였던 프톨레마이오스 2세는 1세와 마찬가지로 문화와 학문에 조예가 깊었고 알렉산드리아 도서관을 건설한 것으로도 유명하다.

번역 작업도 그 일환이었을 것으로 보인다. 또한 유대인이 방랑의 역사를 거친 결과 당시 알렉산드리아에 헤브라이어를 읽을 줄 모르는 유대인이 다수 거주하게 되었기 때문이라는 설도 있다. 어쨌든 유대인 12개 부족으로부터 각 6명씩의 장로를 알렉산드리아로 불러서 총 72인이 율법(모세 5경) 부분의 번역 작업을 했다는 전설이 남아 있다. 그 때문에『70인역 성서』라고 불린다.

이 성서는 유대교도보다도 기독교도 사이에서 더 널리 보급되었다.『신약성서』에는『구약성서』로부터 인용한 부분이 다수 있는데, 모두『70인역 성서』를 원전으로 하고 있다. 바울과 같은 예수의 제자가 포교활동을 할 때도 이 성서를 휴대했다고 한다. 또한 그리스어로 번역된 덕분에 이를 원전으로 해서 라틴어를 비롯한 여러 언어로도 번역될 수 있었다. 이를 보면 기독교가 세계적으로 침투하는 데 그리스어가 중대한 역할을 한 것만은 분명하다.

그뿐만이 아니다. 예수가 살았던 시대에 알렉산드리아에는 필론 Philon이라는 유대인 철학자가 있었다. 유대교 사상을 그리스 철학과 연결시켜 해석한 인물로 알려져 있다. 특히 플라톤의 저작 『티마이오스Timaeus』(「아테나이 학당」에서 플라톤이 왼손에 들고 있는 책)에 많은 영향을 받았는데, 그는 『구약성서』와 플라톤의 철학에 공통점이 있다고 생각했다.

『티마이오스』에는 '데미우로고스demiurgos'라는 세계의 창조자가 등장한다. 이 창조자는 이상향인 이데아와 닮은 형상으로 현실계를 만들었다고 한다. 이 데미우로고스를 신으로 바꿔보면 『구약성서』의 「창세기」에 묘사된 천지창조의 이야기와 공통점이 있다고 필론은 설명한다. 플라톤을 '그리스의 모세'라고도 말한 바 있다.

또한 이 책의 제4장에서 소개한 것처럼 플라톤의 『국가』 제10권에는 '에르 이야기'가 등장한다. 용감한 전사 에르가 전투에서 사망한 뒤 12일째에 부활해서 '저 세상'에서 보고 온 것을 이야기한다는 내용이다.

이 이야기에 따르면 죽은 인간의 혼은 신의 심판을 받는다고 한다. 생전의 행실이 선했다면 축복을 받아 위쪽의 세계로 올라가고, 행실이 나빴다면 가혹한 벌을 받고 아래쪽 세계로 보내진다. 그리고 그 모든 혼은 1,000년 후에 부활하여 '망각의 강'에서 모든 것을 잊고 새로운 삶을 받아 지상으로 돌아간다는 내용이다.

이 이야기는 유대교와 기독교에 말하는 '최후의 심판'과 매우 비슷하다. 세계 종말의 날에 신이 나타나 죽은 자와 산 자를 포함한 모든

인류를 심판한다는 점도 그렇고, 천국과 지옥으로 나뉘어 있다는 점
도 같다.

다만 기독교의 경우 유대교의 종말사상을 계승하면서도, 모든 인
간의 죄를 예수가 대신하여 떠맡음으로써 죽음으로부터 구원했다는
사상으로 발전한다. 이 부분이 유대교와 기독교가 양립할 수 없는
지점일 것이다.

기독교의 사상적 근거가 된 신플라톤주의

마찬가지로 알렉산드리아에서 플라톤의 철학을 다른 각도에서 해
석하는 무리가 나타났는데, 이를 '신플라톤주의'라고 부른다.

제4장에서 설명했듯이 플라톤의 저작 중 다수는 대화편이라는 독
특한 형식을 취하고 있어서 사용하는 언어는 평이하지만 의도를 이
해하기는 상당히 어렵다. 반대로 말하면 그렇기 때문에 다양한 해석
이 성립한다고도 할 수 있다.

'신플라톤주의'도 그중 하나다. 기원후 3세기경 이집트의 철학자 플
로티노스Plotinos가 제창한 것으로, 플라톤의 이데아론에 당시의 오리
엔트 신비주의 사상을 더해 더욱 정교하게 다듬은 것이 특징이다.

신플라톤주의에 의하면 세계는 크게 4층의 구조로 되어 있다고 한
다. 최상층이 일자一者, Hen, 그 아래가 지성, 그 아래가 혼, 그리고 최
하층이 현실계다. 모든 창조주는 '일자'이며 거기에서 발생하는 무한
의 에너지가 지성으로 유출되어서 다시 혼으로 유출되고, 거기에서

현실계로 넘쳐흐름으로써 세계가 성립되었다고 생각한다. 이것을 '유출론'이라고 한다. 또한 이런 세계관을 전제로 해서, 인간이 살아가는 목적은 육체라는 현실에서 벗어나 사랑(에로스)의 힘으로 이 흐름을 반대로 거슬러 올라가 일자에 가까워지는 것에 있다고 설명한다.

사실 이 사상이 '신플라톤주의'라 불리게 된 것은 18세기 이후부터였다. 플라티노스 본인은 플라톤 철학의 정통을 계승하는 해석이라고 생각했으며, 또한 기독교에 대해서도 부정적이었다고 한다.

그러나 일자라는 절대적 존재는 유일신을 연상시킨다. 그래서 기독교와 결부되고, 그 사상적 근거가 되었다. 타 종교를 배제하려면 교의를 이론화시킬 필요가 있는데, 그것을 위해서 플라톤의 사상을 이용했다고도 볼 수 있다. 이로써 플라톤이라는 이름도 후세로 이어지게 되었다. 또한 이와 같은 이론을 설명하는 신학자나 성직자를 '교부敎父'라고 부른다.

특히 '신플라톤주의'에 큰 영향을 받은 사람이 기원 4세기~5세기에 살았던 기독교 신학자로, 특히 가톨릭의 교의를 확립하는 데 공헌한 아우구스티누스Augustinus다. 그는 기독교의 로마 국교화와 나아가 세계 종교로서의 정착에도 큰 공헌을 했다.

기독교 교의를 확립한 아우구스티누스

아우구스티누스는 여러 권의 저작을 남겼는데, 대표적인 것이 『고백록Confessions』과 『신국론神國論, De civitate Dei』이다. 이중에서 『고백록』은 숨김없이 솔직하게 써내려간 자서전으로, 젊어서 외국을 떠돌며 변론술을 배운 것, 기독교를 버리고 페르시아 발상의 종교 마니교에 심취했던 것, 또한 육욕과 술에 빠져들어 방탕한 나날을 보낸 것, 그리고 다시 기독교를 만나 구원 받은 것 등에 대해서 이야기한다.

내용 중에는 젊어서 아리스토텔레스의 저서 『범주론The Categories』을 읽었지만 "전혀 도움이 되지 않았다"라고 서술한 부분도 있다. 당시의 학자들이 자주 이 책에 대해서 의견을 나누고, 또 주위 학생들이 이해하지 못하고 내던지기도 했던 터라 얼마나 위대한 내용인가 기대했는데, 쉽게 이해할 수 있었던 데다 기대에도 어긋났던 모양이다. 지극히 현실적이고 합리적인 아리스토텔레스의 사상은 신에게 매달리는 아우구스티누스에게는 맞지 않았던 모양이다. 단지 이 기록을 통해 당시 교양인들 사이에서 아리스토텔레스가 얼마나 존경받았는지를 엿볼 수 있다.

그 후 밀라노로 가 암브로시우스Ambrosius의 가르침을 받고 신플라톤주의를 접한다. 그 신비성과 기독교 사이에 많은 공통점이 있음을 발견한 뒤, 다른 각도로 해석하면서 『신약성서』의 「바울 서간」을 다시 읽었고, 드디어 기독교로 회심할 것을 결의했다고 한다.

또한 그는 『신국론』에서 세상에는 신의 나라와 지상의 나라가 있다는 '두 개의 세계론'을 주장했다. 평안으로 가득한 신의 나라는 눈에 보이지 않지만, 세속의 때가 묻은 지상의 나라에서 그것을 실현한 것이 바로 교회라고 하는 사상을 정립한 것이다. 그러므로 신앙심이 있다면 현실의 국가와는 상관없이 교회를 통해서 신의 나라에 가까워질 수 있다고 설명하였다.

이 주장은 격변하는 현실 세계에 대응하기 위한 처방전이기도 했다. 얼마 지나지 않아 서로마 제국은 게르만 민족과 중앙아시아 유목민 훈족의 끊이지 않는 침공을 받아 쇠퇴하고, 476년 황제가 추방되며 멸망한다. 한편 동로마 제국은 15세기 전반까지 존속했지만, 점차 로마로부터 멀어지고 그리스 문화로 물들면서 비잔틴 제국이라 불리게 된다. 비잔틴이란 명칭은 콘스탄티노플의 옛 그리스어 이름 비잔티온에서 유래한다.

그러나 어느 민족의 누가 황제로 즉위한다 해도 기독교와 교회는 계속 세력을 유지할 수 있었다. 그것은 전적으로 지상의 나라와는 다른 차원의 존재로서 신의 나라를 상징하고 있었기 때문일 것이다. 기독교는 더 이상 국가의 보호를 받는 종교가 아니라, 오히려 국경을 뛰어넘어 국가의 상위 개념으로서 널리 숭상되는 종교가 되었다. 또한 국가는 교회의 권위를 권력 기반으로 삼음으로써 통치 기반을 더 굳건히 다지고자 했다. 이것이 서구사회의 기본 구조가 되었다.

앞서 설명한 것처럼 기독교는 원래 박해받던 사람들이 구원을 바라며 믿던 종교였다. 그러던 것이 어느새 절대 권력자인 로마 황제까지도 아래에 거느린 서양 사회의 구조를 규정하는 존재로 승화했다.

이와 같은 사회의 이론적 근간을 만든 사람이 아우구스티누스이며, 그 사상의 원점에는 플라톤의 사상이 있다.

학문의 파괴와 암흑시대의 도래

하지만 동시대에 신플라톤주의를 신봉하다가 숨을 거둔 학자도 있다. 신플라톤주의의 발상지인 알렉산드리아의 철학학교 교장이었던 히파티아Hypatia라는 여성이다. 철학자이자 천재적인 수학자이고, 천문학자였다고 전해진다.

그런데 너무나 학구적이며 과학적이었기 때문에 기독교적인 신비주의와는 서로 용인할 수가 없었다. 결국 기독교도로부터 신을 모독하는 자이며 이단자라며 증오의 눈길을 받게 되었다.

412년 알렉산드리아에서는 기독교도가 폭도로 변해 이교도와 유대인에 대한 대규모 박해와 파괴 행위가 자행되기 시작했다. 이것은 수년 동안 이어져, 415년에는 히파티아도 학살의 대상이 되었다. 히파티아의 생애와 죽음은 후세에 전해져 많은 문학과 회화 작품의 소재가 되었고, 현대에는 「알렉산드리아」라는 제목의 영화로 제작되기도 했다. 또한 이 시기에 박해를 피한 이교의 학자들은 많은 문헌을 싸들고 일제히 기독교 세력권 밖으로, 즉 동방의 사산 조 페르시아로 망명을 떠났다.

또한 동로마 제국(비잔틴 제국)에서도 헬레니즘 문화에 대한 대대적인 파괴 행위가 자행되었다. 가장 심했던 것은 6세기 유스티니아누스 대제의 시대였다. 동고트 왕국의 지배를 받던 이탈리아 반도뿐 아니라 서고트 왕국의 지배를 받던 이베리아 반도까지 탈환하고, 일시적이기는 하지만 과거의 로마 제국에 필적할 정도로 영역을 확장했던 시기다. 또한 유스티니아누스 대제는 현대 대륙법의 원전이라고 할 수 있는 『로마법 대전Corpus Iuris Civilis』을 편찬해 법체계를 정비하고, 수도 콘스탄티노플에 장엄한 하기아 소피아 대성당(현 아야노 소피아)을 재건한 인물로도 알려져 있다.

그는 자신의 지지 기반인 기독교를 보호하기 위해 비기독교적인 것을 단호하게 배척했다. 기독교로 개종하기를 강요하고, 말을 듣지 않으면 공개 재판을 한 끝에 처형하기도 했다. 그 연장선상에서 플라

[로마제국 멸망 후의 세계]

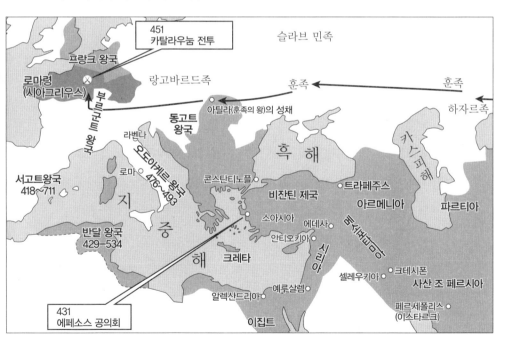

톤이 아테나이 교외에 개설한 아카데미아와 아리스토텔레스가 연 리케이온과 같은 교육기관도 폐쇄되었다. 거의 900년에 걸쳐 헬레니 즘의 한쪽 날개를 담당했던 양질의 교육시설이 기독교에 의해 퇴장 당한 것이다. 이곳의 학자들 역시 플라톤과 아리스토텔레스의 문헌 을 챙겨서 동방으로 도망갔다.

그 후 유럽은 암흑시대라 불리는 시대에 돌입한다. 기독교 교의와 봉건제가 득세하고 헬레니즘을 비롯한 전통의 맥이 끊겨 정치·경제· 사회·문화 모든 분야에서 혼란과 정체가 이어졌다. 이 암흑기는 대 략 500년이 지난 11세기가 되어서야 끝을 보이기 시작했다.

한편 사산 조 페르시아는 서방으로부터 도망쳐온 학자들을 받아 들여 대학에서 고용하고 그들이 가져온 문헌을 도서관에 소장한다. 사라질 뻔했던 헬레니즘은 이 땅에서 명맥을 이어갔다.

이슬람 사회로 스며든 헬레니즘

로마 제국 멸망 후 동로마 제국은 문명세계의 지배자를 자칭하는 동시에 최후의 심판까지 지속될 기독교 국가라고 정의 내렸다. 즉 황 제는 정치와 종교를 합친 강력한 권한을 쥔 '모든 왕 중의 왕'이며, 원로원과 시민, 군대를 거느린 '지상에서의 신의 대리인'이라는 것이 었다.

그러나 제국의 역사는 안정을 찾지 못했다. 502년부터는 사산 조 페르시아와의 전쟁이 시작된다(아나스타시우스 전쟁). 이 전쟁 자체는

4년 만에 휴전을 맞았지만, 그 후로도 양국 간의 긴장 관계는 100년 가까이 지속된다. 시리아와 이집트의 곡창지대를 뺏고 빼앗기기를 반복하는 동안 양국은 피폐해졌다.

또한 앞서 설명했듯이 한때 이전 로마 제국의 영역을 회복하기도 했지만, 543년부터는 페스트가 크게 유행하기 시작한다. 그뿐 아니라 북방으로부터는 슬라브족과 아바르Avars족의 침입이 이어졌다. 전쟁과 수도 건설로 인해 재정은 빚투성이었다.

한편 사산 조 페르시아는 651년에 멸망한다. 이보다 조금 앞선 622년, 아라비아 반도의 메카에서 태어난 예언자 무함마드Muhammad가 이슬람교를 창시했다. 그는 빠르게 세력을 확대해 약 10년 만에 아라비아 반도 전역을 지배하기에 이르렀다. 그가 사망한 후 칼리프caliph라 불리는 후계자들은 동로마 제국와 싸워 메소포타미아, 시리아, 이집트, 아나톨리아(현 터키의 아시아 부분)를 손에 넣고, 사산 조 페르시아까지 집어삼켜버린다.

그 기세는 칼리프의 일족인 우마이야Umayyad 가문이 정권을 이어받은 우마이야 조 시대로도 이어져, 8세기 중반에는 북아프리카와 이베리아 반도까지 지배하에 두었다. 또한 넓은 영역을 지배해야 하는 것을 고려해 수도를 아라비아 반도의 메디나Medina에서 시리아의 다마스쿠스Damascus로 옮겼다.

그 뒤를 이은 아바스 조의 시대에는 그때까지 아랍인이 지배하던 국가 형태로부터 이민족이라도 이슬람교로 개종하면 차별하지 않는 체제로 이행했다. 광대한 지역의 다양한 민족을 지배하기 위한 변화였다. 이로써 본격적인 이슬람 제국이 시작되었다.

762년 아바스 조는 광대한 제국을 총괄하기 위해 수도를 바그다드로 옮긴다. 바그다드는 정치·경제뿐 아니라 문화와 학문의 중심지가 되었고 당시 세계 최대 도시로 발전했다.

중요한 것은 이때부터다. 앞에서도 설명했지만, 이슬람 세력 앞에 무너진 사산 조 페르시아는 동로마 제국에서 박해를 받고 도망쳐온 학자들을 궁전 도서관에서 보호했다.

아바스 조도 연구와 문헌을 계승한다. 무함마드의 어록을 정리한 이슬람교의 성서 『코란』에도 "지식을 구하라"는 구절이 있을 만큼 원래 아랍인은 학문 욕심이 많은 민족이었다. 그래서 진행된 것이 그리스어나 페르시아어로 쓰여진 문헌을 아랍어로 번역하는 작업이었다.

번역 작업에 박차를 가한 것이 종이의 보급이다. 이보다 앞선 751년, 아바스 조는 중앙아시아의 패권을 두고 탈라스(Talas, 현 키르기스스탄)에서 중국 당나라와 싸워 승리한다. 이때 노예 중에 제지 직공이 있어서, 제지 기법이 이슬람 사회에 전해졌다. 당시 유럽에서는 고가의 양피지뿐이었고, 따라서 문헌도 희소할 수밖에 없었다. 그러나 이슬람 세계에서는 낮은 가격에 종이를 만들 수 있게 되면서 번역 작업이 단숨에 진행되었다고 한다.

이로써 헬레니즘의 지혜는 이슬람 사회로 계승되어 깊이 스며들었다. 또한 번역 작업을 계기로 아라비아어는 학술의 공통어라는 지위를 확립하게 되었다.

십자군과 함께 귀향한 헬레니즘

이슬람 세계에서 이루어진 학술 활동은 우연한 계기를 통해 유럽에도 영향을 미쳤다. 앞서 설명했듯이 우마이야 조 시대에 이슬람 제국은 이베리아 반도에까지 세력을 미쳤다. 그러나 아바스 조에 정권을 빼앗기자, 이 지역의 이슬람 세력은 '후(後)우마이야 조'로서 독립한다. 선진 이슬람 문명을 기반으로 종교의 자유를 인정했기 때문에 이슬람교도 외에도 기독교도와 유대교도도 공존하며 경제·문화의 교류가 이루어지고, 10세기경까지 매우 번성했다.

그런데 1000년 이후 후계자를 둘러싼 내분이 일어나면서 1031년 멸망해 소국으로 분열되었다. 이 기회를 틈타 이베리아 반도 구석으로 쫓겨났던 기독교 국가인 카스티야Castilla 왕국이 잃어버린 땅을 되찾기 위해 진출했다.

그 과정에서 1085년 마드리드 남부의 오래된 도시 톨레도를 정복했는데, 여기에는 아라비아어로 번역된 플라톤과 아리스토텔레스 등 헬레니즘 문헌과 이슬람의 철학자, 과학자 등이 남긴 연구서가 대량으로 남아 있었다. 그중에는 고대 그리스 시대 히포크라테스의 의학, 유클리드의 기하학, 고대 로마 시대 프톨레마이오스의 천문학에 관한 연구서도 있었다. 모두가 당시 유럽에서는 완전히 잊혀 사라진 것들이었다.

카스티야 왕국은 이 문헌들을 라틴어로 번역하는 작업에 착수한다. 그 작업에는 이슬람교도, 유대교도, 기독교도의 학자가 공동으로 참여했는데, 이들을 '톨레도 번역학파'라고 부른다. 이로써 529년 아카데미아와 리케이온이 폐쇄된 이래 거의 500년의 세월이 지나 헬레니즘이 유럽에 돌아온 것이다.

마침 그 무렵 십자군 운동이 시작되었다. 11세기 중반 이슬람 세계에서 패권을 쥔 셀주크 왕조는 여세를 몰아 비잔틴 제국(동로마 제국)의 영토로 진출해 시리아와 팔레스티나 지역을 빼앗는다. 이에 대항하던 비잔틴 제국은 로마 교황에게 원조를 요청했고, 교황이 여기에 응하여 파견한 기독교 연합군이 십자군이다. 십자군 원정은 13세기 말까지 약 200년 동안 총 8회(해석에 따라서는 7회)에 걸쳐 이루어졌다. 그러나 군사적으로나 영토적으로 아무런 성과도 얻지 못한 채 끝나고 말았다.

대신 십자군 파견을 계기로 이슬람과의 교류와 교역이 번성했고, 이슬람의 문화와 기술이 유럽으로 전해졌다. 이는 이슬람보다 문명이 뒤처졌다는 것을 깨닫게 해 유럽 세계의 위기감을 조성하는 결과를 가져왔다. 또한 당시는 상업이 눈부시게 발전해 풍요를 향유하는 시대이기도 했다. 그것은 한편으로는 대중의 타락을 초래하고, 그에 대한 반감도 들끓게 된다. 이 시점에서 학문에 대한 욕구가 급격히 높아졌다.

대학의 탄생

원래 교회와 수도원에는 '스콜라'라고 불리는 학교가 함께 설치된 경우가 많았다. 이는 서로마 제국의 멸망과 깊은 관계가 있다. 이탈리아 반도와 서유럽은 게르만 민족의 침입으로 인해 파괴되고 황폐해졌지만, 교회는 계속 남아 있었다. 교회는 게르만 민족을 기독교로 교화시키는 데 사활을 걸고 매달렸다. 그것을 위해 세운 학교가 스콜라였다.

[중세에 탄생한 주요 대학]

대학명	기원	대표적 출신자
볼로냐 대학	법학 중심. 11세기에 설립	단테 (Alighieri Dante)
	로마법 전문학교가 발전	
파리 대학	신학 중심. 12세기에 설립	토마스 아퀴나스 (Thomas Aquinas)
	노트르담 대성당 부속 신학교가 모체	
옥스퍼드 대학	신학 중심. 12세기에 설립	로저 베이컨 (Roger Bacon)
	파리로부터 이주한 학생들에 의해 설립	
케임브리지 대학	13세기에 옥스퍼드 대학으로부터 분리	에라스무스(Desiderius Erasmus), 뉴턴(Isaac Newton)
나폴리 대학	13세기에 신성로마제국 프리드리히 2세가 설립	보카치오 (Giovanni Boccaccio)
프라하 대학	14세기에 신성로마제국 카를 4세가 설립	얀 후스 (Jan Hus)

종교를 가르치려면 신의 존재를 믿게 만들기 위한 이론이 필요하다. 그때 도움이 되는 것이 앞서 설명한 아우구스티누스의 『신국론』과 같은 저작이었다. 플라톤의 이데아론을 기본으로 하면서, 믿음으로써 영혼이 구원받을 수 있다는 교의는 충분히 설득력을 갖고 있었던 것이다.

그런데 이슬람으로부터 오래되었지만 새로운 지식이 유입되자 스콜라의 역할도 변화한다. 신의 존재를 증명한다는 목적 자체는 변함 없었지만, 게르만 민족뿐 아니라 폭넓은 계층을 대상으로 가르치게 되면서 수업도 일방적인 강의가 아니라 논의나 질의응답 방식으로 이루어지게 되었다. 더욱 넓고 깊은 지식을 알고 싶어 하는 사회의 요구에 부응한 것이다. 이런 교육 방식을 '스콜라주의'라고 한다. '스콜라'는 현재 학교를 의미하는 단어 '스쿨school'의 어원이기도 하다.

나중에는 교회나 수도원과는 상관없는 독립적인 형태의 '스콜라'가 등장하게 된다. 그중에서도 주도적인 역할을 했던 것이 대학조합이었다. 학문을 공부하고 싶은 사람들이 모여 일종의 조합을 결성하고 공동으로 교원을 채용하는 형태였다. 이 조합을 라틴어로 '유니베르시타스universitas'라고 하는데, 그 연장선상에서 태어난 것이 대학이다. 이탈리아의 볼로냐 대학을 비롯해, 파리 대학, 옥스퍼드 대학, 케임브리지 대학, 스페인의 살라망카 대학 등이 이 시대에 설립되었다.

대학에서는 신학과 철학은 물론, 의학과 법학, 자연과학 등도 가르쳤다고 한다. 덧붙이자면 오늘날 대학을 뜻하는 단어 '유니버시티university'는 위의 '유니베르시타스'에서 유래했다.

과학과 종교의 관계를 정리한 토마스 아퀴나스

대학이 탄생하여 학문이 융성하고 지식이 늘어나 논리적인 사고가 대두하자, '신이란 무엇인가'라는 문제에 다시 한 번 의문이 제기되었다. 즉 신학과 철학에 관련된 주제인데, 이에 관한 학문을 '스콜라 철학'이라고 한다.

이전에는 아우구스티누스가 설명했듯이 신플라톤주의에 따라 '신의 나라'라는 존재를 상정하는 것이 기독교 교의의 기본이었다. 그러나 이제 그것은 비과학적인 것이 되어 사람들을 설득할 수 없게 되었다. 새로운 지식과 과학을 용인하면 사람들이 신앙에서 멀어지는 것을 막을 수가 없고, 배제하면 지식 계층과의 대립을 초래해 이슬람 세계보다 뒤처지게 된다.

그래서 새로운 설을 내세운 것이 13세기에 살았던 이탈리아의 신학자이자 철학자 토마스 아퀴나스다. 그는 이슬람으로부터 유입된 대량의 문헌을 읽다가 아리스토텔레스 철학의 근본적인 개념인 4대 원인론에 도달한다. 간단히 설명하자면 모든 존재와 동작에는 반드시 원인이 있다는 사상이다.

토마스 아퀴나스는 여기에서 실마리를 얻었다. 세상 모든 일에 원인이 있다고 한다면, 그 원인에도 원인이 있는 셈이다. 그러나 *끝*까지 거슬러 올라갈 수는 없는 법인데, 그 출발점이야말로 신이다. 우주가 그것을 증명한다. 인간이 전혀 손을 대지 않았지만 태양도 달도 별도 우주의 일부분으로서 움직이고 있다(당시에는 천동설을 믿었다). 이것이야말로 신의 업적임을 보여준다는 생각이다. 이것을 '신의 우주론적 증명'이라고 한다.

그리고 여기에서 다시 한 걸음 더 논의를 진행한다. 세상의 진리는 이중으로 되어 있다고 설명한 것이다. 대부분의 현상에 대해서는 그 원인과 결과를 인간의 이성으로 이해할 수 있다. 그러기 위한 학문이 철학이다. 그러나 우주의 움직임과 사후세계, 그리고 신의 존재 등 인간의 이해가 미치지 않는 현상도 있다. 그것을 밝혀내는 것이 신학이라고 한 것이다.

그의 대표적인 저서 『신학대전神學大典, Summa Theologiae』에서는 "철학은 신학의 시녀다"라는 스콜라 철학의 한 문장을 인용했다. '시녀'란 허드렛일을 시키는 여성이라는 의미다. 철학은 인간에게 꼭 필요한 지혜의 결정체지만, 인간의 지혜가 미치지 못하는 부분을 다루는 신학 쪽이 절대적으로 우위에 있다는 의미다.

이 해석은 이후의 세계에 크게 두 가지 발자취를 남겼다. 하나는 신학의 근거를 플라톤으로부터 아리스토텔레스로 옮겼다는 것, 또 하나는 신학과 철학의 관계를 명쾌하게 정리한 것이다. 이로써 지식과 과학은 철학의 범주로서 충분히 흡수할 수 있게 되었다. 한편 그것은 어디까지나 신학을 보조하기 위한 것이므로 그 중심에 있는 교회의 권위도 흔들리지 않게 된 것이다.

오늘날 서양에서도 일견 모순된 것으로 보이는 과학과 종교가 당연한 듯이 양립하고 있다. 그 뿌리에 있는 것이 토마스 아퀴나스의 사상이며, 더 나아가면 아리스토텔레스의 철학이 있다고 할 수 있다.

이렇게 해서 이슬람으로부터 유럽으로 대량의 지식이 역수입되거나 유입되고, 학문과 과학, 예술이 개화한 시대를 '12세기 르네상스'라고 부른다. 이것이 14세기 이탈리아에서 시작되는 본격적인 르네상스의 시초가 되었다.

제 8 장

서양 우위의 시대 개막
르네상스에서 근대까지

인간에게 있어서 가장 부족한 것이
무엇인가 하면, 바로 영속성이다.

신은 영원히 살아가지만
인간은 반드시 죽는다.

그러므로 영원히 살고 싶다. 적어도
무언가를 남기고 싶다고 바라기 마련이다.

헬레니즘이 꽃피운 르네상스

르네상스Renaissance란 프랑스어로 재생, 부활을 의미한다. 문자 그
대로 유럽에서 오랫동안 명맥이 끊어졌던 헬레니즘 문화가 부활한
것을 의미한다. 본격적인 르네상스는 14세기의 이탈리아에서 시작되
었다. 여기에는 크게 세 가지 이유가 있다.

첫째는 앞 장에서 서술했듯이 이슬람 세계로부터 헬레니즘 문화가
대량으로 역수입된 것이다. 이로써 사람들이 학문과 과학, 예술에 눈
을 떴다.

둘째는 흑사병이라 불리는 페스트의 대유행이다. 14세기 중반에
이탈리아에서 발생한 이 전염병으로 인해 몇 년 만에 유럽 전 인구
의 3분의 1이 생명을 잃었다고 한다. 사회와 경제에 큰 타격을 준 것
은 물론이고, 사람들의 생사관과 종교관에도 큰 영향을 미쳤다. 닥쳐

오는 죽음 앞에서는 교황도 교회도 무력하다는 것을 깨닫고, 그렇다면 권위에 속박되지 않고 자유롭게 살자고 생각하게 된 것이다.

셋째는 상업의 발달이다. 특히 북이탈리아의 베네치아와 제노바 같은 항만도시는 이슬람 세계와의 교역 거점으로 번성했다. 그 풍요로움을 바탕으로 시민의 문화가 발달했던 것이다. 이 시기에 이탈리아에서 탄생한 대표적인 작품이 단테의 서사시 『신곡』과 보카치오의 단편소설집 『데카메론』이다.

15세기가 되면 중북부의 내륙 도시 피렌체가 르네상스의 중심지가 된다. 이때 주도적인 역할을 한 것이 금융업으로 재산을 모은 메디치 가문이다. 1453년 동로마 제국(비잔틴 제국)이 멸망한다. 이미 11세기 십자군 시대부터 세력은 쇠퇴하고 있었지만, 이슬람 세계에서 세력을 확대하고 있던 오스만 제국의 침공을 받아 수도 콘스탄티노플이 함락되면서 1,000년에 이르는 역사가 끝을 맺었다.

이때 콘스탄티노플에 있던 많은 그리스인 학자와 예술가가 일제히 탈출하여 서쪽으로 향한다. 그렇게 밀려든 학자와 예술가를 받아들이고 보호한 것이 메디치 가문이다. 이로써 헬레니즘은 주로 피렌체로 계승되었다.

오늘날까지도 피렌체의 상징으로 남은 산타 마리아 대성당이 바로 이 시기에 완성되었다. 또한 피렌체에서 태어난 보티첼리가 유명한 그림 「비너스의 탄생」을 그린 것도 15세기 말이다. 참고로 비너스는 원래 그리스 신화에 등장하는 생식과 풍작의 여신 아프로디테를 뜻한다.

그 뒤로도 16세기까지 르네상스는 전성기를 맞이한다. 피렌체에서 레오나르도 다 빈치가 「모나리자」를 그린 것도, 라파엘로가 앞에서 소개한 「아테나이 학당」을 그린 것도, 또한 사상가 마키아벨리가 『군주론』을 쓴 것도 이 시기다. 그 후 르네상스의 중심지는 피렌체로부터 로마로 옮겨가, 로마 교황이 문화 예술의 주요 보호자가 된다. 그것을 상징하는 것이 라파엘로와 미켈란젤로 등이 설계와 벽화 제작을 맡아 재건한 가톨릭교의 총본산 산 피에트로 대성당이다. 하지만 이는 마르틴 루터에 의한 종교개혁이 싹트는 계기가 되기도 했다.

대항해시대와 주식회사의 탄생

당시 유럽에서는 르네상스와 연관을 주고받으며 두 가지 큰 변화가 일어났다. 첫째는 대항해시대의 개막이다.

동로마 제국을 멸망시킨 오스만 제국은 지중해 교역의 권익을 획득한다. 그에 대항하기 위해 유럽 각국은 더 서쪽으로 향함으로써, 즉 대서양에서 새로운 교역 경로를 찾으려 했다.

선두로 치고 나온 것이 포르투갈과 스페인이다. 지리적으로 대서양에 면하고 있었기 때문이기도 하지만, 그것이 전부는 아니었다. 앞 장에서 서술했듯이 이베리아 반도는 한때 이슬람 세력의 지배하에 있었다. 11세기 초반부터는 원래 그 지역에 있던 기독교 세력이 이를 회복했지만, 이슬람 세력은 여전히 여러 작은 나라로 나뉘어 존속했다. 그러나 15세기 말 이베리아 반도에서 이슬람 세력은 거의 사라진다. 이일련의 국토 회복 과정을 '레콩키스타Reconquista'라고 한다.

이슬람 세력에 대한 반동처럼 포르투갈과 스페인은 국왕이 강력한 권력을 쥔 가톨릭 국가가 된다. 그들은 권익을 찾아 나라의 모든 역량을 총동원하여 경쟁하듯이 신항로 개척에 매진했다. 르네상스 덕분에 발전한 조선과 항해 기술이 있었기에 가능했다. 또한 로마 교황도 새로운 땅에서의 포교 활동을 위해 그들을 지원했다.

[신항로 개척 이전과 이후의 무역 경로]

신항로 개척 이전

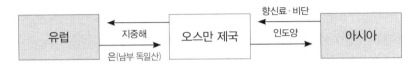

신항로 개척 이후

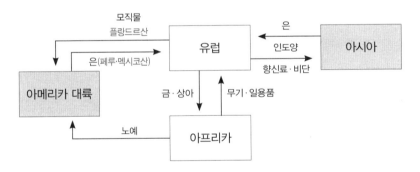

먼저 포르투갈이 아프리카 서해안을 남하하는 항로를 발견했다. 희망봉을 넘어 인도에 도착하는 경로를 개발한 것이다. 포르투갈은 이 경로를 이용해 인도로부터 향신료를 수입함으로써 막대한 부를 얻게 된다.

한편 스페인으로부터 자금 지원을 받은 콜럼버스는 대서양을 횡단하여 유럽인으로서는 처음으로 미국 대륙에 도착한다. 또한 마젤란이 이끄는 스페인 함대는 세계 최초의 세계일주에 성공한다. 이때부터 스페인은 중남미를 식민지화하는 데 주력한다. 현지에서 대량의 은이 생산되면서 스페인도 더욱 부유해졌다.

17세기 이후로는 앞선 두 나라에 뒤이어 네덜란드, 영국, 프랑스도 신항로 개척에 나선다. 후발 주자였던 이들이 해외에서의 권익을 확보할 수 있었던 데는 크게 두 가지 이유가 있다. 하나는 북미 대륙과 오스트레일리아 대륙을 앞선 두 나라보다 먼저 개척한 것, 그리고 또 하나는 주식회사 제도를 확립한 것이다.

당연한 일이지만, 항해에는 다양한 위험 요소가 있다. 출항하기까지 많은 자금이 필요한데, 성공하면 몇십 배의 이익이 돌아오지만 실패하면 모두 날리게 된다. 그래서 포르투갈과 스페인이 주도한 시대에는 국가를 비롯한 일부 부유층이 주요 출자자가 되어 항해에 투자했고, 한 번 항해할 때마다 정산하는 것이 관례였다. 어떤 의미에서 한 방으로 승부하는 도박에 가까웠던 것이다. 그런 만큼 항해의 횟수에도 제한이 있었다.

그러나 1602년 네덜란드는 동인도회사를 설립하고, 대중으로부터 널리 소액 자금을 모으는 동시에 보험제도 등도 정비하여 위험부담을 분산하는 시스템을 만들었다. 이것이 주식회사의 원형이 되었다. 이 방법으로 막대한 자금을 모을 수 있게 되자 항해의 빈도도 잦아지고 도착한 지역을 식민지화하기도 용이해졌다. 이 시스템은 특히 영국의 식민지 획득과 경제발전을 뒷받침했다.

프로테스탄트의 등장

르네상스가 한창이던 시기에 유럽에서 일어난 또 한 가지의 큰 변화가 바로 종교개혁이다.

1515년 산 피에트로 대성당의 건설 자금을 충당하기 위해 당시 로마 교황인 레오 10세가 '사면증서(일종의 면죄부)'를 대량으로 발행한 것이 발단이 되었다. 당시 로마 제국의 후계를 자칭하는 신성로마제국(현재의 독일)에서 이 사면증서가 특히 많이 판매되었다고 한다.

여기에 이의를 제기한 것이 독일 북부의 도시 비텐베르크 대학의 신학 교수였던 마르틴 루터다. 본래 신의 용서는 신앙심만 있다면 누구나 받을 수 있는 것으로, 교회가 대행할 수 있는 성질의 것이 아니다. 하물며 거기에 돈이 오가다니, 납득할 수 없다는 것이었다. 1517년 루터는 이와 같은 내용을 「95가지 논제」라는 라틴어 문서로 정리해 교회 문짝에 내걸었다. 처음에는 어디까지나 학문적인 논의를 하려는 목적이었다고 한다.

그런데 이것을 누군가가 독일어로 번역해 인쇄해서 대량으로 뿌려 버렸고, 「95가지 논제」의 내용은 독일 전국으로 확산된다. 이때 도움이 된 것이 15세기 독일인 기술자 구텐베르크가 개발한 활판인쇄 기술이다. 나침반, 화약과 함께 '르네상스의 3대 발명'으로 취급된다.

신성로마제국과 가톨릭 교회의 타락에 불만을 품고 있던 많은 사람들은 이 논제의 내용에 찬동하며 일제히 비판의 목소리를 높였다. 원래 신성로마제국은 기반이 취약했다. 당시 독일은 영방국가(領邦國家,

Territorialstaat)라 불리는 소국이 300개 가까이 분립한 상태로, 제국은 형식적으로 군림하고 있을 뿐이었다.

따라서 독일 전역에 퍼져나간 비판을 찍어누를 수도 없었다. 루터는 당시의 신성로마제국 황제 카를 5세에 의해 이단자로 파문당하고 시민권도 박탈당하지만, 제국과 적대적인 관계였던 유력 영방의 보호를 받았다. 그동안 루터는 당시 거의 라틴어로 쓰여졌던 『신약성서』를 독일어로 번역했다.

이것도 역시 활판인쇄 기술 덕분에 대량으로 인쇄되었고, 독일인 대다수가 처음으로 성서의 내용을 알게 된다. 성서에는 당연히 교회의 권위에 대해서도, 사면증 같은 것에 대해서도 쓰여 있지 않았다. 이로써 교회에 대한 비판과 불만이 더욱 높아졌다. 중요한 것은 성서에 기반한 신앙심뿐이지, 교회와 성직자의 권위는 필요없다는 생각이 힘을 얻었다. 이렇게 생각하는 사람들은 '루터파'라고 불렸다.

루터파의 세력이 강대해지자 가톨릭 교회 측은 당연히 탄압을 가해서 진압하려 했다. 그에 대해 루터파는 카를 5세에게 '항의서한protest'을 제출했는데, 여기에서 그들은 가톨릭(구교)에 대항하는 신교도라는 의미에서 '프로테스탄트Protestant'라고 불리게 되었다.

또한 루터의 「95가지 논제」를 읽고 감화 받은 인물 중 한 명이 프랑스의 사상가 장 칼뱅Jean Calvin이다. 칼뱅 역시 성서의 가르침으로 돌아가야 한다고 주장하고, 교회와 성직자의 권위를 부정하며 절대적인 지지를 모았다. 그 일파는 '칼뱅파'라고 불린다.

칼뱅의 사상을 상징하는 것이 '예정설'이다. 예전 로마제국 시대의 신학자 아우구스티누스는 인간의 운명은 처음부터 신에 의해 결정되어 있다고 설명했다. 그 개념이 플라톤이 『국가』에서 그려낸 '에르 이야기'에서 유래하는 듯하다는 점은 앞에서 설명한 대로이다.

칼뱅은 이것을 더욱 발전시켜서, 운명이 신에 의해 결정되어 있다면 그것을 완수하는 것이 신으로부터 축복을 받는 유일한 길이라고 생각했다. 이것을 속세에서 일어나는 일로 변환하면 곧 열심히 일하는 것이 신앙이나 다름없는 셈이 된다. 열심히 일해서 많은 부를 얻었다면 그 역시 신의 의지라고 보았다. 그래서 폭넓은 노동자층에게 받아들여질 수 있었던 것이다. 이 사상을 추종하는 사람들은 칼뱅이 사망한 스위스를 비롯해 프랑스에서는 '위그노Huguenot', 영국(잉글랜드)에서는 '퓨리탄Puritan', 네덜란드에서는 '고이젠Geuzen'이라 불리며 세력을 확산해갔다.

종교적 대립에서 30년 전쟁으로

가톨릭과 프로테스탄트의 대립은 유럽 전역에서 격화되었다. 화해하는 시기도 있었지만, 결코 잠잠해지는 일은 없었다. 유럽 각국이 앞다투어 해외항로 개척에 나선 것은 포교 활동을 위해서기도 했다. 결국 16세기 중반부터 17세기까지 약 1세기에 걸쳐 크고 작은 전쟁이 수없이 펼쳐졌다.

그중에서 특히 대규모로 발전한 것이 독일에서 1618년부터 1648년까지 이어진 30년 전쟁이다. 영방국가들이 가톨릭과 프로테스탄트로 나뉘어 싸우기 시작했고, 거기에 유럽 각국이 개입하면서 국제적인 전쟁으로 발전했다.

[종교개혁 후의 종교 분포]

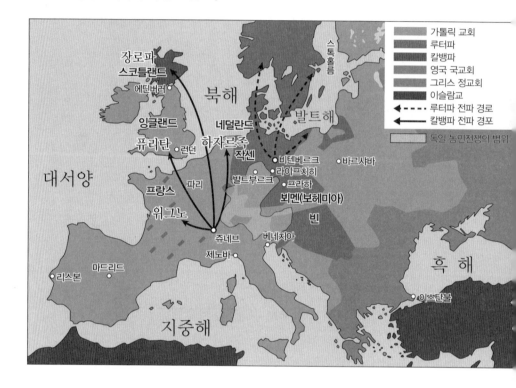

발단은 종교 대립이었지만, 그 외에도 여러 가지 의도가 끼어들었다. 가톨릭을 신봉하는 신성로마제국으로서는 이 기회에 프로테스탄트 영방을 공격함으로써 독일에서의 권위와 권력을 확대하겠다는 노림수가 있었다. 또한 제국 측에는 스페인이, 영방 측에는 네덜란드가 가세했는데, 당시 네덜란드는 스페인 지배하에 있으면서 한창 독립전쟁(80년 전쟁)을 치르는 중이었다. 이를테면 독일 내에서 대리전쟁을 전개한 것이다.

또한 덴마크도 영국, 네덜란드, 프랑스의 지원을 받아 영방 측에 참전했다. 프랑스는 가톨릭 국가였지만 제국 측이 아닌 영방 측에 붙었던 것이다. 신성로마제국의 황제와 스페인의 국왕은 둘 다 합스부르크 가문 출신이라는 공통점이 있었다. 그에 비해 프랑스 국왕은 부르봉 가문이었기 때문에 라이벌 관계인 합스부르크 가문의 콧대를 꺾고 싶다는 정치적인 계산에 따른 결과였다.

이어서 스웨덴도 프랑스의 지원을 받아 독일 국내에 진군했다. 덴마크와 스웨덴은 신성로마제국을 약화시킴으로써 북부 유럽에서의 권익을 지키겠다는 의도가 있었다.

이윽고 프랑스군과 스페인군도 독일 내로 진군해 직접 참전한다. 같은 시기에 양측 군대는 프랑스 북부에서도 격돌한다. 즉 전황이 전개됨에 따라 종교전쟁이라는 애초의 성격은 흐려지고, 차차 주권국가가 국익을 놓고 다투는 전쟁으로 변질되어 갔다.

베스트팔렌 조약과 함께 중세에서 근대로

결국 이 전쟁은 종교와 국가가 얽히고설킨 진흙탕 상태로 빠져 승패를 가리지 못한 채 1644년부터 강화회의가 시작된다. 회의가 개최된 독일 서부의 지역명을 붙여 '베스트팔렌Westfalen회의'라고 부른다.

이 회의에는 신성로마제국, 독일의 수십 개 영방국가, 그리고 전쟁에 관여했는지 여부와는 상관없이 대부분의 유럽 국가에서 보내온 사절들이 참가했다. 베스트팔렌 회의는 다수의 국가가 함께 모여 분쟁 해결을 도모한 세계 최초의 국제회의가 되었다.

의논에는 4년의 시간이 걸려, 1648년 드디어 '베스트팔렌 조약'이 체결되었다. 핵심 내용은 두 가지다. 첫째는 종교에 대해서, 프로테스탄트의 신앙이 인정받아 가톨릭과 공존하게 되었다. 둘째는 정치체제에 대해서, 독일 영방국가의 주권이 인정받고 네덜란드는 스페인으로부터, 스위스는 형식상의 통치국이었던 신성로마제국으로부터 독립을 달성했다. 또한 프랑스와 스웨덴은 각각 독일로부터 영지를 할양 받았다.

조약에서 드러나는 공통점은 신성로마제국의 약체화다. 종교적으로도 정치적으로도 황제의 권익은 대폭 제한되고, 제국은 거의 해체되었다. 이 때문에 베스트팔렌 조약은 '제국의 사망증명서'라고도 불린다.

이것은 한 국가체제의 붕괴만이 아니다. 오랫동안 유럽에 군림해온 명문 귀족 합스부르크 가문의 추락을 의미하며, 동시에 봉건사회의 종언을 뜻하기도 한다. 봉건제도를 대신하여 떠오른 것이 통치기관으로서의 주권국가다. 징세권을 갖고, 군대를 보유하며, 국경을 구분 짓고, 영주민은 국민이 되었다. 그리고 그 전권이 국왕의 손에 들어갔다. 이것이 오늘날로 이어지는 근대 국가의 초기 형태가 되었다.

대외적으로 보면 베스트팔렌 조약에 의해 국가끼리 서로 존중하고 불가침하며, 분쟁 해결 수단으로서 국제적인 규칙을 설정하고, 또한 힘의 균형을 유지하기 위해 동맹관계를 구축하게 되었다. 이것을 '베스트팔렌 체제'라고 하는데, 오늘날까지 이어지는 근대 국제법의 원점이 되었다.

지금까지 14세기부터 17세기에 걸쳐 유럽에서 일어난 세 가지 큰 변화였던 르네상스, 대항해시대, 종교개혁을 개관했다. 이 세 가지 변화는 우연히 동시대에 일어난 것이 아니라, 서로 적지 않게 관련되어 있었다. 이 모든 것의 발단이 르네상스로 인한 사상과 기술임을 생각해 보면, 그 근본을 이루는 헬레니즘이 얼마나 막대한 영향력을 갖고 있었는지를 알 수 있을 것이다.

『군주론』 - 몰락한 이탈리아의 부흥을 위하여

유럽의 맹주로서 융성했던 이탈리아가 르네상스 이후 대항해시대와 종교개혁, 종교전쟁 과정에서는 거의 등장하지 않았다. 당시 이탈리아는 소국이 분립해 내전을 벌이는 상태로, 그 기회를 틈탄 프랑스, 스페인, 신성로마제국으로부터 잇따라 유린을 당하고 있었다.

그런 상태는 1494년부터 1559년까지 60년 이상에 걸쳐 이어진다. 이것을 '이탈리아 전쟁'이라고 부른다. 특히 메디치 가문의 지원하에 있던 피렌체와 지중해 교역으로 번성한 베네치아의 부가 표적이 되었다. 또한 1527년에는 신성로마제국군이 로마에 침입하여 철저한 파괴와 살육, 강탈이 이루어졌다(로마 약탈). 이로써 이탈리아의 르네상스는 종언을 맞이했다.

이런 혼란 속에서 조국을 재생시킬 방도를 모색한 사상가가 있다. 바로 니콜로 마키아벨리Niccolò Machiavelli다. 피렌체 출신으로, 원래는 피렌체의 관료였다. 앞에서 설명했듯이 피렌체는 메디치 가문이 지배하면서 번영시킨 도시다. 명목상으로는 공화국이지만 실질적으로는 참주정이나 다름없었다.

그러나 이탈리아 전쟁 초기인 1494년 메디치 가문은 프랑스의 개입에 굴복하는 바람에 시민의 분노를 사 추방된다. 이를 계기로 피렌체는 명실상부한 공화정으로 이행했다. 마키아벨리가 관료(주로 외교관)로서 활약한 것은 이 무렵이다.

1512년 메디치 가문은 합스부르크 가문과 그 지배하에 있던 스페인군의 지원을 받아 피렌체의 참주로서 부활한다. 이때의 군주였던 조반니 데 메디치는 다음 해에 로마 교황으로 선출되어 레오 10세가 되었다. 사면증서를 대량 발행하여 종교개혁의 계기를 만든 인물이다.

한편 메디치 가문의 부활과 함께 마키아벨리는 실직한다. 한때는 감옥에 갇혔지만 교황 레오 10세의 즉위에 따른 사면으로 석방되어, 산속에 들어가 살며 집필 활동에 전념한다. 이때 완성한 것이 『군주론』이다.

마키아벨리가 『군주론』에서 일관적으로 주장하는 것은 '강한 국가를 만들려면 군주가 어떻게 해야 하는가'이다. 마키아벨리는 피렌체에 군림한 메디치 가문에 헌납할 목적으로 이 책을 쓰기 시작했는데, 그는 본래 공화정 신봉자였으므로 변절한 것을 비판하는 목소리도 있었다고 한다. 그러나 소국으로 분립해 약체화되면서 타국에 유린당하는 이탈리아를 당사자가 되어 경험한 만큼, 애국자로서 대책을 강구하지 않고는 견딜 수 없었던 것이다. 하지만 책으로 명성을 얻으면 관직을 하나 얻을 수 있지 않을까 생각했다는 견해도 있다.

실제로 『군주론』의 내용은 지극히 현실적이며 구체적이다. 아리스토텔레스의 『정치학』을 모방한 듯, 우선은 국가체제를 크게 군주정과 공화정으로 나눈다. 그 뒤 군주정에 초점을 맞추어 고대 그리스와 로마의 역사적 사실을 예로 들면서 정복한 땅을 통치하는 방법, 인심을 장악하는 방법, 비정함과 관용을 목적에 따라 적절히 사용하는 법 등에 대해서 논한다.

예를 들면 "국가에 있어서 중요한 토대는 훌륭한 법률과 강한 군대"라는 언급이 있다. 당시에는 돈으로 용병을 고용하는 경우가 대부분이었지만, 그러지 말고 국민으로 구성된 자국군을 창설해야 한다고 주장한다. 또한 "군주는 국민으로부터 사랑을 받기보다는 두려움의 대상이 되어야 통치하는 데 유리하다", "군주는 사자와 같이 용맹하고 여우와 같이 교활해야 한다", "신의보다 권모술수가 더 강할 때가 있다" 등의 내용을 이야기한다.

언뜻 보기에는 기독교의 가르침은 물론, 덕과 정의를 중시한 플라톤와 아리스토텔레스의 사상에서도 동떨어진 듯이 보인다. 목적을 위해서라면 온갖 권모술수를 다 동원한다는 의미의 '마키아벨리즘'이라는 단어까지 만들어졌다.

그러나 궁극적으로는 국가의 안정과 평화를 목적으로 삼고 있으며, 그를 위한 현실적인 처방전을 경험에 기반하여 설명하고 있을 뿐이다. 그런 의미에서는 르네상스를 상징한다고도 할 수 있는 합리적이고 과학적인 책이라고 할 수 있다.

이 책은 마키아벨리가 사망한 뒤인 1532년에 발간되었는데, 가톨릭 교회로부터 오랫동안 금서로 취급받았다. 이런 평가가 바뀐 것은

18세기 프랑스의 사상가 루소가 『사회계약론』에서 이 책을 '공화주의자의 교과서'라고 언급하면서부터다. 이후 근대 정치학의 효시라는 칭호를 얻게 되었다.

역사적 저작에 공통된 관조의 자세

이후로 유럽의 역사는 중세를 벗어나 근대로 들어선다. 그 과정을 이 책에서는 리버럴 아츠의 일반적인 교육 과정에 따라 각 시대를 상징하는 몇 가지 저작과 함께 따라가보려 한다.

알아두어야 할 것은, 이 모든 저작물에는 공통적인 키워드가 있다는 점이다. 바로 '관조觀照'다. 문자 그대로 비추어 본다는 의미다. 주관을 섞지 않고, 대상을 냉정하게 관찰해서 본질을 밝혀내는 것이라고 할 수 있다.

여기에서 다시 플라톤으로 되돌아간다. 플라톤의 작품 중 『향연饗宴, Symposion』은 소크라테스와 동료들이 연회 자리에서 술을 마시면서 논쟁하는 내용이다. 주제는 '에로스(사랑)'이다. 마지막으로 말을 꺼낸 소크라테스는 다음과 같은 주장을 전개한다.

인간에게는 반드시 욕구가 있으며, 욕구가 충족되면 행복해진다. 그것을 중개하는 역할을 하는 것이 에로스이며, 사람은 자신에게 부족한 것을 구하기 마련이다. 그래서 인간에게 있어서 가장 부족한 것이 무엇인가 하면, 그것은 바로 영속성이다. 신은 영원히 살아가지만 인간은 반드시 죽는다. 그러므로 영원히 살고 싶다, 적어도 무언가를 남기고 싶다고 바라기 마련이다.

그때 에로스로서는 크게 두 가지 방향성이 있다. 하나는 육체적인 욕구를 만족시키는 것. 즉 생식 행위인데, 임신과 출산을 통해 자신의 분신을 오래 살게 하는 것이 가능해진다.

또 한 가지는 혼의 욕구를 충족시키는 것. 세상에는 다양한 아름다움이 있다. 그것은 표면적인 아름다움이 아니라 만물의 진리, 즉 이데아를 가리킨다. 우리는 그 모습을 좀처럼 볼 수 없지만, 그것을 가능하게 해주는 것이 바로 '관조'다.

대상에 빛을 비추어 냉정하게 관찰하고, 그 진정한 모습을 밝혀낸다. 그럼으로써 찾아낸 아름다움을 남들에게 전달하거나 기록으로 남기면 그 사람의 이름은 아름다움을 통해서 영원히 남는다. 이렇게 해서 탄생하는 인간관계가 궁극의 에로스이며, 욕구를 만족시킨다는 의미에서 궁극의 행복을 얻을 수 있는 것이다.

제5장에서 소개한 아리스토텔레스도 『니코마코스 윤리학』의 마지막 장에서 '관조적 생활'이야말로 궁극의 행복이라고 설명한 바 있다. 아리스토텔레스는 철저한 현실주의자였기 때문에 이데아를 추구하는 플라톤과는 의견이 맞지 않는 경우가 많았지만, 최종적인 행복론에 대해서는 놀랍도록 일치한 것이다.

여기에서 우리는 두 가지를 배워야 한다. 하나는 지식의 습득, 즉 배우는 것의 중요성이다. 관조적 생활을 하는 것은 어려울지도 모르지만, 아리스토텔레스의 지적에 따르면 그 토대가 되는 것은 학문, 기술, 직관, 실천적 지혜, 철학적 지혜의 다섯 가지다. 이것이라면 환경이나 연령과는 상관없이 실천할 수 있을 것이다.

또 한 가지는 이 연장선상에 과학이 있으며, 그것이 근대 이후 유럽의 주권국가를 탄생시키고 시대를 움직여왔다는 점이다. 앞으로 소개할 저작들은 그 대표적인 사례라고 할 수 있다. 이 작품들은 모두 관조로써 이루어낸 성과이며, 그렇기 때문에 당시 사회에 큰 영향을 미쳤다. 또한 이 저작들을 남긴 사람들의 인생은 각기 달랐지만, 오늘날까지 계속 읽히고 많은 연구와 학문을 파생시켰다는 의미에서 영원한 생명을 얻었다고 말할 수 있다.

뛰어난 사상적 기반을 통해 헬레니즘은 근세 이후 세계의 주춧돌이 되었다.

『방법서설』 – "나는 생각한다, 고로 존재한다"의 참뜻

17세기 전반의 유럽은 30년 전쟁과 마찬가지로 새로운 과학과 예로부터의 종교가 맞붙어 싸우는 사회였다. 문학의 세계에서는 영국의 셰익스피어, 스페인의 세르반테스가 등장하는 한편, 많은 과학자와 철학자가 종교계로부터 박해 받고 처형 당하기도 했다.

이런 상황을 상징하는 것이 1633년 이탈리아의 물리학자 갈릴레오 갈릴레이가 종교재판을 받고 금고형을 선고받은 사건이다(선고 직후에 연금軟禁으로 감형되었다). 갈릴레오는 코페르니쿠스가 제창한 지동설을 천구 관측을 통해 증명했지만, 그것을 로마 교황청이 이단이라며 고발했던 것이다. 결국 그의 저서 『천문대화天文對話, Dialogo sopra i due massimi sistemi del mondo』는 이탈리아를 비롯한 가톨릭 성향이 강한

나라에서는 금서 처분을 받았다. 그것이 해제된 것은 19세기 초반이
되어서였다.

[데카르트 이후의 사회과학 발전]

(이 책에서 선정한 저작을 게재)

○ 르네 데카르트 René Descartes	『방법서설Discours de la méthode』
○ 존 로크 John Locke	『통치론Two Treatises of Government』
○ 토머스 홉스 Thomas Hobbes	『리바이어던Leviathan』
○ 장 자크 루소 Jean Jacques Rousseau	『사회계약론Du Contrat Social』
○ 애덤 스미스 Adam Smith	『국부론The Wealth of Nations』
○ 존 스튜어트 밀 John Stuart Mill	『자유론On Liberty』
○ 마르크스 Karl Marx 엥겔스 Friedrich Engels	『공산당 선언Manifest der Kommunistischen Partei』
○ 찰스 다윈 Charles Darwin	『종의 기원On the Origin of Species』

갈릴레오와 거의 동시대를 산 인물이 프랑스의 철학자 르네 데카
르트다. 1637년에 간행된 그의 대표 저서 『방법서설』을 보면 갈릴레
오가 재판을 받은 것을 알고 일부 문제가 될 만한 내용을 생략했다
는 서술이 있다.

『방법서설』의 정식 제목은 『이성을 올바르게 이끌고, 학문에 있어
서 진리를 탐구하기 위한 방법에 대하여Discours de la Méthode Pour bien

conduire sa raison, et chercher la vérité dans les sciences』이다. 이후로 연이어 발표하는 굴절광학, 기상학, 기하학에 관한 장대한 논문의 방법론을 미리 제시한 문서이므로 일반적으로 『방법서설』이라 불린다.

특히 유명한 구절로는 누구나 한 번쯤 들어본 "나는 생각한다, 고로 존재한다"가 있다. 이것은 단순히 생각하는 것이 중요하다는 의미가 아니다. 철학에는 '회의주의'라는 사고방식이 있다. 일반적인 인식이나 가치관에 대해서 객관성과 합리성의 입장에서 의심의 눈길을 보내 진상을 밝히고자 하는 사고방식이다. 과학이 종교의 신비성에 회의를 드러내고, 또한 기독교 내에서도 교의에 관한 논쟁이 종교전쟁으로까지 발전했던 당시 상황에서 회의주의는 한층 더 힘을 갖고 있었다.

그에 대하여 데카르트는 모든 것을 비운 상태에서 재검토할 것을 제안한다. 세상에서 진리나 상식이라 불리는 모든 것을 철저하게 의심하고자 한 것이다. 그런 결과 의심의 여지가 없는 것만이 남는다면 그것이야말로 진리가 아니겠는가 하는 의미다. 이것은 진리에 도달하기 위한 방법 중 하나이므로 '방법적 회의'라고 한다.

그 결과, 실은 세상의 모든 것이 의심스러운 존재라는 것을 깨달았다. 다만 그렇게 의심하기를 멈추지 않는 나 자신이 있는 것만은 의심의 여지가 없는 사실이다. 즉 '생각하고 있는 나야말로 진리'인 것이다. 그것이 "나는 생각한다, 고로 존재한다"의 진정한 의미다.

이 태도는 앞서 설명한 '관조'와도 통하는 부분이 있다. 이때까지만 해도 진리는 신이나 교회가 규정하는 것이었다. 데카르트는 그에 맞서 '나 자신'을 진리 탐구의 출발점으로 삼으면 된다고 설명한 것이다. 인간의 사고를 신으로부터 해방시켰다는 의미에서 지극히 획기적인 발상이었다. 그 때문에 데카르트는 '근대 철학의 아버지'라 불린다.

이를 전제로 데카르트는 신의 존재 증명에까지 돌입한다. 앞 장에서 소개한 13세기의 철학자 토마스 아퀴나스는 천체의 움직임과 사후의 세계로부터 신의 존재를 드러내 보이는 한편 인간의 이성에 기초한 학문을 긍정했다.

데카르트의 경우는 우선 자신이 '의심하는' 것밖에 하지 못하는 '불완전한 존재'임을 인식하는 것에서 출발한다. 뒤집어서 생각하면 '무엇이 완전한가'를 머릿속으로 상상하고 있다는 의미다. 그렇다면 그 상상을 어떻게 할 수 있게 되었는가. 불완전한 인간이 만들어내는 것은 불가능하므로, 어떤 완전한 존재가 인간에게 제공해 주었을 것이 틀림없다. 그것이 신이라는 것이다.

토마스 아퀴나스보다 좀 더 종교에서 떨어져 나와 합리적으로 설명하고 있는 듯이 보이지만, 적잖이 궤변적이기도 하다. 그 때문에 이 부분에 대한 평가는 후세의 연구자들 사이에서는 그다지 좋지 않다.

『리바이어던』과 『통치론』 – 국가와 국민의 관계를 재정의

데카르트가 살았던 시대보다 조금 지난 시기, 바다 건너 영국은 대혼란에 빠져 있었다.

1648년 베스트팔렌 조약을 맺음으로써 30년 전쟁을 끝낸 유럽 각국은 각기 주권 국가의 체제를 굳혀간다. 그러나 영국은 회의에도 조약에도 관여하지 않았다. 1642년부터 내전을 겪고 있었기 때문이다.

당시 국왕 찰스 1세는 전제정치를 행했기 때문에 의회는 해산한 상태로 방치되어 있었다. 또한 영국 국교회는 프로테스탄트에 가까웠지만, 국왕과 깊은 관계를 맺고 있었고 가톨릭스러운 의식도 남아 있었다.

이에 대해 의회가 반발하면서 무력 충돌로 발전했다. 내전은 7년간 이어져, 1649년에 찰스 1세가 처형당함으로써 종식되었다. 이때부터 영국은 공화정으로 이행했다. 의회파 중에 청교도(퓨리탄)라 불리는 칼뱅파 프로테스탄트가 많았기 때문에 이를 '청교도 혁명Puritan Revolution'이라고 부른다.

그런데 주도자인 크롬웰Oliver Cromwell이 전제 정치를 폈기 때문에 공화정이 안정되지 못하고 1660년에 다시 왕정으로 복귀한다. 그때 의회는 대다수가 프로테스탄트였지만 왕으로 즉위한 제임스 2세가 가톨릭 교도였기 때문에 국왕과 의회의 대립이 다시 불붙기 시작했다.

의회는 프로테스탄트 교인이었던 제임스 2세의 딸 메리가 그 남편 오라녜 공작 빌렘Willem III van Oranje과 연합하여 국왕을 끌어내리려 했다. 이에 부응하여 국내에서도 반국왕파의 움직임이 활발해졌기 때문에, 1688년 제임스 2세는 저항하지 않고 프랑스로 망명했다. 피를 흘리지 않고 대혁명을 이루었으므로 이를 '명예혁명'이라고 부른다.

다음 해인 1689년 빌렘과 메리가 윌리엄 3세와 메리 2세로서 국왕에 즉위한다. 이때 의회는 양 국왕에게 「권리선언Declaration of Right」을 제시해 승인하게 하고, 나중에 그것을 「권리장전Bill of Rights」으로 정리하여 법률로 제정했다. 국민이 국왕에 대해 충성을 맹세하는 대신 국민을 대표하는 의회가 갖는 권리를 설명한 것으로, 의회의 동의 없이 입법과 과세 금지, 의원 선거와 의회 내에서의 발언의 자유 등이 규정되어 있다. 또한 가톨릭 교도가 왕위를 계승하는 것도 금지되었다.

이를 계기로 영국의 국왕의 권한을 제한하는 입헌군주제로 이행한다. 이로써 세계 제국으로 성장하는 길을 걷기 시작한 것이다.

이 시기 영국에서는 그 후의 정치사상에 큰 영향을 미치는 서적이 두 권 탄생했다. 첫째는 청교도 혁명 직후인 1651년에 간행된 정치사상가 토머스 홉스에 의한 『리바이어던』이다.

'리바이어던'은 『구약성서』에 등장하는 물속의 괴물로, 세상에서 가장 강한 생물이라고 한다. 홉스는 이것을 절대적인 권력을 가진 국가에 비유했다. 단지 그것은 국민을 통제하고 억압하는 이미지는 아니다. 모든 인간은 원래 자신의 생명을 지키는 '자연권'을 가지고 있다. 그러나 그것을 서로 주장하기만 해서는 서로를 죽이는 결과를 초래할 위험이 있다. 그래서 각자가 가진 권리를 절대적인 국가권력에 맡기고 법률을 제정해 서로의 안전을 확보하자고 주장한 것이다.

개인의 신앙과 정치를 분리한 것, 그리고 국민의 동의에 의해 국가가 성립한다고 하는 '사회계약'의 개념을 만들어낸 것이 획기적이었다. 단지 그 구조상 개인은 국가에 저항할 수 없다. 그런 의미에서는 그때까지 있어왔던 영국 또는 프랑스의 절대왕정을 지지하는 사상이기도 했다.

둘째는 그로부터 약 40년 뒤, 명예혁명 직후인 1690년경에 정치학자 존 로크가 쓴 『통치론』이다. 이 책은 두 가지 이론으로 구성되었는데, 전반부에서는 왕권신수설(왕권은 신으로부터 부여받은 불가침의 것이라고 보는 사상)을 부정하고, 후반부에서는 홉스의 절대왕정식 사상을 부정한다.

인간의 '자연권'을 인정하는 점은 홉스와 동일하다. 로크는 거기에 더해 자유권과 소유권도 모든 사람이 가진 것이라고 주장한다. 이와 같은 권리들을 지키기 위해서 국가와 계약을 맺는다는 점도 공통적이다. 단지 그 국가는 결코 적대적인 존재가 아니며, 주권은 국민이 갖고, 만약 국민의 의사에 반하는 일이 있다면 저항하여 타도할 수 있다고 설명한다.

이 발언은 의심의 여지 없이 2년 전에 있었던 명예혁명을 지지하는 내용이다. 바꿔 말하면 의회파의 권리를 주장한 것이다. 이 저항의 개념은 이후 아메리카 독립선언과 프랑스 혁명에 힘을 더해주게 된다.

『사회계약론』 - 프랑스 혁명의 이론적 지주가 되다

유럽의 18세기는 여전히 각국이 권익을 둘러싸고 다투는 시대였다. 이때 벌어진 대규모 전쟁에는 '스페인 계승전쟁(1701~1714년)', '오스트리아 계승전쟁(1740~1748년)', '7년 전쟁(1756~1763년)'이 있다. 이 모든 전쟁에서 영국과 프랑스는 주요 참가자였다. 양국의 다툼은 북미 대륙과 인도 식민지에서도 펼쳐진다.

그 결과 세계의 패권을 쥔 것은 영국이었다. 이에 따라 대대적으로 삼각무역이 행해지기 시작했다. 본국에서 아프리카 서해안 지역으로 무기를 수출하고, 아프리카 서해안에서는 노예를 싣고 서인도제도와 북미 대륙의 식민지로 건너가, 설탕 및 면화 등과 교환해서 가지고 돌아오는 것이 전형적인 패턴이었다. 이를 통해 얻은 막대한 부가 18세기 중반부터 시작되는 산업혁명의 기초 자금이 되었다.

한편 식민지를 잇달아 영국에 빼앗긴 프랑스는 거액의 전쟁 비용으로 인해 재정 파탄 상태에 빠진다. 국민의 생활은 곤궁해지고 필연적으로 부르봉 왕가는 비판과 증오의 대상이 되었다.

이 시기에 유럽 각 도시 지역에서는 식민지에서 들여온 홍차와 커피, 초콜릿과 같은 기호식품이 유통되고, 카페 문화가 형성되었다. 파리도 예외는 아니어서, 다양한 분야의 교양인과 예술가, 사상가 등이 카페에 모여 자유로이 토론하는 문화가 생겨났다. 이런 점은 플라톤과 아리스토텔레스가 생각했던 관조적 생활에 가까웠다고도 할 수 있겠다.

이런 문화 속에서 성장한 것이 바로 계몽사상이다. 앞서 설명했듯이, 먼저 일어난 르네상스에 의해 그때까지 절대적인 가치를 갖고 있던 기독교의 세계관이 크게 흔들린 상황이었다. 헬레니즘이 가져온 지식과 과학 덕분에 새로운 사상가와 기술자도 다수 등장했다.

특히 홉스와 로크가 설명한 '자연권'이 사람들의 자의식을 눈뜨게 한 것은 분명하다. 그 깨달음을 널리 일반 대중에게 알리고 사회와 자연에 대해 합리적인 판단을 내릴 수 있도록 만들고자 한 것이 '계몽'의 의미다.

그런 환경 속에서 역사에 이름을 남길 새로운 사상가도 탄생했다. 그중 한 명이 장 자크 루소다.

1762년에 간행된 루소의 대표적인 저서 『사회계약론』은 역시 자연권을 출발점으로 해서 사회계약의 중요성을 설명하고 있다. 그러나 그것은 "인간은 자연 상태 그대로 두면 서로를 죽인다"고 생각한 홉스와도, "부를 추구하여 경쟁한다"고 생각한 로크와도 다르다. 원래 인간은 자기애도 있지만 이타적이기도 하므로 원시시대와 같은 자연환경 속이라면 공존공영이 가능하리라고 생각한 것이다.

그런데 사회가 발전하고 물질이 풍요로워지면서 경제활동이 활발해지면, 그로 인해 빈부의 차가 생겨서 서로 경쟁하고, 뺏고 빼앗기는 상태가 된다. 즉 바로잡아야 할 것은 인간이 아닌 사회라고 주장한 것이다.

구체적으로는 개인의 사리사욕을 '특수의지'라고 정의한 뒤, 대조적인 존재로서 '일반의지'라는 개념을 만들어냈다. 즉 일반의지란 인간이 본래 가지고 있는 이타적인 이성과 공공의식의 총체라고 할 수 있다. 그것을 실현하는 것이 국가의 역할이며, 따라서 전원이 참가하는 직접민주주의를 이상으로 삼는다.

그러기 위해서는 모든 사람이 신체와 재산을 국가에 맡길 필요가 있다고 설명한다. 언뜻 보기에는 국가에 예속되는 것 같지만, 모든 사람이 국정에 참여하고 있으므로 결국 자기 자신이 스스로에게 맡기는 것이나 다름없다. 그럼으로써 자유롭고 평등한 사회가 실현된다는 것이 루소가 그려낸 국가관이다.

이 책은 절대왕정하의 프랑스에서 위험하게 여겨져 발간 금지 처분을 받았다. 루소 자신은 도망 다니는 생활을 하다가 1778년에 세상을 떠난다.

프랑스 혁명이 일어난 것은 그 11년 뒤인 1789년이었다. 부르봉 왕가의 루이 16세는 처형되고, 프랑스에 처음으로 공화정 정권이 탄생한다. 같은 해 제정된 「인권선언Déclaration des droits de l'homme et du citoyen」에는 자유와 평등의 정신이 고스란히 담겨 있었다. 혁명의 주도자들은 『사회계약론』에 의해 계몽되었던 것이다.

『국부론』─보이지 않는 손의 정체는 이기심과 공감

삼각무역과 산업혁명으로 압도적인 경제발전을 지속한 영국은 '중상주의'에 매진한다. 금은을 가장 가치 있는 것으로 여기고, 그것을 많이 쌓아두는 것이 국가의 풍요를 상징한다고 생각한 것이다.

그러기 위해서는 수출을 많이 해서 외화를 벌어들이고, 수입은 가능한 한 줄여서 금은의 유출을 억제하는 것이 가장 효과적이다. 영국은 이런 방침에 따라 보호무역을 주력 정책으로 삼았다. 이를테면 동인도회사를 특허회사로 만들어 독점권을 부여하여 아시아 지역과의 교역을 독점하게 한 것도 그 일환이다.

이런 정책에 이의를 제기한 것이 스코틀랜드 출신의 경제학자 애덤 스미스의 『국부론』(1776년)이다. 그는 나라의 부유함이란 금은의 양이 아니라 국민의 풍요로움에 달렸다고 주장한다. 즉, 국민이 자유로이 소비재를 살 수 있어야 의미가 있다는 것이다.

그러기 위해서는 수출은 물론, 수입도 적극적으로 하는 편이 좋다. 그렇다면 교역 역시 일부 기업이 독점하게 하기보다는 수입 제한을 철폐하고 자유롭게 경쟁하도록 해야 한다고 생각했다. 다만 급속히 수입이 늘어나면 국내 산업이 타격을 받을 수 있으므로, 이렇게 개혁하는 데는 시간을 투자해야 한다고 설명하고 있다.

그 연장선상에서 식민지 정책에 대해서도 언급했다. 북미 대륙과 인도는 영국에게 있어 부의 원천이었지만, 식민지로 유지하기에는 방어비를 비롯한 비용이 지나치게 높다. 그러므로 특히 북미 대륙은 독립국가로 만들고 동맹을 맺는 편이 바람직하다고 제안하였다.

『국부론』이라고 하면 "보이지 않는 손"이라는 표현이 유명한데, 이 말은 자유방임이나 시장만능주의를 주장하기 위한 것이 아니다. 애덤 스미스가 착안한 것은 노동에서의 분업 시스템이다. 사람은 다양한 직업을 가지고 사회와 회사에서 각자의 역할을 하고 있는데, 이것이 분업이다.

그때 사람이 반드시 사회 전체나 회사 전체를 위해서 일하는 것은 아니다. 그보다는 대가를 받기 위해서, 자신과 가족의 생계를 유지하기 위해서라는 의식이 더 강할 것이다. 즉 다수의 노동자는 어떤 의미에서는 이기적이다.

그러나 최대의 이익을 얻으려면 타인에게 공감을 구하거나, 수요에 부응하는 과정을 빼놓을 수 없다. 개인이 이기심에 따라 노력과 연구를 거듭하면 시장에 경쟁 환경이 만들어지고, 결과적으로 사회 전체의 생산성이 향상되어 풍요로워질 수 있다. 이것을 '보이지 않는 손'이라고 일컬은 것이다.

또한 그것을 실현하기 위해서 국가의 역할은 크게 세 가지로 압축해야 한다고 한다. 국방, 사법, 공공사업이다. 절대왕정 시기가 불과 얼마 전이었던 것을 생각하면 격세지감이 느껴지는 구절이다. 그러나 이 역시 자유방임을 의도한 것은 아니다. 그보다는 국가와 결탁한 일부 기업이 시장을 독점하지 못하도록 하는 것에 주안점이 있었다.

무엇보다도 『국부론』은 처음으로 경제학을 체계적으로 논한 저서였다. 자유주의 경제와 근대국가의 존재 방식을 전체적으로 제시했다는 점에서 애덤 스미스는 '근대 경제학의 아버지' 또는 '고전파 경제학의 아버지'라 불리고 있다.

한편 1775년부터 영국에 대항하여 독립전쟁을 펼치던 미국은 이 책이 간행된 지 4개월 만에 독립을 선언했다. 그러나 양국 간의 전투는 그 뒤로도 이어졌고, 프랑스, 스페인, 네덜란드 등 타국이 참가하며 대규모 전쟁으로 발전했다. 결국 영국이 미국의 독립을 정식으로 인정한 것은 1783년이었다.

『자유론』 ─ 반론의 자유와 개성이 사회 발전의 조건

19세기는 '팍스 브리타니카(영국에 의한 평화)'의 시대라 불리는 경우가 종종 있다. 한발 앞서 산업혁명을 달성하고 생산성을 비약적으로 향상시킨 영국은 뛰어난 공업 기술과 해군력으로 유럽 각국을 압도했기 때문에 일종의 균형이 유지되면서 평화가 찾아왔다.

또한 공업화의 진전은 보호무역으로부터 자유무역으로의 전환을 촉진했다. 세계 각지로부터 대량의 원재료를 들여온 뒤 그것을 가공해서 다시 수출함으로써 부를 얻을 수 있었기 때문이다. 이렇게 전 세계의 물자와 부가 영국으로 모여들고 그것을 다시 세계로 확산시켰기 때문에 당시의 영국은 '세계의 공장'이라고도 불렸다.

이런 환경은 영국 사회에도 큰 변화를 가져왔다. 부유층이 늘어남과 동시에 중간층이 폭발적으로 증가한 것이다. 이는 국가에 대한 국민의 발언권이 강해졌음을 의미한다. 즉 개인의 권리와 자유의 개념이 확산되었다는 뜻이기도 하다.

그런 시대를 상징하듯이 1859년 영국의 철학자 존 스튜어트 밀의 저서 『자유론』이 간행되었다. 밀은 공리주의의 신봉자였다. 공리주의란 단순히 자기 자신의 이익을 추구하면 된다는 이야기가 아니다. 국가가 국민에게 사회 규범과 도덕을 강요하는 것이 아니라, '최대 다수의 최대 행복'을 전제로 생각하자는 것이다.

거기에는 몇 가지 조건이 있다. 우선 모든 사람에게 행복을 추구할 자유가 있어야 하며, 타인의 행복 추구를 방해해서는 안 되고, 모든 사람이 공평하고 평등한 대우를 받아야 한다. 그런 사회를 실현하기 위해서 국가와 사람들은 어떻게 해야 하는가? 밀은 그것을 『자유론』을 통해 설명했다.

우선, 국가의 역할은 개인의 행복 추구를 뒷받침해야 한다. 구체적으로는 언론과 행동의 자유를 보장해야 하며, 오직 그것이 타인에게 위해를 가하는 경우에 한해 엄격하게 단속하는 것이다. 그것만으로도 충분하다는 것이 밀의 주장이다.

이 생각의 근저에 있는 것이 인간의 양심과 타인에 대한 공감이다. 더욱 높은 차원의 행복을 추구하는 사람은 저절로 타인의 행복에도 공헌하게 된다. 그럼으로써 결과적으로 '최대다수의 최대행복'을 실현할 수 있게 된다는 것이다. 이러한 발상은 앞서 등장한 『국부론』과 매우 비슷하다.

하지만 밀이 인간의 양심을 전폭적으로 신뢰했던 것은 아니다. 국가권력의 남용과 마찬가지로, 다수의 횡포에도 경계해야 한다고 설명하고 있다. 다수의 횡포란 소위 '숫자의 논리'로 소수자를 억압하는 태도를 뜻하는데, 이는 타인에게 해를 가하는 것과 다를 바 없다. 중우정치가 바로 전형적인 사례일 것이다. 이전에 아리스토텔레스가 『정치학』에서 민주제의 위험성을 설명한 것과 동일한 논리다.

반대로 이 책에서 강조하는 것은 '반론의 자유'와 '개성'을 지켜야 한다는 것이다. 다수자의 의견이 반드시 올바르다고는 할 수 없다. 오히려 다수이기 때문에 내용을 정확히 파악하지 못하거나 폭주하는 경우도 있다. 그러므로 다양한 의견을 교환하면서 의논을 거듭하는 것이 중요하다. 이런 과정을 통해 결론이 뒤집힐 수도 있고 보완될 수도 있다. 이것이 결국 '최대 다수의 최대 행복'으로 이어진다는 것이다.

그런 의미에서 개인은 가능한 한 개성적인 편이 바람직하다. 저임금 노동자나 여성의 입장도 존중해야 한다. 소수자의 의견을 허용할수록 그 사회는 발전한다고 밀은 설명한다. 그러므로 개인의 관점에서도 사회의 관점에서도 '자유'가 중요하다고 주장한 것이다.

참고로 19세기 후반 미국과 독일이 공업화를 통해 두각을 나타내고, 영국은 '세계의 공장'이라는 지위에서 추락한다. 그러나 이번에는 금융자본을 무기 삼아 세계의 금융 중심지로서의 지위를 굳혀가게 된다.

『공산당 선언』-자본주의의 한계를 간파

19세기 전반의 유럽에서는 정치적으로 18세기에 대한 반동이 나타나고 있었다. 그것을 상징하는 것이 1814~1815년에 열린 '빈 회의'다.

프랑스 혁명 이후 유럽 각국은 나폴레옹의 침공으로 인해 봉건체제와 절대왕정 존속의 위기에 직면한다. 그러나 1813년 나폴레옹이 실각함에 따라 그다음 해부터 각국이 빈에 모여 구체제의 부활을 꾀하며 동맹관계를 맺기로 한 것이다. 여기에서 합의된 체제를 빈 체제라고 한다.

그런데 1848년 프랑스에서 파리 시민이 봉기한 '2월 혁명'을 시작으로, 독일, 오스트리아, 이탈리아 등에서 연이어 반체제 운동이 발생한다. 이로써 구 정권은 무너지고, 빈 체제도 붕괴했다.

이때 국민들의 불만은 정치체제만을 향한 것은 아니었다. 공업화와 자본주의가 사회에 침투하면서 자본가 계층이 대두했고, 동시에 노동인구 중 대다수가 농업에서 광공업으로 옮겨갔다. 인구는 도시 지역으로 집중되고, 그중에는 열악한 환경에서 장시간 저임금 노동에 종사하는 노동자도 적지 않았다. 즉 자본가 계층(부르주아)과 노동자 계층(프롤레타리아) 사이에 큰 격차가 발생했던 것이다. 그런 상황이 불만의 온상이 되었다.

그렇다면 어떻게 하면 격차를 해소할 수 있을까? 이에 대한 답변 중 하나로 제기된 것이 공산주의 사상이다. 요약하자면 자본가 계층이 독점하고 있는 자본을 모두가 공유하고 분배해야만 공평한 사회가 실현된다는 것으로, 과거 플라톤의 『국가』에 그 원형이 제시되었던 바 있다.

그 사상을 이론적으로 체계화한 것이 독일의 사상가 칼 마르크스와 프리드리히 엥겔스다. 1847년 런던에서 '공산주의자 동맹'이라는 비밀결사가 발족하면서 단체 강령의 초안을 이 두 사람에게 의뢰했다. 다음 해인 1848년 2월, 프랑스의 2월 혁명과 같은 시기에 간행된 것이 『공산당 선언』이었다(다만 처음에는 무기명이었다).

이 책은 모두 4개 장으로 구성되어 있는데, 제1장은 "사회의 모든 역사는 계급투쟁의 역사였다"라는 유명한 구절로 시작한다. 생각해 보면 고대 그리스와 고대 로마 시대에는 자유민과 노예, 그 후의 봉건제 시대에는 영주와 농노라는 계급차가 존재했다. 그리고 산업혁명 이후의 유럽에 있어서는 자본과 산업설비를 가진 자본가 계층과 갖지 못한 노동자 계층이라는 계급차가 존재한다.

당연한 일이지만, 자본가 계층은 이익의 극대화를 추구한다. 그러려면 더 많은 노동자를 가능한 한 저렴하게 고용하여 생산을 늘리면 된다. 그래서 얻은 이익으로 더욱 노동자를 고용한다는 순환에 의해 이익은 눈덩이처럼 불어난다. 한편 노동자는 자신의 노동력을 팔 수밖에 없기 때문에 격차는 확대되어가기만 한다.

이 순환의 고리를 끊으려면 자본주의 구조 그 자체를 붕괴시켜야 한다. 현재 상황이 유지되면 노동자의 임금은 늘지 않지만, 수는 늘어난다. 그러므로 노동자가 단결해서 혁명을 일으키면 자본가 계층을 타도하고 자본을 전원의 공유재산으로 만들 수 있다. 즉 계급투쟁 그 자체를 끝낼 수 있다. 그 때문에 이 책은 "만국의 노동자여, 단결하라"라는 메시지로 끝난다.

이 책이 당시 유럽 각국에서 일어나던 반체제 운동에 힘을 보탠 것은 틀림없다. 모두 군대에 의해 진압되면서 종식되었으나 그럼에도 공산주의 사상은 존속되어 1917년의 러시아 혁명과 소비에트 연방 탄생에 의해 현실화된다.

『종의 기원』—어째서 리버럴 아츠 커리큘럼 마지막에 배우는가

컬럼비아 대학의 리버럴 아츠 교육과정에서 가장 마지막에 읽는 책은 영국의 지질학자 찰스 다윈이 1859년에 펴낸 『종의 기원』이다. 이 책은 '진화론'에 대해서 서술한 대작으로 유명하다.

여기까지 정치와 경제, 철학, 종교 등 사회에 관련된 서적이 중심이었기 때문에, 갑자기 자연과학 중 생물학이 등장하는 것은 이상하게 여겨질지도 모르겠다. 그러나 여기에는 이유가 있다.

『공산당 선언』이 설명했듯이 인류의 역사는 계급투쟁의 역사였다. 그것은 생물학적으로 보면 생존경쟁이며, 자연도태이고, 필요한 변이의 반복이었던 것이다. 인간도 생물의 일종인 이상, 이것은 숙명이었다고 할 수 있다.

그렇다면 진화론의 관점에서 인간을 보았을 때, 지금까지 배워온 리버럴 아츠를 어떻게 해석하면 좋을까? 그것을 마지막 과제로서 제시하는 것이다.

리버럴 아츠는 고대 그리스에 시작된 헬레니즘에 기반을 두고 있다. 태고로부터 이어져온 크고 작은 여러 '다툼'을 반복하면서 인간은 플라톤이 설명한 이성과 아리스토텔레스가 설명한 습관을 깨닫고 철학, 종교, 예술, 과학을 차례차례 발명해왔다. 그것이 인간성을 향상시키고 사회를 발전시켰던 것이다.

그렇다면 한 가지 의문이 떠오른다. 이성과 습관, 또한 철학까지, 인간은 어떻게 이런 능력을 획득할 수 있었을까? 신으로부터 선택받은 우수한 생물이었기 때문이 아닐까? 다윈은 이런 생각을 전면적으로 부정한 것이다.

『구약성서』의 「창세기」에 의하면 신은 이레 동안 세계를 창조했다고 한다. 첫째 날은 하늘과 땅을, 둘째 날은 우주를, 셋째 날은 육지와 바다와 식물을, 넷째 날은 태양과 달과 별을, 다섯째 날은 물고기와 새를, 그리고 여섯째 날에 짐승과 가축을 만들고, 신의 형상을 본떠 사람을 만들었다. 그리고 일곱째 날은 쉬었다.

다윈은 이것을 물리적인 7일이 아니라 무한한 시간의 흐름 속에서 이루어진 생존경쟁과 자연선택을 묘사한 것이라고 설명한다. 생물은 같은 종이라도 변이에 의해 무수한 개체 차이가 발생한다. 그 변이의 일부는 부모로부터 자손에게로 유전되지만, 그것이 환경에 적합한 경우와 그렇지 못한 경우가 있다. 결국 전자만이 생존하여 번식하고 후자는 도태된다. 지구상의 생물은 이 과정을 반복한 끝에 오늘날에 이르렀다는 것이다.

이 책에는 다음과 같은 내용이 있다.

> "뻐꾸기 새끼는 의붓형제를 둥지에서 밀어내고, 개미는 노예를 만들고, 맵시벌 유충은 살아 있는 송충이의 몸속에서 그것을 파먹는다. 나는 이 모든 것이 각각의 동물에게 부여되거나 혹은 본능이라고 간주하기보다는, 모든 생물을 증식시키고 변이시키며 강자는 살리고 약자는 제거함으로써 진보를 향해 이끄는 일반법칙의 작은 결과라고 간주하는 편이 훨씬 더 만족스럽게 느껴졌다."

그렇다면 인간도 끝없는 생존경쟁과 자연선택의 결과 오늘날에 이른 것에 지나지 않는 셈이다. 여기서 중요한 것은 '스스로 올바른 선택을 했다'는 것이 아니라, '다양한 선택을 한 생물종 중에서 어쩌다 당시의 환경에 적합한 선택을 한 종이 살아남아 인간으로 진화했다'는 점이다.

이것을 유사 이래 인류의 역사에 비유한다면, 전쟁과 계급투쟁은 생존경쟁이나 마찬가지였다. 무수한 사람들이 그것을 교훈 삼아 적합하다고 여겨지는 길을 모색하고, 더욱 잘 살기 위한 지혜를 기록해왔다. 그것이 철학, 종교, 예술, 과학이 되었다.

이것 역시 대다수는 도태되어버렸다. 하지만 그중에는 당시의 사회에 적합해서, 즉 진리를 꿰뚫었다고 생각되어서 후세에까지 남겨진 것이 있다. 그것이 지금까지 설명한 리버럴 아츠다. 그래서 리버럴 아츠가 '인류의 지혜의 결정체'라 불리는 것이다.

플라톤과 아리스토텔레스를 비롯해 이 책에서 소개한 저자들은 모두 대단히 현명한 사람들이 분명하다. 그러나 그들의 시대에는 무수히 많은 도태된 작가들이 있었을 것이다. 그 다양성 중에 고르고 골라 선택된 저자이고 사상이기 때문에 리버럴 아츠에는 가치가 있다. 또한 미래의 리버럴 아츠를 마련하기 위해서라도 사회에서 다양성의 확보는 매우 중요하다. 『종의 기원』으로부터 이런 교훈도 얻을 수 있지 않을까?

초강대국 미국에서
성장한 리버럴 아츠

'선한 영혼'이야말로
모든 것의 기초를 이룬다.

치열한 국제 정치와 국제비지니스
현장에서, 또한 코로나19와 같은

전 세계적 위기에 직면한 순간에, 개인의
'선한 영혼'의 진가는 더욱 빛을 발할 것이다.

세계의 중심에 뛰어들기에 앞서 배워야 할 것

1914년에 시작된 제1차 세계대전은 신성로마제국 붕괴 후의 독일, 오스트리아-헝가리 제국, 오스만 제국, 불가리아와 같은 역사가 있고 질서가 잡혀 있는 국가들과 대항해시대를 거쳐 급격히 대두한 영국, 프랑스를 중심으로 한 서유럽 국가들이 대립하는 구도였다.

형세가 크게 기운 것은 1917년, 미국이 참전하면서부터였다. 서유럽 국가 측이 승리를 거두면서 이를 계기로 세계 질서는 서유럽 국가 주도, 더 나아가 미국 주도로 이동해갔다. 이와 함께 오랫동안 세계의 중심이었던 지중해는 그 지위를 미국의 양안에 위치한 태평양과 대서양에 내주었다.

미국에서 참전을 결정한 해에 미국에서는 전혀 눈에 띄지 않았지만 커다란 변화가 일어났다. 미국 육군의 요청으로 컬럼비아 대학에서 미국식 리버럴 아츠 교육과정을 개발한 것이다.

제1차 세계대전에 참전하기로 결정한 미국 육군은 사관생도를 위한 교육 프로그램의 필요성을 느꼈고, 이를 위해 컬럼비아 대학에서 만든 것이 바로 리버럴 아츠 교육과정이었다. 건국 이래 미국은 유럽과 어느 정도 거리를 두고 고립주의를 관철해왔다. 그러던 미국의 세계대전 참전은 고립주의를 철회하고 세계 정치의 중심으로 뛰어들겠다는 의지의 표명이었다. 그렇다면 미국의 정체성으로 삼을 이념과 철학을 확립하고, 세계에 그 진가를 증명할 필요가 있었다. 그러기 위한 교육이 급히 필요했던 것이다.

그 결과 탄생한 것이 'War Issues(전쟁 문제, 필자 의역, 이하 동일)'라고 명명된 교육 프로그램이다. 또한 1919년에는 전쟁 종결을 맞이하여 'Peace Issues평화 문제'라는 프로그램도 등장했다. 이것은 나중에 'Contemporary Civilization현대문명론'이라는 수업으로 통합된다.

다음 해인 1920년에는 일체의 주석서를 사용하지 않고, 고전 원문을 읽게 하는 방식의 수업도 시작되었다. 물론 고전을 단순히 읽고 해석하는 것으로 끝나지 않는다. 학생은 한 주에 한 권 꼴로 고전을 읽어야 하며, 지도교수와 면담을 하는 것까지가 교육 과정에 포함되어 있었다. 컬럼비아 대학은 원래 학생 수가 많지 않았지만, 이 과정은 그중에서도 특별히 선발된 소수 엘리트만이 수강할 수 있었다고 한다. 이것은 나중에 'Literature Humanities문학인류론'이라는 수업으로 발전한다. 이 두 수업을 출발점으로 해서 '미국식 리버럴 아츠'라 불리는 교육 시스템이 구축되었다.

학장 딘 호크스의 공적

이와 같은 리버럴 아츠 교육 과정이 구축되기까지 가장 큰 공헌을 한 인물이 존재한다. 당시 컬럼비아 대학의 학장이었던 하버드 E. 호크스, 통칭 딘 호크스다.

딘dean이란 '학부장'을 의미한다. 컬럼비아 대학은 학부 칼리지뿐 아니라 경영대학원, 의학대학원, 법학대학원, 국제정책대학원 등 복수의 독립된 조직으로 구성된 종합대학이다. 각 조직의 수장을 딘이라고 부르는데, 호크스는 학부 칼리지의 딘이었다. 쉽게 말해 학장이라고 생각하면 될 것이다.

원래는 수학을 가르쳤지만 일반교양의 교육general education에도 열심이어서, 1918년 학장직에 오른 뒤 1943년의 서거로 퇴임하기까지 25년에 걸쳐 오로지 '핵심 교육과정core curriculum'을 발전시키는 데 집중했다.

그의 방침이 처음부터 환영 받았던 것은 아니다. 대학은 12세기경에 이탈리아에서 교육조합으로서 발족한 이래, 운영체제를 교수 위주로 진행하는 전통이 있다. 보통 교수들은 폭넓은 교양보다는 자신의 전문 분야에 관심을 기울이기 마련이다. 또한 고전이나 역사를 펼쳐보기보다 현대 시사나 직업 면에서 유용한 교육을 기대하는 목소리도 학내외에서 들려왔다. 일반교양을 경시하는 목소리가 다수를 점하고 있었으리라는 것은 쉽게 상상이 간다.

그럼에도 호크스는 일반교양 수업의 보급에 정열을 쏟았고, 덕분에 어느새 경시되기는커녕 리버럴 아츠라는 이름으로 컬럼비아 대학의 핵심 교육과정으로 승화될 수 있었던 것이다. 또한 이와 같은 교육은 다른 유명 대학에도 파급되었다. 그 공적을 인정받아 미국을 대표하는 학장이라는 의미로 '딘 호크스'라고 불리게 된 것이다.

리버럴 아츠 탄생 100년

그로부터 약 100년이 경과한 현재, 컬럼비아 대학의 리버럴 아츠 교육은 미국에서도 최고 수준으로 손꼽힌다. 시대와 함께 조금씩 수정과 변경이 가해졌지만, 앞서 언급한 'Contemporary Civilization'과 'Literature Humanities' 두 가지가 핵심 과정인 것에는 변함이 없다. 이 두 과목은 이제 컬럼비아 대학의 모든 학생이 들어야 하는 필수 과목이 되었다.

여기에 더해 'Art Humanities미술인류학', 'Music Humanities음악인류학', 'Frontiers of Science첨단과학론', 'University Writing에세이 지도 과정'도 핵심 교육과정에 포함된다. 즉 철학과 미술, 음악, 과학, 작문을 동시에 배우는 것이다.

물론 이 과목들은 모두 단순히 지식을 습득하는 것이 목적은 아니다. 성립 과정과 구조, 탄생 배경, 사회와의 관계와 인류에 미친 영향까지 전반적으로 고찰하는 것, 그럼으로써 우리가 살아갈 때 무엇이 선이고 덕인가 하는 가치 기준의 토대를 만들기 위한 과정이다.

또한 핵심 과정에 버금가는 필수과목군도 있다. 'Science

Requirement과학 분야 필수과목', 'Global Core Requirement국제론 분야 필수 과목', 'Foreign Language Requirement외국어 분야 필수과목', 'Physical Education Requirement체육 분야 필수과목'의 네 분야로 구성되어 각각 다수의 강의가 마련되어 있다.

시대에 맞추어 변화하고 있는 것도 눈에 띈다. 이번에 집필을 하면서 최신 커리큘럼을 조사해 보았는데, 'Global Core Requirement'라는 과목군은 내가 공부하던 1980년대 후반에는 필수과목이 아니었다. 당시는 미국이 대외적으로는 일본에 대해 무역불균형 해소를 강요하고, 또한 국내에서는 적대적 M&A로 막대한 부를 손에 넣은 자가 큰소리를 내던 시대였다. 또한 조금 지나서는 이슬람 세계와의 긴 대립이 시작된 시기이기도 했다.

그때는 마치 이 책에서 소개한 『펠로폰네소스 전쟁사』에 묘사된 몰락하는 아테나이를 떠올리게 하는, 중우의 광경이었다고 기억한다. 그렇기 때문에 더욱 시대를 냉정하게 바라보기 위해서라도 이런 수업이 가치가 있다고 느꼈던 것이다.

참고로 컬럼비아 대학 홈페이지에는 'Global Core Requirement' 과목의 설명이 다음과 같이 기재되어 있다.

"이 과목은 학생이 다양한 민족과 전통문화에 접하는 것을 요구한다. 아프리카, 아시아, 북미 원주민, 남미, 중근동 등 각양각색의 문화와 역사를 배우게 된다.

이 과목은 두 가지 유형으로 분류된다. 하나는 미국과 유럽을 포함해, 특정 지역의 역사적 배경과 문명 문화의 성립을 깊이 이해하는 것. 또 하나는 주제와 분석 방법을 정해 문화비교의 관점에서 타 문화를 폭넓게 이해하는 것. 필수요건을 채우려면 이 두 가지 유형으로부터 두 개의 과목을 선택해 이수해야 한다."(필자 요약)

아마도 세계를 대하는 미국의 태도와 세계가 미국에게 보내는 차가운 시선을 느끼고 필수 분야에 추가했을 것이다. 이 대학의 졸업생으로서 솔직히 자랑스럽게 생각한다.

「아테나이 학당」을 바라보며

다시 한 번 말하지만 이 책에서 소개한 것은 컬럼비아 대학에서 가르치는 리버럴 아츠의 극히 일부에 지나지 않는다. 이 대학 학생이 졸업증서를 얻기 위해서는 철학을 비롯해 종교, 예술, 과학에 이르기까지 훨씬 더 많은 양의 문헌을 읽어야 한다.

그럼에도 불구하고 리버럴 아츠의 진수는 어느 정도 전달했으리라고 자부한다. 제4장에서 소개한 16세기 초반 라파엘로가 그린 벽화 「아테나이 학당」을 지금 한 번 더 떠올려 보기 바란다. 이 책을 읽은 뒤 그 그림을 보는 시각이 달라졌다면, 그것이야말로 큰 성과라고 생각한다. 그 거대한 벽화 자체가 리버럴 아츠를 상징하고 있기 때문이다.

리버럴 아츠를 한 마디 말로 정리하기란 좀처럼 쉽지 않다. 인류가 오랜 시간을 들여 형성해온 수많은 지식의 결정체를 그 성립 과정과 구조까지 이해해야 하기 때문이다. 따라서 역사도 다루고, 종교와 예술, 과학도 포함된다. 그 정도로 다양하고 복잡한데, 그것을 한 장의 그림으로 표현한 것이 「아테나이 학당」이다.

앞에서 설명했듯이 거기에는 밝혀진 것만 해도 21명이나 되는 다양한 분야의 전문가가 그려져 있다. 수학자와 기하학자, 자연과학자, 화가, 정치가, 의사, 군인, 역사가, 시인 등이다. 리버럴 아츠는 그 한 사람 한 사람의 전문 분야에 대해서 배우는 것이 아니다. 구도를 포함한 전체상, 세계관이 16세기 초엽 당시 시점에서의 리버럴 아츠인 것이다. 중심에 선 두 사람이 플라톤과 아리스토텔레스라는 점이 그것을 분명하게 드러내고 있다.

이런 시각에서 「아테나이 학당」을 바라볼 수 있게 되었다면, 일단 리버럴 아츠의 입구까지는 왔다고 말할 수 있을 것이다.

나는 지금까지 학생으로서, 또 사회인으로서 다양한 분야를 공부해왔다. 그중에서도 특히 깊이 매료되어 이제 내 피와 살이 되었다고까지 생각하는 것이 컬럼비아 대학에서 배운 리버럴 아츠다. 그 흥미로운 세계의 일부분이라도 전달할 수 있었다면 필자로서는 더 바랄 것 없는 기쁨이다.

이 책을 쓴 것은 내가 근무하는 대학의 안식년 기간이었다. 내가 연구 목적으로 내세운 것은 '국제 비즈니스 기초교양'. 언뜻 보기에 리버럴 아츠와는 관계없어 보일지도 모르겠다.

그러나 플라톤은 "나쁜 혼은 다툼을 불러오지만, 선한 혼은 우애를 불러온다"고 했으며, 또한 아리스토텔레스는 "인간의 혼을 선하게 만드는 것이 교육과 정치의 본래의 목적이다"라고 말한 바 있다. 즉 '선한 영혼'이야말로 모든 것의 기초를 이룬다는 의미다. 치열한 국제 정치와 국제비즈니스 현장에서, 또한 코로나19와 같은 전 세계적 위기에 직면한 순간에, 개인의 '선한 영혼'의 진가는 더욱 빛을 발할 것이다.

본고장에서 배운 리버럴 아츠를 알기 쉽게 전달하고 싶다는 생각은 오랫동안 해왔지만, 집필에 이르기까지 넘어야 할 산은 한없이 높았다.

일단 분량이 어마어마하다. 이 책에서 소개한 것은 대학 강의계획서에 게재된 도서 목록의 일부에 불과하다. 참고삼아 후기에서 전체 목록을 소개해 보려 한다. 2019년 가을부터 2020년 봄 학기의 강의계획서에 게재된 것을 발췌했다.

Core #1 - Literature Humanities 문학인류학

호메로스, 헤로도토스, 단테 등을 중심으로 하는 서양 문학과 철학 작품.

· Homer, Iliad (Chicago, trs. Lattimore)

· Sappho, If Not, Winter: Fragments of Sappho (Vintage, trs. Carson)

· Homer, Odyssey (Norton, trs. Emily Wilson)

· New Oxford Annotated Bible with Apocrypha

- Herodotus, The Histories (Oxford, trs. Waterfield)

- Aeschylus, Oresteia (Aeschylus II, Chicago, trs. Lattimore)

- Sophocles, Antigone (Sophocles I, Chicago, trs. Lattimore)

- CONTEMPORARY CORE: Parks, Father Comes Home from the
  Wars (Theater Communications Group)

- Plato, Symposium (Hackett, trs. Nehamas, Woodruff)

- Virgil, Aeneid (Bantam, trs. Mandelbaum)

- Ovid, Metamorphoses (Penguin, trs. Raeburn)

- Augustine, Confessions (Modern Library, trs. Ruden)

- Dante, Inferno (Bantam, trs. Mandelbaum)

- Montaigne, Essays (Penguin, trs. Cohen)

- Shakespeare, Macbeth (Oxford)

- Cervantes, Don Quixote (Harper Collins, trs. Grossman)

- Milton, Paradise Lost (Modern Library)

- Austen, Pride and Prejudice (Oxford)

- Dostoevsky, Crime and Punishment (Vintage, trs. Volokhonsky,
  Pevear)

- Woolf, To the Lighthouse (Harcourt)

- Morrison, Song of Solomon (Vintage)

Core #2 — Contemporary Civilization 현대문명론

플라톤, 아리스토텔레스, 아우구스티누스, 데카르트 등 그리스 철학부
터 종교와 과학 사상.

- Plato, Republic (Hackett)

- Aristotle, Nicomachean Ethics (Oxford, trs. Ross, Brown)

- Aristotle, Politics (Hackett)

- New Oxford Annotated Bible with Apocrypha

- Augustine, City of God (Penguin)

- The Qur'an, Abdel Haleem, ed. (Oxford)

- Machiavelli, The Prince (Hackett) OR

  Machiavelli, The Discourses (Penguin)

- Descartes, Discourse on Method (Richer Resources Publications)

  OR

  Descartes, Meditations on First Philosophy (Broadview Press)

- Hobbes, Leviathan (Oxford)

- Locke, Political Writings, Wootton, ed. (Hackett)

- Rousseau, The Basic Political Writings (Hackett)

- Kant, Groundwork of the Metaphysics of Morals (Cambridge)

- Smith, Wealth of Nations (Modern Library)

- Burke, Reflections on the Revolution in France (Oxford)

- Wollstonecraft, A Vindication of the Rights of Woman (Oxford)

- Tocqueville, Democracy in America (Penguin)

- Mill, On Liberty, Utilitarianism, and Other Essays (Oxford)

- The Marx–Engels Reader (Norton)

- Darwin, Norton Critical Edition (Norton)

- Nietzsche, On the Genealogy of Morals / Ecce Homo (Vintage)

- Du Bois, The Souls of Black Folk (Norton)

- Arendt, The Origins of Totalitarianism (Harvest)

· Schmitt, The Concept of the Political (Chicago)

· Fanon, The Wretched of the Earth (Grove)

· Foucault, Discipline and Punish (Vintage)

· Patricia J. Williams, Seeing a Color-Blind Future (Farrar, Strauss, and Giroux)

Core #3 - Art Humanities 미술인류학

파르테논 신전부터 피카소까지의 예술작품.

· the Parthenon

· Amiens Cathedral

· Raphael

· Michelangelo

· Bruegel

· Bernini

· Rembrandt

· Goya

· Monet

· Picasso

· Wright

· Le Corbusier

· Pollock

· Warhol

서양미술사를 배운 뒤 심화 과정으로 타 문명의 예술에 대해서도 공부할 수 있게 되어 있다.

· Asian Art Humanities : Art in China, Japan, and Korea

· Masterpieces of Indian art and architecture

· Masterpieces of Islamic art and architecture

Core #4 - Music Humanities 음악인류학

그레고리안 성가부터 비발디, 바흐, 하이든, 모차르트, 베토벤, 멘델스존, 바그너, 베르디 등, 고대 그리스부터 중세 서양, 르네상스, 바로크, 고전파, 낭만파, 근대 음악.

The Middle Ages to the present, examining the choices and assumptions of composers, their patrons, audiences, and performers, and exploring what we can and can't know about how music of the past may have sounded.

Core #5 - Frontiers of Science 첨단과학론

Mind and Brain뇌과학, Astrophysics천체물리학, Biodiversity생물다양성학, Earth science지구과학의 4개 영역을 배운다. 과학자가 어떻게 문제와 대치하고 해답을 찾아냈는가를 체험한다.

The topics covered as part of the four units of the course – mind and brain, astrophysics, biodiversity, and Earth science – have been chosen to ignite the students' interest in science. As we explore the frontiers of these four scientific fields, we consider the nature of reality through the lenses of neuroscience and physics, and the processes that underlie the development of life on our planet through the lenses of biodiversity and Earth science.

All four units provide opportunities to consider the role science plays in society and to put the question of who we are as humans, individually and collectively, into a scientific context.

현장감을 느낄 수 있도록 일부러 원문을 게재했다. 핵심과정에 포함되는 'University Writing에세이 지도 코스'와 준핵심과정인 'Science Requirement과학 분야 필수과목', 'Global Core Requirement국제론 분야 필수과목', 'Foreign Language Requirement외국어 분야 필수과목', 'Physical Education Requirement체육 분야 필수과목'의 4개 분야는 생략했지만, 취지는 충분히 전달되었을 것이라 생각한다.

통틀어 리버럴 아츠라고 부르지만, 리버럴 아츠는 이 모든 것을 포괄하는 개념이다. 전달할 방법을 생각하면 막막하기만 하다.

현재 필자는 비즈니스 현장을 떠나 대학 교수로서 일하고 있다. 원래 국제 비즈니스 영역에서의 수업을 담당하는 한편, 컬럼비아 대학에서의 경험을 젊은이들에게 전달하고자 비즈니스의 기초 교양으로서의 '리버럴 아츠'를 몇 년째 가르쳐왔다. 돌아가며 함께 책을 읽어가는 방식으로, 비교적 소수의 학생과 함께 주요 도서를 읽고 해석하는 수업을 진행했는데, 사실 그 정도만도 힘에 부쳤다.

마침 근무하던 대학에서 안식년을 맞아 오랜 시간을 여기에 할애할 기회를 얻었다. 출판에 이르기까지의 노정도 평탄하지는 않았다. 나의 변변치 않은 원고와 강의 기록을 가지고 완성도 높은 책으로 정리해 주신 작가 시마다 히데아키島田栄昭 씨의 역량과 막대한 노력이 없었다면 이 책이 세상에 나올 수 없었을 것이다. 또한 도요게이자이신포샤 출판국 편집제1부장 오카다 코지岡田光司 씨도 편집자로서 기획, 제작의 모든 과정에 힘써주셨다. 함께 팀을 이루어 완성한 작품이라 할 수 있다.

리버럴 아츠는 지금까지 베일에 싸여서 정체를 알 수 없는 존재였다. 여러 가지 개인적인 의견도 섞여 있겠지만, 이 책의 출간을 계기로 그 실상이 밝은 빛 아래 드러나는 데 미력하나마 공헌할 수 있기를 바랄 뿐이다. 한 사람이라도 많은 독자 여러분의 공감을 얻을 수 있다면 더 바랄 것 없는 기쁨이겠다.

나카무라 소이치

리더를 위한 인문 교양 수업

초판 1쇄 발행 2021년 12월 12일
    2쇄 발행 2021년 12월 28일

지은이 나카무라 소이치
옮긴이 윤은혜

펴낸이 장종표
책임편집 하동국, 김은혜   디자인 씨오디

펴낸곳 도서출판 청송재
등록번호 2020년 2월 11일 제2020 - 000023호
주소 서울시 송파구 송파대로 201 테라타워2 - B동 1620호
전화 02 - 881 - 5761   팩스 02 - 881 - 5764
홈페이지 www.csjpub.com
페이스북 www.facebook.com/csjpub
블로그 blog.naver.com/campzang
이메일 sol@csjpub.com

ISBN 979 - 11 - 91883 - 04 - 6 03300

※ 책값은 뒤표지에 있습니다.